編
高森順子

残らなかったものを想起する

「あの日」の災害アーカイブ論

堀之内出版

残らなかったものを想起する――「あの日」の災害アーカイブ論

高森順子 編

矢守克也
杉山高志
磯村和樹
槻橋 修
溝口佑爾
松本 篤
林田 新
武居利史
佐藤李青
竹久 侑
福田 雄
林 勲男
門林岳史
青山太郎
山内宏泰
富田大介

堀之内出版

はじめに

実践知としての災害アーカイブ

『残らなかったものを想起する――「あの日」の災害アーカイブ論』。多くの意味を込めた本書の表題にたいして、「なるほど」と膝を打つ読者がいることを期待しているが、「残らなかったもの」、「あの日」といった、平易ではあるが、考えるほどに漠然としていて、ともすれば意味や意図を掴み損ねてしまうような言葉が並ぶ本書を訝《いぶか》る読者もいるかもしれない。ここでは、この一見怪しげなタイトルの本書が何を目指しているのか、どのような経緯で作られたのかを説明することで、読者を「災害アーカイブ」の実践知へと誘いたい。

本書は、あらゆる人にとって身近で日常的な「思い出す」＝「想起」という行為を取り扱っている。ただし、この「思い出す」という行為は、「被災地」という場においては、スムーズに行われるものではない。

被災地では、過去を思い出したり、未来を想像したりするといった、何かに「思いを馳せること」は、一時的に不全状態に陥ったり、過剰に特別な意味を帯びたりする。

今日という一日が終わるとき、あなたはきっと、今日出会った人や、今日触れたものは、明日もきっと会えるだろうし、あるはずだと思っているだろう。災害が多発する現在においては、それがままならないことであると、危機感を募らせている人もいるかもしれない。ただ、そうであったとしても、今、目の前にあるものは、昨日もあったものであり、明日もあるだろうと想定することが、人が社会で暮らしていく前提であることは確かである。

その意味において、災害は、いまここに存在する人やモノが明日も存在するはずだという人々の無自覚な確信を揺るがし、根こそぎ奪いとるような事態である。言い換えれば、「あの日」を境にして、突然に、人やモノとのやりとりが断ち切られるわけである。

では、私たちはこのような事態に、ただ狼狽《うろた》えるしかないのか。災害は私たちからすべてを奪うわけではない。被災地に目を凝らせば、「あの日」以前に確かにあったものの痕跡がある。災害によって大きく変化した世界で、「残らなかったもの」の痕跡としての「残ったもの」は、過去と地続きのものとして人々を引き寄せ、かつてを辿るための寄《よ》す処《が》となる。「残ったもの」に引き寄せられた人々は、自らの意志でもって「あの日」を境に失われたものを想像しようと手探りするだろう。一方、「残ったもの」を目の前にして、「残らなかったもの」の不在の重みに怯み、逡巡し、想起への回路を閉ざしてしまう人々もいるだろう。被災地の「残ったもの」をめぐる現場には、想起という行為を惹起しつつ、同時に、抑圧するという、いわば想起の「引力」と「斥力」がはたらいている。

本書のねらいは、このような想起をめぐる「引力」と「斥力」のはたらく場において、そこに何らかのアクションを起こしたり、アクションが起きた現場をつぶさに見つめてきた執筆陣を集め、彼らが取り扱うアクションをまずもって「災害アーカイブ」として見立てることで、現場に根差した災害アーカイブ論の出発点をつくることである。じっさい、本書の執筆陣のなかには、結果的に、アクションが予期せぬかたちで「災害アーカイブ」として機能したと考察する者や、アクションを「災害アーカイブ」として捉え直すことで、その特異性に普遍的な知を見出した者もいる。言い換えれば、本書は、想起をめぐるアクションを「語り」、「写真」、「絵画」などのメディアごとにまずは並べてみることで、「残ったもの」から「残らなかったもの」を想起するという「災害アーカイブ」のねじれた営みをパフォーマティブに検討する企図のもとにつくられた。

補足すると、ここでいう「ねじれた営み」という言い回しから、体をよじり、身悶えしながら現場で格闘するような実践をイメージする人もいるかもしれない。確かに、そのような側面がないわけではない。肩をいからせ、無理を通していく実践のプロセスも描かれる。ただ同時に、生々流転する現場の偶然性を取り込み、意志や意図といった「力」を抜くことで、跳躍ともいえる創造性を発揮する事例もある。本書の執筆陣に共通するのは、現場の状況を既存の方法論にすり合わせるのではなく、実践の「ぶれ」や「ずれ」と共振し、手持ちの方法論を更新させ、災害アーカイブという動的な営みを「発見」していく態度であるといえるだろう。

このようなテーマで本をまとめるにいたる発端となった研究会は２０１７年にスタートしている。最後に、この研究会の経緯と出版に至るまでの紆余曲折を記すことで、「災害アーカイブ」を学術的なトピックとして扱うことの意義を述べる。

２０１７年春、日本災害復興学会が10年目を迎えることを機に、学会傘下の研究会「災害報道研究会」を発展的に解消し、「被災の教訓を伝える研究会」（統括座長：山中茂樹）として再出発をはかることになった。同研究会は３つの分科会（メディア研究、復興データベース構築、アーカイブ研究）に再構成され、各分科会はそれぞれに知見を深化させながら、ゆるやかに連帯する形となった。その際、学会内外の研究者の地域性を生かせるように、大まかに地区ごとに分け、そのうちの関西ブロックとしてスタートしたのが「関西災害アーカイブ研究会」だった。そのような背景をもつ研究会は、筆者を座長として、関西に本拠地を置くメンバー15名で構成された。研究会は、関西学院大学大阪梅田キャンパスの会議室で、およそ2～３ヶ月に1回、各回約３時間の議論の場をもつことをルーティンとしていた。そこでは、研究会のメンバーやゲストによる現在進行形の事例報告と、そこから得られた知見を共有することをつうじて、災害の記録や表現をめぐる問いの整理を行なっていた。

研究会の発足当初の目的は、災害の記録や表現をめぐる実践から得られた知見を体系的に結びつけ、その見取り図としての「ワードマップ」を作成し、「災害伝承学」なる新たな学問分野を構築することであった。この段階では、研究会メンバーは、「災害アーカイブ」は「災害伝承」の関連語の一つという程度の認識であり、研究対象の一つに過ぎないと考えていた。

しかし、回を重ねるなかで、私たちは「伝承」という言葉のもつ目的性を、現場で展開される実践の矮小化につながりかねないものとしても捉えるようになった。「伝承」という言葉は、日常的な反復によって、知らず知らずのうちにある事柄が伝わるという意味が強い。また、「親から子へ」、「師匠から弟子へ」というような、上から下への一方向の伝達を前景化している。一方で、私たちが取り扱う想起をめぐる実践は、先に述べた「伝承」のもつ意味だけでは捉えきれなかった。つまり、「伝えたいことが伝わること」だけではなく、「伝えたいこととは別のことが伝わること」、「伝えたくないが伝わってしまうこと」など、「伝承」に収まりきらないケースに溢れていた。

一方、「アーカイブ」という言葉もまた、その使用に慎重を要する学術的状況があった。「アーカイブ」という言葉は、公文書管理の文脈で法制度等と紐づけられた厳密な用語運用がなされており、「アーカイブズ学」という学問領域がその基礎付けとなっている。ただし、近年、国や行政機関等の公的記録を取り扱うだけではなく、「コミュニティ・アーカイブ」を筆頭に、市民の手による草の根の記録活動なども、アーカイブズ学の先駆的事例として検討されている。

そのような状況を鑑みて、私たちは「災害アーカイブ」を「ぶれ」や「ずれ」を孕んでいる先駆的な実践によって、その枠組みがその都度見直され、更新される運動としてまずもって捉えることにした。そして、現在進行形で生み出されている想起の実践とともに、概念の輪郭がつねに滲んでいる「災害アーカイブ」という言葉自体も研究対象とすることとした。

２０１７年からスタートした研究会は３年間、学会傘下の分科会として活動を続けた。２０１９年２月には、研究会メンバーの岡部美香、溝口佑爾、高森順子を中心として「仮《か》留《す》める、仮《か》想《さ》ねる——津波に流された写真の行方」と題した企画展を万博記念公園・エキスポシティにて行うなど、研究会としても「災害アーカイブ」にかかわる実践を行ってきた。そして、学会傘下から任意の研究会となった2020年4月からは、『メディアとしての災害アーカイブ』という仮題を掲げ、書籍刊行の準備を進めてきた。本書のねらいである「想起をめぐる実践を災害アーカイブとして見立て、メディアごとに並べ見る」試みは、研究会メンバーだけでは太刀打ちできるはずもなく、災害復興研究を主題にしていない、メディアと災害の関係にたいする知見をもつ研究者にも寄稿を呼びかけた。書籍刊行の計画段階であった同時期、COVID-19の感染拡大によって研究会が休止状態になり、2度の出版社変更を余儀なくされるなど、一時は原稿がお蔵入りとなる可能性もあった。「3度目の正直」で出版を引き受けていただいた堀之内出版、そして、書籍刊行の構想から4年もの歳月を辛抱強く待ち続けてくれた執筆陣に、改めて深く感謝申し上げる。

本書は、4部12章構成、コラム5つで構成されている。章題は、議論の中心となるメディアの名称を冠している。まずは順に頁をめくって読んでいただきたいが、読者の関心のあるメディアからかいつまむように読んでいただいても構わない。また、各コラムは隣接する「部」と呼応する関係となるよう配置している。

「第Ⅰ部　「あの日」以前の暮らしへの回路を創造する」では、被災地においては特に見過ごされてしまう、被災以前の記憶への接近方法として「語り」（1章）、「復元模型」（2章）、「被災写真」（3章）にかんする実践的研究が検討されている。特に「復元模型」と「被災写真」は、馴染みのない言葉である人も多いだろう。これらは、東日本大震災を契機に「発見」された想起のメディアである。

「第Ⅱ部　「あの日」への想起のダイナミクス——モノを創造する」では、報道写真（4章）、絵画（5章）、手記集（6章）という、ポータブルなメディアがもつ想起の力を検討している。ここで主題になる災害は、御嶽山噴火、関東大震災、阪神・淡路大震災と多岐にわたることも申し添えておく。

「第Ⅲ部　「あの日」への想起のダイナミクス——場を創造する」では、記念式典（7章）、災害遺構（8章）、文化施設（9章）、映像（10章）という、ある種の場所性とともにあるメディアを取り扱う。このブロックは、はからずもすべての章が東日本大震災を主題としている。

最後の「第Ⅳ部　未災者との回路を創造する——実践と研究の「あわい」から」では、美術館（11章）、演劇（12章）を取り扱う。ここでは、研究者であると同時に実践者（11章においては被災者でもある）である彼らの、従来の研究の枠組みを跳躍する言語実践に触れていただきたい。

ようやく日の目を見ることになった災害アーカイブの実践知は、それぞれが有機的に結びついている。ぜひ、読者それぞれがもつ実践知と結び合わせ、ダイナミックに再解釈し、災害アーカイブという運動に参加してほしい。本書をきっかけに、過去の実践知が再び読み直され、新たな実践知が生み出されることを願っている。

編者記す

目次

Ⅳ　未災者との回路を創造する
――実践と研究の「あわい」から

I

「あの日」以前の暮らしへの回路を創造する

「災害アーカイブ」は、被災をはじめとした出来事の「渦中とその後」にかかわるメディア実践のみを指すのではない。第Ⅰ部では、出来事の「前」を想起するメディア実践を取り上げる。

「第1章　語り　被災の「前」について語ること」（矢守克也・杉山高志）は、災害にかかわる語りの特徴として、被災「前」の人や土地の語りが欠落していることを指摘したうえで、欠落へのアプローチを「1・16／3・10プロジェクト」などの具体的事例から考察する。

「第2章　復元模型　「あの日」より前の風景、街並み、そこでの記憶を復元する」（磯村和樹・槻橋修）は、2011年の東日本大震災の被災地で筆者らが継続的に行なってきた「失われた街」模型復元プロジェクトについて検討し、そこに携わった人々によって展開された想起の実態を時系列に沿って詳細に考察する。

「第3章　被災写真　予期せぬアーカイブとしての」（溝口佑爾）は、東日本大震災の被災地で展開された被災写真救済活動「思い出サルベージ」を取り上げ、その活動プロセスを「あり得た選択」も含めて詳細に記述することで「実践的な処方箋」を提案する。

第1章

語り

被災の「前」について語ること

矢守克也
京都大学防災研究所教授

博士（人間科学）。専門は、社会心理学、防災情報学。語り部 KOBE1995 顧問。津波訓練アプリ「逃げトレ」、防災ゲーム「クロスロード」などを開発。著書に、『防災心理学入門』（ナカニシヤ出版、2021 年）、『アクションリサーチ・イン・アクション』（新曜社、2018 年）、『巨大災害のリスク・コミュニケーション』（ミネルヴァ書房、2013 年）、『防災人間科学』（東京大学出版会、2009 年）など。

杉山高志
九州大学大学院人間環境学研究院准教授

博士（情報学）。東京大学生産技術研究所特別研究員などを経て現職。社会心理学の観点から地域防災の推進に関する研究を行う。特に、住民の主体性をふまえた防災活動や災害時要配慮者を対象とした避難訓練、ICT を活用した防災活動の手法の開発などを研究している。高知県黒潮町や静岡県沼津市、福岡県福岡市、宮崎県宮崎市などで住民や行政、学校と連携して、津波や地震、土砂豪雨防災のアクションリサーチに取り組む。

第1節　はじめに――被災「前」という欠落

災害に関する語りの特徴として直ちに気づくことが一つある。それは、そのほとんどが被災した後の出来事に関する語りで占められているという事実である。ここには、一つの明確な欠落が存在する。「被災者と呼ばれる前のその人」や「被災地になる前のその土地」が不在なのだ。しかし、被災の衝撃とは、被災前後の深い断絶がもたらす衝撃である。いたはずの人がいなくなり、あったはずのものがなくなってしまう。この巨大な喪失と断絶こそが被災ということの核心である。そうだとすれば、被災について知るためには、被災「後」だけでなく被災「前」についてもより多くを知らねばならないし、災害の語りでは、被災「後」だけでなく被災「前」についてもより多くが語られる必要があるだろう。本章では、「一日前プロジェクト」、『最後だとわかっていたなら』、「1・16／3・10プロジェクト」といったプログラムや作品から生み出された語りについて紹介しながら、あの日の「前」へと至る回路の重要性について論じる。

第2節　「一日前プロジェクト」

「一日前プロジェクト」とは、防災・減災の推進を図るために内閣府が実施してきたユニークな事業の一つである。その報告書（内閣府 2008）には、プロジェクトの目的についてこのように記されている。「「一日前プロジェクト」とは、被災から一定期間を経過した被災者・災害体験者のみなさまや災害対応経験者のみなさまにお集まりいただいて、「もし、災害の1日前にもどることができたら、あなたは何をしますか」をテーマに（後略）」（内閣府 2008: 1）。本章の観点から重要なことは、この取り組みが、「もう」起こってしまった災害について、あえてそれが「まだ」起こっていないと仮定して語るスタイルを参加者（被災者や災害対応の経験者）に促している、という点である。矢守（2018: 97-121）は、こうした形式のナラティヴを「もうをまだとして」の様式として概念化している。

「一日前プロジェクト」のねらいがまさにそうであるように、「もうをまだとして」という形式の語りは、通常通り「もうをもうとして」語るよりも、防災・減災上、より大きな「インストゥルメンタル」（媒介・手段的）な効果をもたらす点に留意する必要がある（矢守 2018: 143-152）。インストゥルメンタルとは、未来を変容させるための手段としての現在がもっている価値のことである。それは、今備えを実施しておけば、あるいは今行動すれば、未来の被害を軽減できるという意味で、この今がもっている価値のことであり、オーソドックスな防災・減災の取り組みが依拠している常識的な前提でもある。あえて仮想的に一日前に身を置き、「もうをまだとして」語るナラティヴ形式は、「翌日あんなことになるのがわかっていたなら、ポータルブル・ライトの電池くらい交換しておいただろうに……」、「せめて補助電源装置を2階に上げておくんだった……」など、防災・減災の知恵をより効果的に引き出すのである。

ちなみに、ここで話題になっている「（一日）前」に視点を置いて、すでに体験した過去の出来事（たとえば、災害）について語ってみることがもたらす有用性のことを、ふつう私たちは「後知恵」（事後になって沸き上がってくる知恵や感覚）（フリーマン 2014）などと呼んで、むしろ問題視する傾向がある。フリーマンの著書の副題に「過去を振り返ることの希望と危うさ」とあるように、後知恵には、たしかに光と陰の両側面がある。陰の面として、無責任な言い逃れや自己正当化とともに発せられる後知恵には、「わかっていたんなら、あのときそうしておいてくれよ」という気分にさせられるものもある。また、災害や事故を生き延びた人びとを苛むサバイバーズ・ギルト（生存者や生還者が抱く罪悪感）も、「あのとき、私が手を差し伸べていれば、あの人は命を落とさずにすんだかも」という形で、後知恵が当事者を苦しめる方向に作用しているものと位置づけることができる。

しかし他方で、たとえば、大きな事故や災害が起きた後、間髪を入れず対策が施されることもある。もちろん、まさに言い逃れや責任回避（「同じ失敗を繰り返したらそれこそ大変だから、すぐに対策しなければ」）がなせる部分も、そこにはあるだろう。けれども、手痛い経験があったからこそ得られた知恵──「後知恵」──を素直に、そして直ちに生かそうという真摯な思いからという場合も少なくない。前述した「一日前プロジェクト」は、あえて事前に（一日前に）仮想的に身を置いて「もうをまだとして」語ることを通して、事後になってしか得られないことも多い知恵や決意を、より効率的に引き出す効果（インストゥルメンタルな効果）をねらった取り組みだと見なしうる。

第3節　『最後だとわかっていたなら』

「9・11」から「3・11」へ

『最後だとわかっていたなら』は、詩人ノーマ・コーネット・マレックの手になる詩集で、米国の同時多発テロ（2000年9月11日）の直後に米国で、そして、その後、日本でも東日本大震災（2011年3月11日）の被災地を中心に広く読まれた。「あなたがドアを出て行くのを見るのが 最後だとわかっていたら わたしはあなたを抱きしめてキスをして そしてまたもう一度呼び寄せて 抱きしめただろう」。これと類似のパッセージが少しずつ内容を変えて繰り返される形をとっている（マレック 2007）。突如として破局的な出来事（災害、テロなど）に見舞われ、大切な人を奪われた人びとが抱く感情、すなわち、「現実には「もう」最後になってしまったあの瞬間を、仮に「まだ」これから体験できるとしたら、せめてこうしたい……」、そのような哀切な感情が、「最後だとわかっていたなら」というフレーズで表現されている。

『最後だとわかっていたなら』は、「一日前プロジェクト」とまったく同様に、「もうをまだとして」というナラティヴ形式をとっている。すなわち、最後のときは、残念なことに「もう」戻ってこない。しかし、「まだ」今からそこへと回帰できるなら、また、それを取り戻せるならば、せめて……。これはまさに「もうをまだとして」をベースとする感覚である。ただし、注目すべきことは、にもかかわらず、『最後だとわかっていたなら』がもたらす効果が、「一日前プロジェクト」のそれとは大きく異なっている点である。

結論を先に述べれば、『最後だとわかっていたなら』のほうは、上述の「インストゥルメンタル」ではなく、「コンサマトリー」（直接・享受的）な効果をもたらす（矢守 2018b）。コンサマトリーとは、現在がそれ自体としてもつ直接的な価値のことである。たとえば、だれしも、「この今が永遠に続いてほしい」と感じた経験をもっているだろう。そのような今は、将来何かを実現するためにあるのではなく、何ものにも代え難い、直接享受すべき価値をそれ自体としてもっている。そして、一見平凡とも映る日常もまた、多くの場合、そうしたコンサマトリーな価値を持っているのだが、そのことに私たちは通常気づかずにいる。

しかし、被災者が万感の思いを込めて「最後だとわかっていたなら」と語るのを聞くとき、私たちは、はたと気づくことになる。「翌日そんなことになることもあるんだ、家族との夕食時間をもっと大切にしよう……」、「これが最後になるかもしれないのだから、この風景を目に焼き付けておきたい……」などと。「もうをまだとして」によって、その時々の今がもつ価値――ふだんは見過ごしがちな価値――が劇的な形で引き出されるわけである。

なお、家族との夕食の時間を噛みしめても、自宅からの風景を目に焼き付けても、翌日にやって来るかも知れない災害の被害軽減には直接貢献しない。この点に、コンサマトリーとインストゥルメンタル、２つの次元の違いが明瞭にあらわれている。

最後の場所・時間へ——サバイバル・ファクター

同じ「もうをまだとして」というナラティヴ形式をとった語りであるにもかかわらず、「一日前プロジェクト」と『最後だとわかっていたなら』は、それぞれインストゥルメンタル、コンサマトリーという相異なる領域で機能しているように見える。すなわち、前者のインストゥルメンタルの効果は、防災・減災の領域に深く関連し、後者のコンサマトリーの効果は復旧・復興、より限定すれば、被災者の心身の回復（や、その困難）の領域に深く関連するように見える。つまり、両者は異なった領域に属する事柄のように見える。

しかし、ここで重要なことは、双方を接続する回路が両者の間に存在する点である。このことの意味は、「サバイバル・ファクター」という用語を通して理解できる。「サバイバル・ファクター」とは、事故・災害などで生死を分けることになった死活的《クリティカル》な要因のことである。なぜ、どのような意味で、それが防災・減災と復旧・復興、２つの領域の間のブリッジとなりえるのか。ＪＲ福知山線の脱線事故（２００５年）の被害者のその後について、長期にわたる分厚い関わりを通してレポートした著作（八木 2019）を導きの糸にして説明しよう（矢守 2020a も参照）。

ヒントは、「事故検証は、専門的検討と被害者視点の交点を見つけていくプロセスを通じて、被害者が人生の再出発の入り口に立つためのものと言うこともできる」（八木 2019: 149）という指摘にある。特に大切なのは、事故・犯罪・災害等の被害者（負傷者、被災者、遺族）にしばしば見られる出来事のディテール（細部）へのこだわりである。「遺族はこだわる。なぜ、自分の大切な人が、この場所で事故にあってしまったのだろうかと」（八木 2019: 138）、「私は娘が最期に座っていた同じ座席に座ってあげたいんです。最後に握っていたであろうつり革につかまってあげたいんです」（八木 2019: 132）。大切な人の最後の場所、最後の声を求めてやまない、こうした思いは、だれにでも理解できるものだ。「もう」起こってしまった事故の現場に立ち、「まだ」それが起こっていない一瞬前の時点に戻って、亡くなった家族と同じ時空間を共有したいという思いである。

被災者や遺族の心身の回復に不可欠なこの種の活動やそのための支援が、事故防止や防災の実践と直結していることが肝心である。家族の生と死、紙一重の「線引き」のこちら側とあちら側を見きわめようとする被災者や遺族のエネルギーは、座席一つ分の違い、つり革一つ分の違いの細部にすら向かう。この同じエネルギーは、列車の時速1キロ分の違い、車両剛体の厚さの1ミリの違いに対しても、向けられてしかるべきである。そして、言うまでもなく、これは、本来、事故防止や防災・減災の営み、つまり、「事故調査委員会」や「災害検証会議」のようなタイプの活動や組織に要請されるミッションそのものである。「もう」起きてしまった事故や災害が「まだ」起きていない時点に戻って、事故や災害の発生の有・無、多くの人びとの生・死を分けた要因を徹底的に探ることこそが、そのミッションなのだから。

このように、災害や事故の「前」に仮想的に身を置いて、「まだをもうとして」というナラティヴ形式で語ることは、インストゥルメンタル、コンサマトリー双方の側面で独特の効果をあげる。

のみならず、それは、災害や事故の当事者における喪失からの回復という主題と、防災・減災、つまり未来の災いへの備えという主題とを有機的に結びつける働きももっている。

第4節 「1・16／3・10プロジェクト」

なぜ被災「前」について語る必要があるのか

「1・16／3・10プロジェクト」とは、その名称からもわかる通り、破局的な大災害の発生前日、ひいては、発生よりも以前の日々、言いかえれば、矢守（2018）の言う「デイズ・ビフォー」（それ以前の日々）について語ることを、被災者に促すことを中核とする取り組みの名称である（矢守・杉山 2015; 産経新聞社 2014）。語り継ぎの取り組みや被災体験の語り部活動など、災害に関する当事者の語りというと、通常、その災害に遭遇して以降のストーリー、すなわち被災後の出来事に関する語り（および、それを聞くこと）が、ほぼ自動的に念頭に浮かぶと言ってよい。実際、Sugiyama & Yamori（2023）は、阪神・淡路大震災や東日本大震災などの被災経験について書かれた市販の手記群（住田 1999; 阪神大震災を記録しつづける会 1999; 神戸市消防局「雪」編集部ほか 2012; 金菱 2012; 高倉ほか 2012; 読売新聞社 2011; デラヴィ 2011; 松尾 2011; 萩尾 2011; 堀込ほか 2011など）に収録されている経験談について分析し、大半のエピソードが、地震や津波が発生した直後の描写から書き起こされていることを見いだしている。

具体的には、阪神・淡路大震災に関する手記については、午前5時46分という地震発生時刻が呈示され、下から突き上げられるような揺れに関する描写を発端として、それに、被災状況や避難生活などに関する記述が続く場合が多い。東日本大震災の場合も同様で、午後2時46分という地震発生時刻が明示された後、長い間続いた大きな横揺れ、押し寄せてくる津波の描写などが続き、さらに被災状況や避難生活について詳しく綴られるケースが多い。一方で、被災前日を含め発災前について描写されているエピソードは、全体の20％程度にとどまっていた。なお、Sugiyama & Yamori（2023）のほかにも、高森ほか（2014）が阪神・淡路大震災について、成田（1996）が関東大震災について、体験手記や報道記事の多くが災害直後以降の描写を中心にしている事実を指摘している。

しかし、第1節で述べたように、こうしたナラティヴ形式には、一つの明確な欠落が存在する。それは、「被災者と呼ばれる前のその人」や「被災地になる前のその土地」がほとんど語られないという欠落である。けれども、矢守（2020b）が指摘しているように、被災の衝撃とは、本来、被災前と被災後の間に大きく開いた深い断絶がもたらす衝撃であるはずだ。つまり、いたはずの人がいなくなり、あったはずのものがなくなってしまうという巨大な喪失、それが被災ということの核心であるはずだ。そうだとすれば、被災について知るためには、被災後だけでなく被災前についても（より多くを）知らねばならないし、それと呼応して、被災後だけでなく被災前についても（より多くを）語ることが必要になるはずである。これが、「1・16／3・10プロジェクト」が目指したことである。

Bさんの語りに生じた変化

「1・16／3・10プロジェクト」で得られた具体的な事例を紹介しよう（Sugiyama & Yamori 2023）。Bさんはインタビュー当時70代の男性で、阪神・淡路大震災で、自宅が全壊、当時20歳の大学生の次男（bさん）を亡くした。Bさんは、筆者が20年近くにわたって関わりをもっている震災体験の語り部団体のメンバーである。Bさんは、語り部活動の中で、Bさんは、通常、瓦礫や粉塵など被災直後の自宅周辺の状況について生々しく描写し、一変した町の惨憺たる風景、変わり果てた子どもの様子について話す。たとえば、「成人式で帰省していたbは1階で眠っていた。約3時間後、bは瓦礫の中から遺体で見つかった。その日のうちに自宅は炎に包まれ、すべてが焼き尽くされた」（読売新聞2008、一部筆者が改変）といった語りである。

「1・16／3・10プロジェクト」では、そのBさんに、あえて「被災前の生活の様子を教えて下さい」と投げかけた。念のために注記しておくと、家族を亡くすなど、大きな喪失に苦しむ人に、それ以前のことを尋ねたり、まして喪失の直前について話すよう促したりすることは、それ自体が当事者を苦しめる原因ともなりうる。当然、時期や状況を選ぶことになるし、何よりも、そうした語りを依頼する側と当事者との関係性が問われる。ここで紹介するBさんの場合、筆者がBさんと20年近くともにしてきた時間（ともに語り部活動に取り組んできた20年間）の蓄積が重要だと考えている。

筆者の働きかけに応じて、Bさんは多くを語ってくれた。Bさんによると、bさんは、母親とは会話をするが、父親とはあまり会話をせず、隠れてタバコやパチンコもしていたという。そんな中、高校3年生になった時、Bさんと進路について相談し、大学の先生になるために将来大学に進学したいと話した。具体的な語りを以下に示す。

自分の心の中で、兄貴に4年制（の大学に進学）やったら、bにだけ2年制（の大学）に行かせては、ちょっとかわいそやなって。ということで、話し合いしたんよ、最終的に。「本当にそれでええんか」って。本音言っとったったわな。「やっぱ4年間大学行って、大学の先生になりたい」と。それでぼくはもう結論出して、それなら4年制行けと。[1]

続いて、Bさんは、被災前日について語ってくれた。成人式のために、東京の大学から神戸市内の実家に帰省していたbさんは1月16日に体調を崩し、本来の予定を変更して1月17日まで実家で過ごすことにした。その夜、汗をかいたbさんは父親を銭湯に誘い、大学の先生になりたいという夢について銭湯で語り合った。

「自分は大学卒業したら、どういうこと、やりたいんや」って言うた。まぁ、大学入る時から

[1] 個人情報のため、固有名詞を筆者が改変。また、情報補足のため、括弧部を筆者が加筆。以下の引用部も同様。

その夢、抱いとったからな、学校の先生になりたいっていうのが夢であって。（中略）やる以上はやっぱし4年間大学行って、大学の先生になりたいっていうんが、夢やったから。それで一歩一歩、自分がクラスの班長もやっとたし、そういう点でだいぶ信望を得ていたような感じもするから。学校の方も一目置いているような存在だったから。そういう話をしながら、一生懸命やって学校の先生になりたいんやって。そういうことで、なら頑張れよって。

次にBさんが語ったのは、大変興味深いことに、仮に震災が起こらなかった場合にありえたストーリーであった。具体的には、bさんは通訳の勉強をするために海外への短期留学を同級生とともに計画していた。Bさんが語ったのは、bさんが、その後、計画通り留学して、海外の大学院に進学して博士号をとり、大学の先生になっていただろうという（仮想の）ストーリーである。そのストーリーにBさんは自分自身を登場させる。

彼が生きとったら、自分の夢、叶えるために頑張ったやろうなって思う。それと同時に、それが叶うことであれば、どんだけ親として援助できることかわからんけども、援助できることがあれば援助してあげたいないうことは思ったわな。

その後、語りは、被災後、現実に起きた出来事に回帰する。bさんの友人DさんがBさんの家で同窓会を開き、Bさんとともに生前のbさんについて語り合う場面である。Dさんは「bさんの遺志を継いで、bさんの代わりに大学の先生になった」と報告した。Dさんは生前、bさんと同じ大学で苦楽を共にした仲のよい友だちだった。Dさんはbさんの死後、bさんの命日に毎年Bさん宅まで赴き線香をあげ供養を行っている。そのDさんについてBさんはこう語っている。

bは（夢を実現）できなかったから、Dいう子が、それを代わりに自分が受け継いで、C大学の先生、今は准教授なっているんよ。彼の夢は叶えることはできた。彼も人一倍負けん気の強い子だから頑張ったと思う。（中略）まぁ、彼は、Dは、bのためにって。そういうことは、自分のためでもあるんやけんども、bがおったら、いろいろ話することもできたけれども。そういう点で（bが夢を実現）できなかったっていう悔しさはあるけんども、それはそれやしな。「一所懸命頑張ってきました」ということは話したな。そういうことを話してくれる過程で、やっぱし、うれしかったわな。そこまで思ってくれてるんかなということ。

Bさんは、「1・16／3・10プロジェクト」に参画した後、発災後一度も整理したことがなかったbさんに関する本を整理し始めた。

（Dさんが詩のコンクールに）応募して出したよ、bのことを考えてって。2行だけやな。こないして整理するとき、あぁ、俺、こんな本のことなんて全然記憶なかったんけどな。これ読んで「そうやった、昔から（bさんは）本好きやったな」って。（本に書かれたDさんの詩をBさんが次のように朗読）「あなたに変わって教師になった。つらい時、2人分生きている実感がします」。（この詩を、Dさんは）先生になった時応募したみたい。

最後に、話題は、現在の暮らしに転じた。重要なポイントは、bさんに代わって、その夢を実現させたというDさんからの報告を通して、Bさんが、Dさんと同様に、bさんの将来への思いを継承していく必要があると気づいたというくだりである。実際、Bさんは、この頃から、先述の語り部活動だけでなく、自宅の周辺地域の防災・減災活動のリーダーとしての活動にいっそう力を入れ始めた。

語り部する時もそういう心境やな。息子の分まで頑張らないといけないという。約束じゃないけども、最後にそういう話をして。で、亡くなったと。夢を叶えることができなかった無念さっていう。言葉には表せないけども、あったと思うんよな。親として考えれば、だからこそ、その分頑張らないといけないな。常日頃そういうこと思っているな。彼のためにやらなあかんって。

以上から、あえて被災前に関する語りを求めることで、Bさんの語りの構造に大きな変化が生じていたことがわかる。それまで、Bさんの経験談は、先述の通り、被災直後の惨状や変わり果てたbさんの姿にほぼ尽くされていた。それに対して、被災前に光をあてたナラティヴ形式は、bさんが生前抱いていた将来への夢への言及をもたらし、それは、断たれた夢を受け継ぐ(ものとBさんによって位置づけられた)別の人物(Dさん)を語りに登場させることになった。加えて、被災前に関する語りは、自身を、bさんの夢(遺志)を受け継ぐ者として再定位することにつながり、自らの今の生活(語り部活動、地域の防災活動など)とのつながりについても多くが語られることになった。要するに、従前繰り返し語ってきた経験談の内容・様式(ドミナント・ストーリー)とは異なる語り口を「1・16/3・10プロジェクト」から得たことで、Bさんの被災をめぐる体験が再構築されたと言えるだろう。

また、Bさんによれば、今回の試み以前には、被災前について家族以外の人に話したことはまったくなかったという。その理由について尋ねたところ、「今までだれからも訊かれなかったから」、「話すような価値のないことだと自分自身が思っていたから」とのことだった。社会(聞き手)の側は、「被災者」を被災体験の提供者としてのみとらえがちで、トータルなその人として見ようとせず、同時に、語り手の側も自らに付与された「被災者」あるいは「被災体験の語り部」というラベル(役割)を意識して、社会(聞き手)の要望を忖度する形で、被災前については黙して多くを語ってこなかったわけだ。ここには、戦災や震災などの体験語りに通底する課題——被災「前」という欠落——を見ることができるし、同時に、「1・16／3・10プロジェクト」が、そうした欠落を補完する一助となりうることも示唆されている。

第5節 「今」を変えるための装置――被災「前」の語りの力

プロスペクティヴとレトロスペクティヴの交差

あらためて確認しておくと、本章のテーマは、被災の「前」について語ることであった。本章の結びにあたって、被災の「前」について話すというナラティヴ形式が、これから起こるかもしれない災害をプロスペクティヴ（前向き）に展望する局面でも、また、すでに発生した災害をレトロスペクティヴ（後ろ向き）に回顧する局面でも重要な役割を果たすことを、あらためて指摘しておこう。あわせて、さらに重要なこととして、これら2つの効果は相克的に打ち消し合うわけではなく、相乗的に高め合う点に注意を促しておきたい。

第2節と第3節で述べたように、被災前について、「もうをまだとして」語るナラティヴ形式は、――被災後についてだけ描写する語りと比較して――被災前後の断絶や落差をより鮮明に浮き彫りにする力をもっている。これによって、人びとは災害に見舞われることの意味についてより深く考えるよう導かれ、ひいては、それは防災・減災への意識を高める働きをもつ。この効果を、主に「インストゥルメンタル」な面から引き出そうとしたのが、「一日前プロジェクト」（第2節）であり、主に「コンサマトリー」な面から引き出そうとしたのが、『最後だとわかっていたなら』(第3節)であった。ただし、第3節で、「サバイバル・ファクター」をキーワードとして論じたように、「もうをまだとして」語ることを通じて、被災前の時間に回帰するナラティヴは、たとえば、事故や災害検証の場面に典型的に見られるように、将来の災害をプロスペクティヴに見据える人たちにとってのみ意義をもつわけではなかった。それは、被災者や遺族が、過去の災禍をそれぞれの仕方で受容するためのレトロスペクティヴな営みにとっても重要であった。

「今」と「前」の交差

「1・16/3・10プロジェクト」(第4節)で見たのは、被災「前」の生活について語ったことを通して、被災者Bさんの災害体験が大きく再構築される様子だった。すなわち、生前のbさんについて語ることを通して、bさんが抱いていた夢が語りの主題として浮かび上がり、それが、今を生きるBさんの生活と結びつけられたのである。言いかえれば、大震災について、被災直「後」の惨状を原点として記述するのではなく、その「前」から語り起こすことによって、具体的には、生前のbさんが抱いていた夢を原点として語り直すことによって、その夢を代理実現した(とBさんが見なした)友人Dさんや、次の災害を見据えて地域で積極的に活動する自分自身を中心とした「今」が生成されたのである。

「今」と「前」の交差に関して、ダメ押しとして、もう一つ、Bさん同様、筆者が関わりをもつ語り部団体で活動してきた被災者Aさんの事例を紹介しておこう(Sugiyama & Yamori 2023)。Aさんも阪神・淡路大震災で、当時小学校5年生の長女aさんを亡くしている。Aさんが、Bさん同様、「1・16/3・10プロジェクト」に賛意を示して、被災前について語り始めたのは、大震災による被災からおよそ20年が経過した2014年以降のことであった。Aさんもまた、従前の語り部活動では、ほとんどすべての時間を、震災前夜すぐ横に並んで就寝し、翌朝気づいた時には共に瓦礫の下に埋もれていた二人をその後見舞った出来事の描写に費やし、aさんの生前の様子についてはほとんど話すことはなかった。それが「1・16/3・10プロジェクト」で大きく転換する。Aさんは、aさんがどんな子どもだったか、何が好きだったか、そうしたことについて詳しく語り始めた。

すると、それ以降、Aさんには、次のような「娘からのご褒美」が時折届くようになった。「娘からのご褒美」とは、Aさん自身の言葉で、長年語り部活動を続けている自分へのご褒美、といった意味である。Aさんの語り部活動(その中で語られるaさん)について報道を通して知ったaさんの元同級生から、「子どもの頃、お嬢さんと一緒に書いたノートです」と、aさんが書いた文字が残るノートが届けられた。また、当時aさんが通っていた小学校の教諭からは、昔の道具箱を整理していたらaさんの名札(文字はAさんが書いたものだった)が付いたはさみが見つかったとの連絡が入った。Aさんの眼前に20年ぶりに、娘の肉筆や持ち物が返ってきたのである。こうした経験がAさんの心身の回復に前向きの影響を及ぼしたことは、「娘からのご褒美」という言葉からも明らかであろう。

以上のように、被災「前」について語ることで、亡くなったaさんやbさんの生前の姿をAさんとBさんが再発見し、それを多くの聞き手が共有することになった。こうしたことは、従前の語りの形式下では難しかっただろう。なぜなら、被災「前」に関する描写は、災害体験の語り手に社会が期待するものではない、すなわち、「話すような価値のないこと」（Bさん談）だと認識されていたからである。

しかし、実際にはそうではなく、こうした種類の語りこそ、これから起こる災害に備えようとする多くの聞き手たちに被災前後の断絶と落差を実感させ、インストゥルメンタル、コンサマトリー両面で「今」を見つめ直すための重要な契機を与えるものだった。同時に、被災当事者にとっても、被災経験を回顧するときのモードに大きな変化をもたらす点で、重要な意味をもっていた。被災「前」の語りは、「娘からのご褒美」（Aさん）、「息子の分まで」（Bさん）という形で、この「今」をそれまでとは別様に見つめるためのリソースを語りの当事者に提供していた。被災について、その「前」について語ること、またその語りを聞くことは、――その「後」について語ること、またその語りを聞くこと以上に――「今」を変えるための力強い装置となるのだ。

参考文献

Sugiyama T., Yamori K. (2023), Investigation of survivors' experiences of the Hanshin-Awaji Great Earthquake: a days-before narrative perspective, in: *Journal of Integrated Disaster Risk Management*, 12(2), 40-63.

エハン・デラヴィ（2011）『外国人が見た東日本大震災』武田ランダムハウスジャパン

金菱清（2012）『3・11慟哭の記録――71人が体感した大津波・原発・巨大地震』新曜社

神戸市消防局「雪」編集部・川井龍介（2012）『阪神淡路大震災・消防隊員死闘の記』旬報社

産経新聞（2014）「1・16／3・10――日常を見つめ」『産経新聞』２０１４年3月11日、朝刊

杉山高志・矢守克也（2015）「「Days-Before」の語りの可能性についての一考察――阪神・淡路大震災、新潟県中越地震、昭和南海地震の語りの比較分析」『復興』13号、日本災害復興学会、34-41頁

住田功一（1999）『語り継ぎたい。命の尊さ――阪神大震災ノート』一橋出版

高倉浩樹・木村敏明・とうしんろく（東北大学震災体験記録プロジェクト）（2012）『聞き書き 震災体験――東北大学90人が語る3・11』新泉社

高森順子・諏訪晃一（2014）「災害体験の手記集の成立過程に関する一考察」『実験社会心理学研究』54巻1号、日本グループ・ダイナミックス学会、25-39頁

内閣府（2008）「もし、一日前に戻れたら…　私たち（被災者から）みなさんに伝えたいこと――『一日前プロジェクト』報告書」（http://www.bousai.go.jp/kyoiku/keigen/ichinitimae/pdf/ichinichi2008.pdf　参照：２０２１年12月22日）

成田龍一（1996）「関東大震災のメタヒストリーのために」『思想』８６６号、岩波書店、61-90頁

ノーマ・コマレット・マレック（2007）『最後だとわかっていたなら』佐川睦 訳、サンクチュアリ・パブリッシング

萩尾信也（2011）『三陸物語』毎日新聞社

阪神大震災を記録しつづける会（1999）『阪神大震災――私たちが語る5年目』阪神大震災を記録しつづける会

堀込光子・堀込智之（2011）『海に沈んだ故郷――北上川河口を襲った巨大津波 避難者の心・科学者の目』連合出版

マーク・フリーマン（2014）『後知恵――過去を振り返ることの希望と危うさ』鈴木聡志 訳、新曜社

松尾眞（2011）『震災日記――長野県栄村、２０１１年3月12日～4月12日』アルファベータ

八木絵香（2019）『続・対話の場をデザインする――安全な社会をつくるために必要なこと』大阪大学出版会

矢守克也（2018）『アクションサーチ・イン・アクション――共同当事者・時間・データ』新曜社

矢守克也（2020a）「書評：八木絵香「続・対話の場をデザインする」」『災害と共生』4号、「災害と共生」研究会、１４３-１５２頁

矢守克也（2020b）「シュリンク・シュランク・シュリンキング——縮小の「前」と「後」」『災害と共生』4号、「災害と共生」研究会、11-20頁
矢守克也・杉山高志（2015）「「Days-Before」の語りに関する理論的考察」『質的心理学研究』14号、日本質的心理学会、110-127頁
読売新聞（2008）「阪神大震災13年・経験子どもたちに」『読売新聞』2008年1月18日、朝刊
読売新聞社（2011）『記者は何を見たのか——3・11東日本大震災』中央公論新社

第2章

復元模型

「あの日」より前の風景、街並み、そこでの記憶を復元する

磯村和樹
東北学院大学教養教育センター助教

1989年、山口県生まれ。神戸大学大学院工学研究科博士課程後期課程修了、博士（工学）。専門は、防災まちづくり。東日本大震災復興支援活動「失われた街」模型復元プロジェクトに神戸大学在学中の2012年より参画。2015年からは同プロジェクトの運営を行う一般社団法人ふるさとの記憶ラボの代表理事となり、現在までその運営に携わる。

槻橋 修
神戸大学大学院建築学専攻教授

1968年、富山県生まれ。東京大学大学院工学系研究科博士課程単位取得退学、博士（工学）。専門は、建築・環境・減災デザイン。ティーハウス建築設計事務所主宰。神戸大学減災デザインセンター長。一般社団法人ふるさとの記憶ラボ理事。「失われた街」模型復元プロジェクトを2011年に発案し、被災地各地で実践。現在もその運営に携わる。共著に、『Livable cityをつくる』（マルモ出版、2017年）など。

第1節　「失われた街」模型復元プロジェクト

筆者らは、東日本大震災の被災地などで「失われた街」模型復元プロジェクト（以下　失われた街ＰＪ）という活動に取り組んできた。その活動を通じて震災で失われた風景や街並みを復元し、そこで暮らした人々の記憶を記録してきた。

本稿では、その活動で何を復元・記録しようとし、東日本大震災被災地ではどのように、何が復元・記録されたのか、それらをどのように伝えていこうとしているのかを報告する。

震災で失われたとても多くの多様なもの

東日本大震災の被災地では、広範囲に生じた津波により多くの死傷者が生じるとともに、多くの建物が流出し、地域の風景や街並みが失われた。また、福島第一原子力発電所の事故によって避難指示が出された地域では、その地域で暮らしを続けることができず長期避難を強いられた。津波の被害を受けず、空間自体は残っていた地域もあったがその地域での暮らしが失われたような状況になった。

失われた街ＰＪは、そういった震災で失われた地域の縮尺５００分の１の復元模型を製作し、その模型を活かして震災前の風景や街並み、そこでの暮らしの記憶を伝えていく活動である。筆者の槻橋が震災直後の2011年3月末に発案し現在まで活動を続けている。筆者の磯村は2012年から参加している。震災当時、槻橋は神戸大学建築学科の教員であり、建築学などを専攻する大学生が行える復興支援がないかと模索していた。その際、当時の神戸大学槻橋研究室メンバーでディスカッションを行い、建築学生の持つ模型製作の技術を活かした復興支援ができないかと発案した。発案当時のコンセプトは、次のようなものであり、「震災で失われたとても多くの多様なもの」を復元・記録しようとしていた。それを通じて被災地の理解・共有を促し、復興をより明るい未来を導くものにしたいという思いがあった。

新しい街をつくることは「昨日よりも明るい」未来を考える行為である。これからはじまる多くの復興事業についても、明るい未来を導くものでありたい。だからこそ、新しい街を考えるより先に、私たちが失ったものについて、理解しておかなければならないと思った。そして、その理解を「共有」しておかなければならないと思った。2011年3月11日の午後、わずかな時間の内に私たちが失ったものは、とても「多く」、そして「多様」だ。すべてが失われた被災地に立っても、ただ言葉を失う状況の中で、それを理解し、共有し、復興へ向けた真の言葉を取り戻すために、模型を作ろうと思った。前を向くために、一度時間を巻き戻し、街を復元する。そしてそれらがすべて失われてしまったことを今一度、理解する。時間がかかってもいい。これは治癒のプロセスだ。人々の復興はそこからしかはじまらないと思う。（槻橋 2011）

失われた街ＰＪの東日本大震災の被災地での活動は、２０１１年６月に気仙沼市で最初の復元模型を展示して以来、現在まで続いている。活動を続ける中で、復元模型制作を基礎としつつ、様々な取り組みが展開している（図1）。ここではその流れを説明する。

活動の流れ

活動ではまず、被災地の震災前の航空写真等をもとに、白い復元模型を制作する。白い色は震災で失われた街への追悼の意味を込めている。模型の縮尺は５００分の1としており、この縮尺は模型を俯瞰すれば街全体を見渡すことができ、かつ、模型を覗き込めばそこで暮らした人々の目線から街並みを見ることができるような縮尺として設定している。模型のサイズは１×１メートル（縮尺５００分の1であるため実際の５００×５００メートル）を基準として製作し、それをいくつも組み合わせることで広大な被災地域を復元する。材料は一般的な建築模型で使う材料（発泡スチロール等）を使用している。

復元模型ができるとそれを被災地に運び「記憶の街ワークショップ（以下　記憶の街ＷＳ）」と名付けたワークショップを開催する。復元模型を、模型で復元した地域で震災前に暮らしていた方々の集まりやすい場所に展示して、その方々に会場に来ていただき、震災前のその地域での思い出などについて学生スタッフがヒアリングを行う。最初は「この地域にお住まいだったのか」「ご自宅はどこだったか」といった簡単な質問から始める。立体的に表現された復元模型は地図に比べて昔を思い出しやすいという声も聞かれており、そのようにヒアリングをしていくことで、個々人によって証言の量にバラツキがあるものの、多くの方々から様々な思い出を教えていただける。ヒアリングをした内容は、記録用紙にメモをしたり、専用の小さな旗に書き込み模型に差し込んだりして記録する（記録用紙にメモした証言はつぶやきと、専用の旗は記憶の旗と呼んでいる）。その際、記憶の旗は、模型を見る人にわかりやすいように5色に色分けしている。青がその場所や暮らす人の名前などを書き込む「名称の旗」、黄色がその場所での思い出を書き込む「思い出の旗」、赤が災害時のことやその後の復興のことを書く「防災の旗」、紫がその地域の歴史や伝統行事などを示す「伝統の旗」、緑がその地域の自然環境を表す「環境の旗」としている。

また、ヒアリング内容や、震災前の航空写真などを参考にしながら、細かな風景を作り込んだり（作り込んだ部分は「作り込み」と呼んでいる）、模型に色付けを行ったりする。作り込みや色付けは記憶の街WSに来場した人たちに要望に応じて手伝っていただくことで喜んでいただけることがある。そういったワークショップを1週間ほど続けて、模型が完成する。色付けが完了し、多くのつぶやきや記憶の旗、作り込み（小さな風景）が復元・記録できる。これが記憶の街WSの流れである。

記憶の街WSやそこで復元・記録した成果は様々な形で活用している。記憶の街WSの様子をTV局に撮影してもらい、その映像を東北地方や全国で放送していただいたり、記録した証言から証

図1　失われた街 PJ の活動

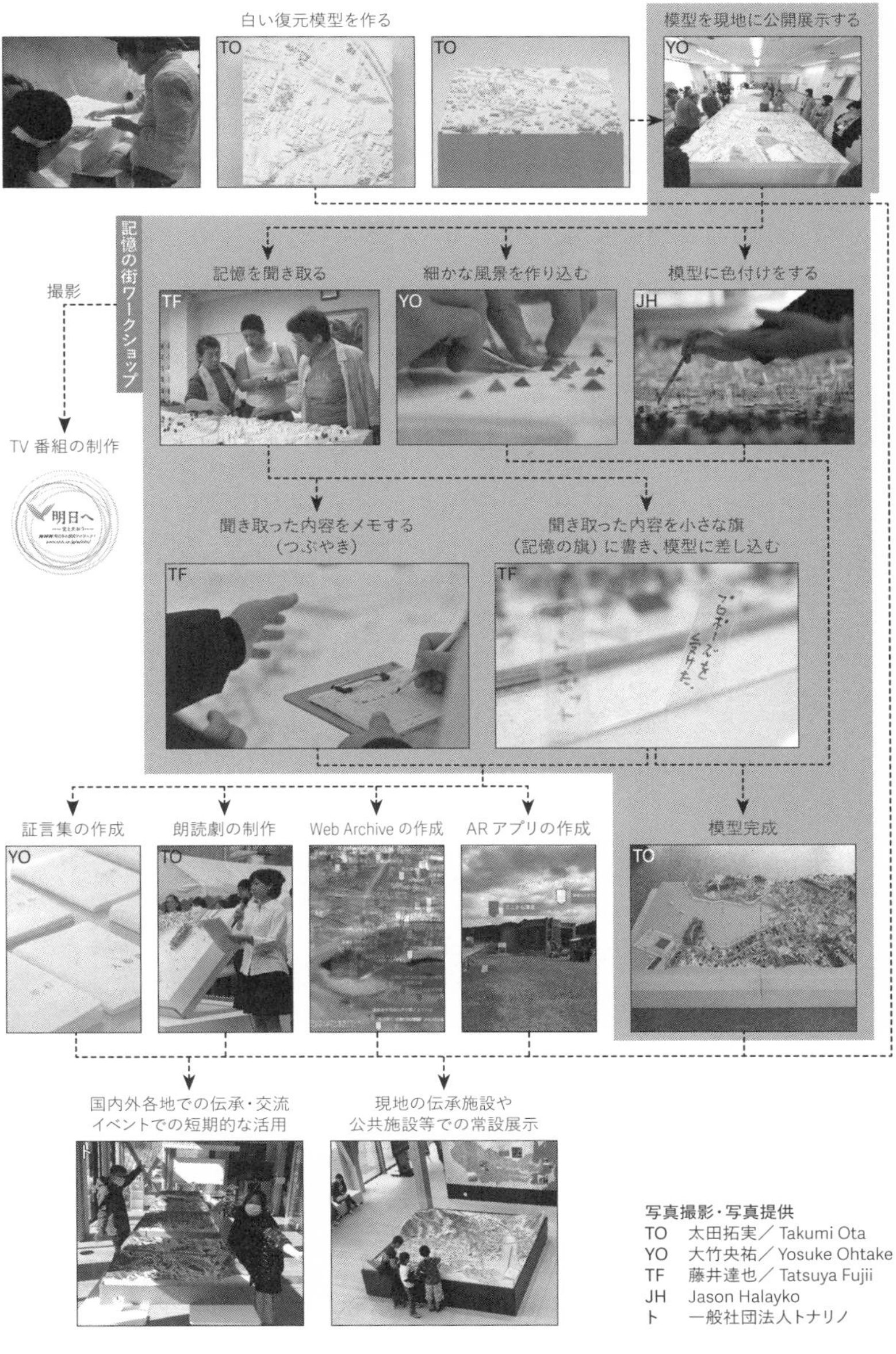

写真撮影・写真提供
TO　太田拓実／ Takumi Ota
YO　大竹央祐／ Yosuke Ohtake
TF　藤井達也／ Tatsuya Fujii
JH　Jason Halayko
ト　一般社団法人トナリノ

言集・朗読劇・Web Archive・ARアプリを制作したりしている。Web Archiveは、震災前の街並みや記録した証言をウェブ上で見ることができるというものであり、数種類が制作されている。特徴的な事例としてはそれらがデジタル地球儀上に表現されたものがある（https://lostcity.archiving.jp/）。ARアプリは、現地でスマートフォンやタブレットでアプリを起動しその場所の風景をカメラに写すと、その場所についての思い出が今の被災後の風景と重ねて見ることができるようになっている。この2つはいずれも東京大学の渡邉英徳先生と共同で制作した。アーカイブするデータ量が多く操作が重くなる、現地に高齢の方が多く使いこなせないといった問題がある。いかに使いやすくするかが今後の課題である。現在はARアプリが現地の語り部活動に活用され始めており、試行錯誤が続いている。

完成した復元模型や各種制作物は、最終的に国内外各地の災害に関するイベントや、現地の交流イベントに短期的に活用したり、現地の災害伝承施設や公共施設で展示したりしている。見てわかりやすいため海外の方に東日本大震災の被災を伝える展示物としても好評だと伺っている。模型を見ると思い出話に花が咲きやすいということもあり、また、老若男女に受け入れられやすいコンテンツとして、災害伝承だけでなく、地域の住民交流や多世代交流にも貢献している。後者では例えばおじいちゃんと孫、お父さんと子ども、地元出身の奥さんと他の地域出身の旦那さんが一緒に模型を見に来ることがある。「昔この街はこのような街だった」などと相手に自分のふるさとを伝える光景が見られると聞く。

第2節　どのように想起・記録がなされたのか

この活動の、特に記憶の街WSではどのように記憶が想起され、記録されているかについては、おおよそではあるが図2のようにイメージしている。

震災によって空間が大きく失われてしまった被災地ではその地域での記憶が薄れていきやすい。一方、模型を作るスタッフは模型を作る過程で被災地の風景を理解していく。

模型を現地で公開展示すると、模型を見た各来場者が各々の被災前の記憶を思い出す。また、何人かの来場者が同時に模型を見ている際に来場者同士で（元々お互いに知り合いでない場合でも）、思い出話が盛り上がることがある。そういった際には来場者間で被災前の記憶の確認・共有がなされる。

そうした語りをスタッフが聞き取ることで来場者が想起した記憶がスタッフに共有される。被災前の記憶を聞き取ったスタッフは来場者に確認をしながら、それらをつぶやきや記憶の旗として文章化する。また、色付けや作り込みとして模型に表現を加えていく。そのようにして被災前の記憶が可視化され、共有されやすくなる。

そのようなプロセスが、来場者が次々と入れ替わりながら1週間ほど繰り返される。後から来た来場者は先の来場者の記憶が可視化されることで、想起されやすくなり更なる想起が期待できる。そのようにしてつぶやきや記憶の旗といった文章として、また、模型表現として、さらには、来場者やスタッフの記憶の中に、被災前の記憶が復元され記録されていく。そのような流れでイメージしている。

スタッフに蓄積される記憶

また、この流れの特徴として、このワークショップを通じて誰に一番伝承されるのかということを考えると、来場者ではなくスタッフだということが挙げられる。来場者の中にはWS期間中に何日も続けて来てくださる方もいるが、その多くは一度来場するのみである。一方、開催期間を通してスタッフをした人には約1週間分の来場者の記憶が蓄積される。東日本大震災被災地での記憶の街WSの平均来場者数は約400人であり、1人が全員から聞き取りを行うわけではないにせよ、スタッフ1人につき十数人~数十人分の記憶が蓄積されることが考えられる。実際に記憶の街WSのスタッフをした大学生が地元の人並みにその地域に詳しくなるのではないか、ということが、あくまでスタッフ内の感想ではあるが指摘されていた。東日本大震災被災地で行った記憶の街WSのスタッフは関西や関東、愛知など被災地以外の建築学生が多かったが、中には東北工業大学や東北芸術工科大学、東北大学、仙台工業高等専門学校、宮城大学といった地元の学生スタッフも含まれていた。また、一般社団法人トナリノという陸前高田市を拠点とする法人が模型の寄贈を受け入れてくださり、記憶の街WSのような形式で、復元模型を現地で活用する事業を実施されていたことがある。そのスタッフは現地在住の法人職員が務め、さらにそのスタッフに地元中高生スタッフの

図2　記憶の街WSでの想起のプロセス

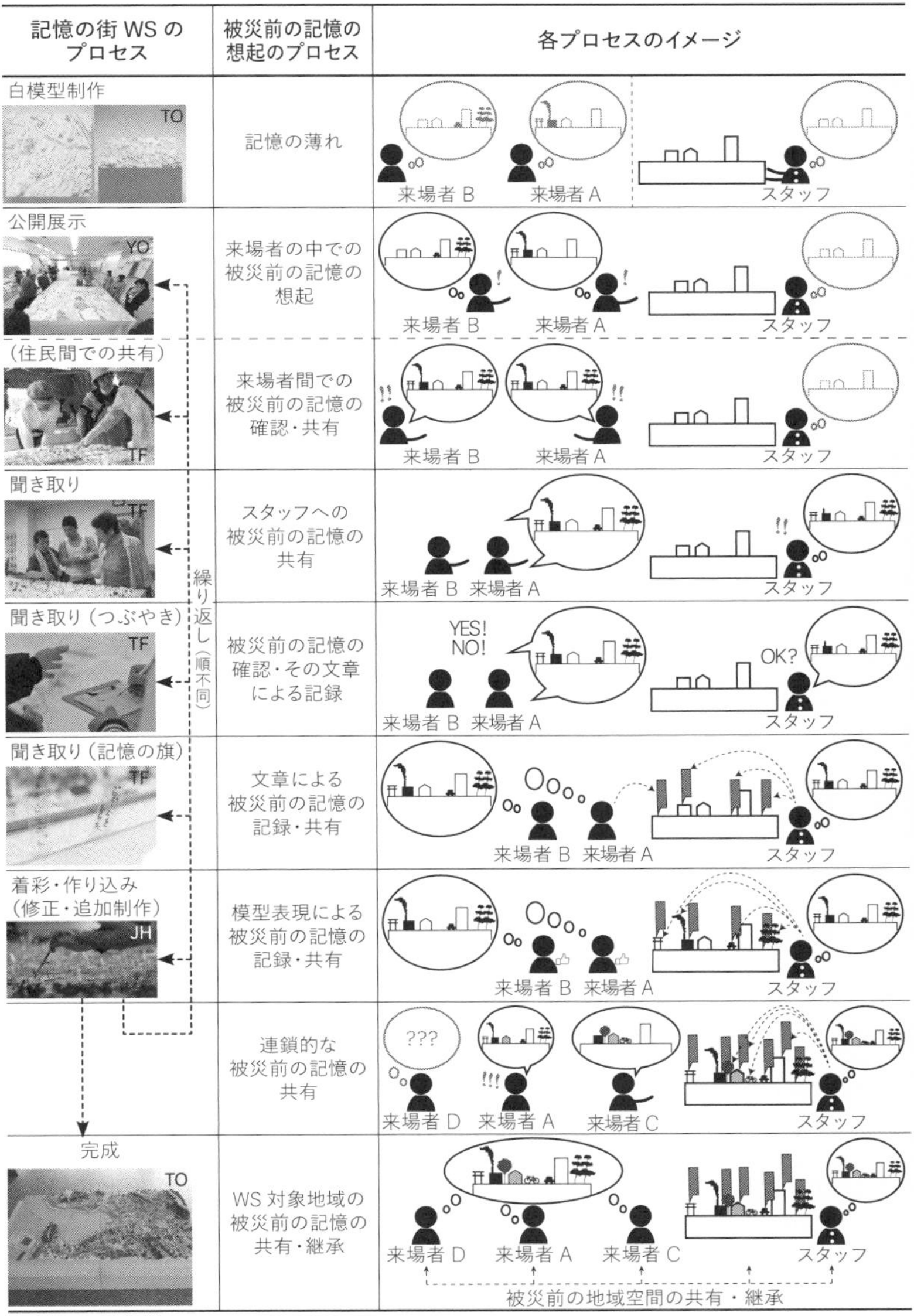

記憶の街 WS の プロセス	被災前の記憶の 想起のプロセス	各プロセスのイメージ
白模型制作	記憶の薄れ	来場者B　来場者A　スタッフ
公開展示	来場者の中での 被災前の記憶の 想起	来場者B　来場者A　スタッフ
（住民間での共有）	来場者間での 被災前の記憶の 確認・共有	来場者B　来場者A　スタッフ
聞き取り	スタッフへの 被災前の記憶の 共有	来場者B　来場者A　スタッフ
聞き取り（つぶやき）	被災前の記憶の 確認・その文章 による記録	YES! NO!　来場者B　来場者A　OK?　スタッフ
聞き取り（記憶の旗）	文章による 被災前の記憶の 記録・共有	来場者B　来場者A　スタッフ
着彩・作り込み （修正・追加制作）	模型表現による 被災前の記憶の 記録・共有	来場者B　来場者A　スタッフ
	連鎖的な 被災前の記憶の 共有	???　来場者D　来場者A　来場者C　スタッフ
完成	WS 対象地域の 被災前の記憶の 共有・継承	来場者D　来場者A　来場者C　スタッフ 被災前の地域空間の共有・継承

繰り返し・順不同

写真撮影・写真提供
TO　太田拓実／Takumi Ota、YO　大竹央祐／Yosuke Ohtake、TF　藤井達也／Tatsuya Fujii、JH　Jason Halayko

参加を呼びかける試みもなされていた。今後はこのようにスタッフ側に意識的に地元の方々を巻き込みながら記憶の街ＷＳを実施していくことで、被災地域での記憶のアーカイブを効果的に進められる可能性がある。

第３節　どのような証言や風景が記録されたのか

各地で記録された証言と風景の例

そのようにして想起され、記録された証言や風景がどのようなものだったのか、岩手県、宮城県、福島県各地で記録してきた証言と模型写真をいくつか掲載する（写真1〜11）。

２０１１年６月に最初の記憶の街ＷＳを行ってから２０２２年８月現在まで、東日本大震災の被災地において記憶の街ＷＳを、24市町村の50ほどの地域で約60回開催してきた（失われた街ＰＪの実行委員会が運営に携わったものに限る）。来場者数は約２万人。約１０５平方キロメートルの風景・街並みを模型として復元し、約６万個の証言（つぶやき＋記憶の旗）を記録してきた。

記録した証言から見えてくる震災前の場所・営み

そのように記録した証言に、どのような傾向が見られるか、テキストマイニングの手法を用いて分析を試みた。

まず、つぶやきについては、例として福島県の原発被災地での記憶の街WSで記録したものを品詞ごとに分類し、頻出単語を抽出すると表1のようになった。

このうち名詞に着目すると、特に多く語られていた場所は「川」「家」「町」「海」「小学校」「神社」「田んぼ」「浜」「中学校」などであり、各人の家や町（地域全体？）以外では、水辺や田んぼ、学校や神社が特に思い出が強く残っている場所だと考えられる。また、特に多く語られていた営みは「祭」であり、それ以外では「桜」や「鮭」がよく語られていた。岩手県や宮城県も合わせて分析するとまた変わってくる可能性もあるが、水辺に行って鮭を取ったり、小学校や中学校に行ったり、神社で地域のお祭りをしたり、そういった暮らしが被災地の人々の記憶に強く残っていたと推察される。

また、そのような場所でどのような営みがなされていたかを確認するために、例として記憶の旗のうち「思い出の旗（黄旗）」を対象としてテキストマイニングを行った。おおよそ全ての地域で記録した思い出の旗の証言をテキストマイニングにかけ、それらに含まれる単語のうち特徴的なものをワードクラウドとして描画すると図3のようになった。

「泳ぐ」「遊ぶ」などが特に大きく描画されており、先述のつぶやきの分析と合わせると水辺などで泳ぐなどして遊んでいた体験は多くの人にとって非常に印象的なものであった可能性がある。また、「昔」という単語も大きく描画されており、それらの思い出は震災直前というよりは、もう少し昔の、証言者らが子どもの頃の思い出であった可能性もある。そうするとつぶやきの分析で学校

写真 7　宮城県牡鹿郡女川町　50 代　女性
「おんまえやとマリンパルによく買い物に来た。みなと祭りの花火は毎年市場から見てた。」

写真 8　福島県南相馬市小高区
「野馬追いには絶対帰ってくる。友達が馬に乗ってた。そういう家系だった。」

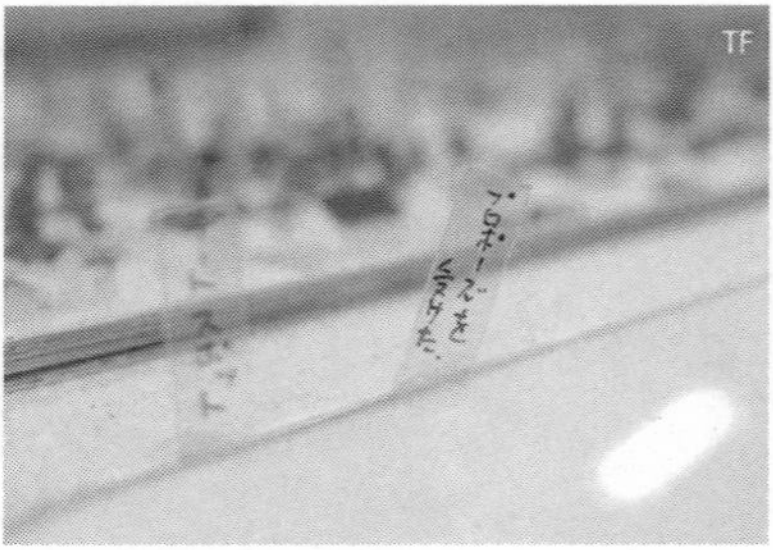

写真 9　福島県双葉郡浪江町　女性
「海辺はデートスポット。」

写真 10　福島県双葉郡大熊町　60 代　女性
「梨園が多く、大熊は梨が名産だった。」

写真 11　福島県双葉郡富岡町夜ノ森地区　50 代　男性
「中学校あたりから桜がスタートする。両脇に桜の並木が続いて桜のトンネルのようだった。」

写真撮影・写真提供
TO　太田拓実／ Takumi Ota
YO　大竹央祐／ Yosuke Ohtake
TF　藤井達也／ Tatsuya Fujii

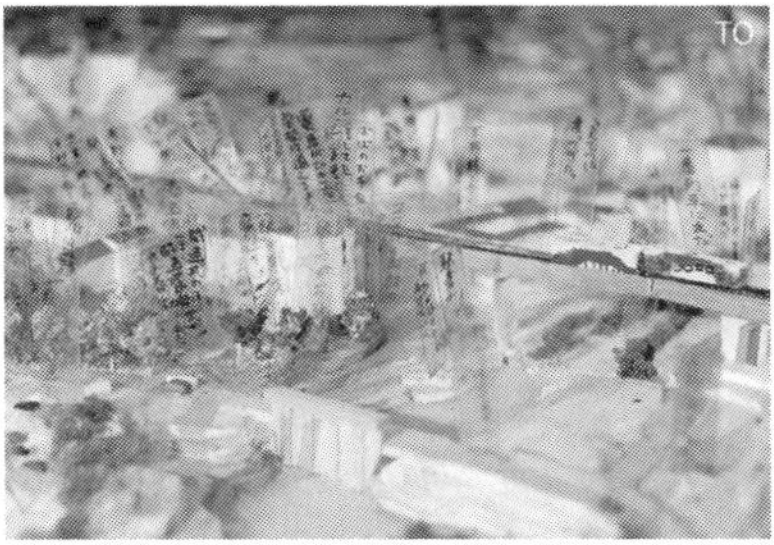

写真１　岩手県田野畑村島越地区 60 代 女性
「駅ができた時はブラスバンドをしたり石を敷き詰めたりと非常に盛り上がった。一日中お祭りのようなものだった。駅の開通は地域の人にとっては悲願だった。」

写真２　岩手県宮古市田老地区　女性
「運動会は田老の祭り。運動会の仮装行列、これがまた大騒ぎなの。」

写真３　岩手県上閉伊郡大槌町　30 代　夫婦
「小学校の頃は鮭を釣りに行った。網にかかっているやつを取ったりして大人の人に怒られたね。」

写真４　岩手県陸前高田市　70 代　男性
「青い海と緑の松、白い浜、まさに白砂青松で美しかった。松原は忘れられない。」

写真５　宮城県気仙沼市内湾地区　男性
「内湾で暮らしてきたので、今後も海を見て生活したい。海があって、カモメが飛び、船がくる。この風景が身体に染み付いている。」

写真６　宮城県名取市閖上地区　女性
「市場は活気で溢れていた。旦那がとってきた魚を女の人が背負って仙台やまちに売りにいっていた。この行商人を五十集（いさば）という。」

名詞

順位	単語	頻度
4	川	170
5	家	168
6	町	161
8	人	159
9	祭	124
12	海	100
15	小学校	90
17	地区	84
18	桜	82
18	鮭	82
20	子ども	76
25	神社	69
28	田んぼ	61
29	浜	60
31	中学校	58
33	辺り	56
35	自分	51
36	月	50
41	役場	43
42	畑	41
42	梨	41
44	市	40
45	商店街	39
45	店	39
51	山	36
51	名前	36
54	高校	35
54	木	35
57	公園	34
57	水	34
59	橋	33
59	自転車	33
61	神輿	32
61	通り	32
61	電力会社	32
66	隣	31
67	花火	30
67	場所	30
67	堤防	30
71	駅	28
71	盆踊り	28
73	学校	27
73	魚	27
78	イベント	26
78	地域	27
78	道	26
83	町民	25
83	父	25
85	横	24
85	近所	24
85	公民館	24
85	時代	24
85	住宅	24
85	他	24
85	大会	24
85	釣り	24
85	別	24
96	鮎	23
96	体育館	23
96	友達	23

動詞

順位	単語	頻度
1	する	828
2	ある	450
3	なる	194
7	行く	160
10	やる	105
11	くる	101
12	つくる	100
16	できる	86
21	食べる	75
21	遊ぶ	75
26	とる	68
27	行う	64
29	出る	60
32	住む	47
34	いる	52
36	見る	50
36	集まる	50
39	買う	47
40	入る	46
45	売る	39
49	歩く	38
50	使う	37
51	とれる	36
54	帰る	35
61	通う	32
67	持つ	30
73	通る	27
73	働く	27
78	育てる	26
78	出す	26
85	見える	24
85	呼ぶ	24
96	のぼる	23
96	建てる	23

形容詞

順位	単語	頻度
14	多い	96
23	ない	72
24	小さい	70
45	美味しい	39
61	良い	32
73	新しい	27
96	大きい	23

表1　福島県原発被災地で記録したつぶやきに含まれる単語の品詞別出現頻度

が強く記憶されていたことも肯ける。

また、形容詞に着目してみると、「おいしい」「よい」「かわいい」「すごい」など、地域の魅力的な部分について多く語られていた様子が窺える。

これらについては今後詳しい分析を進めていく予定である。

記録した模型表現（作り込み等）から見えてくる震災前の風景・街並み

また、同様に記録した風景や街並みに、どのような傾向が見られるか、岩手県陸前高田市市街地での記憶の街WSで模型に表現された作り込みの分析を試みた。

作り込みは、白模型を作るときには表現されていなかった部分であり、白模型のもととなる航空写真や地図に何らかの理由で描写されていなかっ

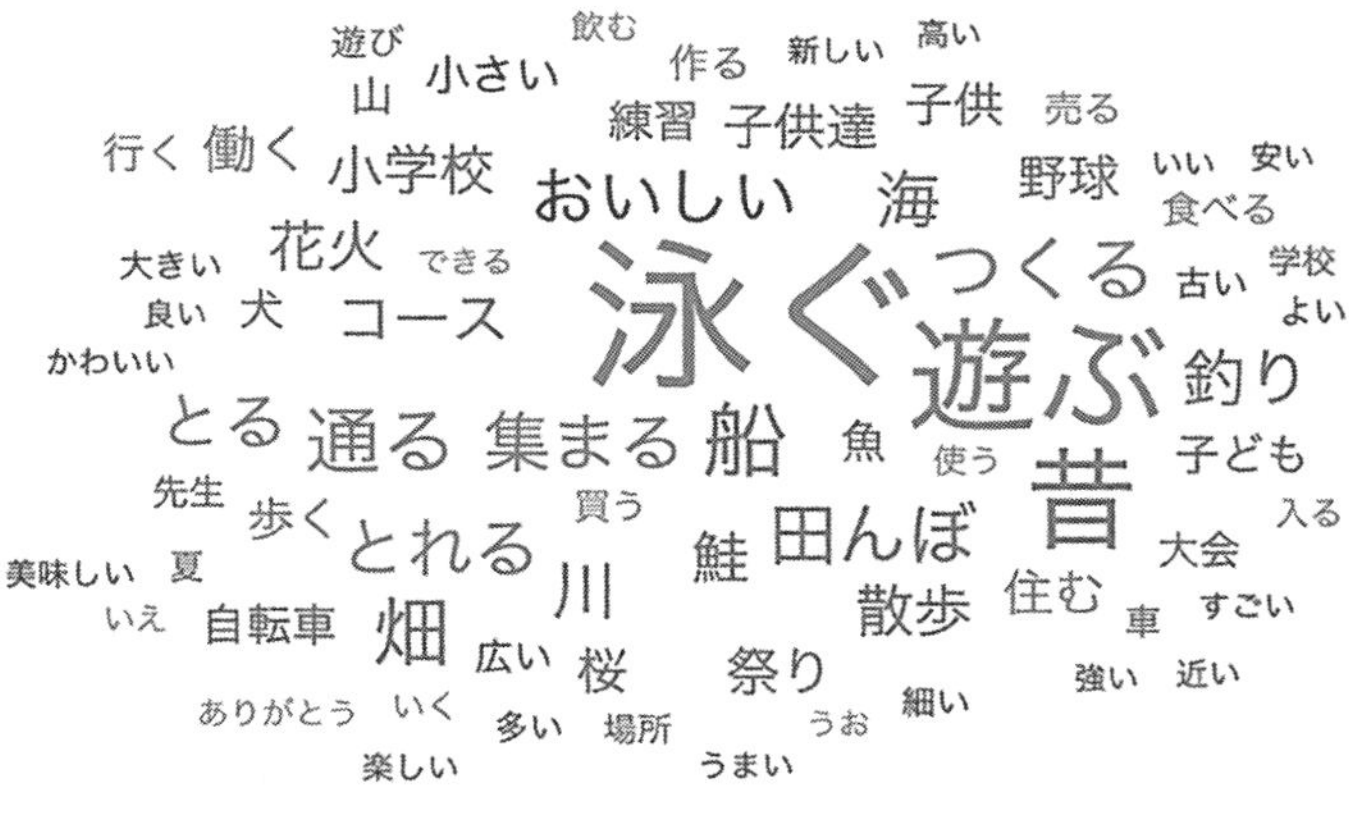

図3　おおよそ全地区の思い出の旗のワードクラウド
注：特徴的な単語をより大きく描画した図。https://textmining.userlocal.jp/ を使用。

た風景である。よって、記憶の街WSを終えた陸前高田市市街地の模型写真を航空写真や地図と見比べながら、それらで確認できなかった部分を作り込みとして抽出した。結果として陸前高田市市街地では74個抽出することができた（図4）。それらを分類すると表2のようになり、大きく空間系と時間系に分けることができた。細かくみると10個に分類することができた。

その中で特に多かったのは、重複しているものもあるが、自然系、垂直系、細小系、周期系の4つであった。垂直系については、模型制作時の資料である航空写真や地図は水平に地域を写したものである一方で、暮らす人々が一番よく目にしているのは空間の垂直面であるため、そのように参考にした資料の問題で後から作り込まれたものだと考えられる。それ以外の自然系、最小系、周期系については、人々が自然物や小さな風景（小さな祠や煙突など）、周期的に生じる景観（季節の花や祭りの風景など）を陸前高田市市街地の方々が強く認識していた様子が窺える。

第4節　それらの記録をどのように伝えていくか

模型の現地での展示

そのように記録してきた風景や証言を伝えていくための一番大きな取り組みとしては、図1の下部に示したように、模型の短期的な展示や常設展示の取り組みが挙げられる。先述のように、記憶の街WSを1回行っただけでは、スタッフへの伝承が主になる側面がある。そうではなく、主に現地の方が、記憶の街WS後も震災前を振り返りたい時に振り返ることができるように、現地で模型をできれば常設、難しければ短期の展示を継続的に行えるよう模型の寄贈や活用の支援を行う取り組みを「おかえり、記憶の街」プロジェクトと名付けて進めている。

これまで、記憶の街WSができていない白いままの模型も含めると、約70個の復元模型を製作してきた。その活用状況の全容が把握できているわけではないが、現地に寄贈できた模型や上手く活用されている模型は約40個である。寄贈できたとしてもその後上手く活用されていないという可能性も考えられるが、半数以上が現地で活用されているか、あるいは活

分類	細分類		分類条件	数	
空間系	要素系	自然系（N）	植物や池など自然物を表現したもの	41	92
		素材系（M）	物体を構成する素材を表現したもの	3	
		仮設系（T）	仮設の建物などを表現したもの	1	
	位置系	空中系（S）	地平面より高い位置での光景を表現したもの	2	
	形態系	垂直系（V）	垂直面で構成されるものや柱状のものを表現したもの	17	
		細小系（L）	地図や航空写真には表現されないほど小さいものを少し拡大して表現したもの	25	
		半屋外系（R）	上に屋根のようなものが被っているもの、もしくは屋根のみの構造のものを表現したもの	3	
時間系	イベント系（E）		特定の時間に行われた活動を表現したもの	7	39
	周期系（C）		季節の風景や行事など定期的に見られる景観を表現したもの	31	
	歴史系（H）		被災直前よりかなり前の景観に関するもの	1	

表2　作り込みの分類表

図４　陸前高田市市街地模型に表現された作り込み
注：アルファベットは表２の分類表を参照

41｜祠（おあたご様）｜L

42｜竹林｜N

43｜煙突｜VL

44｜中央公園の桜｜NC

45｜大町通りの並木と電灯｜NVLC

46｜壁まで黄色の家｜V

47｜茶色の壁の建物（旭電機）｜V

48｜茶色の壁の建物（村健食堂）｜V

49｜NTT のアンテナ｜VL

50｜祠（商売の神様）｜L

51｜店のファサード（スタジオヒロシ）｜V

52｜水路｜NL

53｜ガソリンスタンド｜R

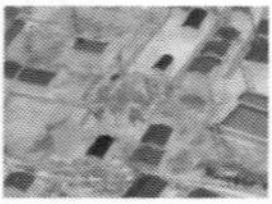
54｜本弥寺の屋根｜M

55｜高田保育所の木｜NC

56｜林・竹やぶ｜N

57｜利吉床屋（壁面）｜V

58｜光照寺の木｜N

59｜高田小学校の木々｜NC

60｜女性像｜L

61｜裏田児童公園の桜｜NC

62｜壁が黄色の家｜V

63｜梅｜NC

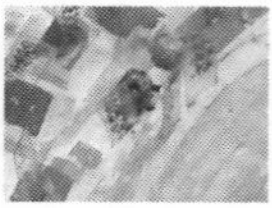
64｜椿｜N

65｜庭の植栽｜NL

66｜曲松公園（桜・植栽）｜NC

67｜桜｜NC

68｜砂畑公園（桜）｜NC

69｜壁がピンクの家｜V

70｜花火（手持ち）｜LE

71｜看守塔｜LC

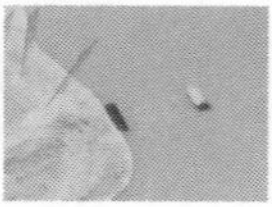
72｜沼に設置されたプール｜NC

73｜花火（高田松原）｜SEC

74｜看守塔｜LC

01｜高田松原の桜と多様な植物｜NC

02｜川舟と船とからけばち｜LEC

03｜けんか七夕の山車｜LEC

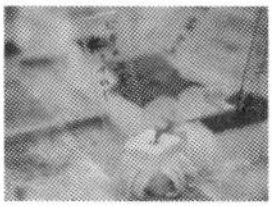
04｜うごく七夕の山車｜LEC

05｜駅前通り商店街の屋根｜R

06｜電車・線路・踏切｜VLC

07｜梅｜NC

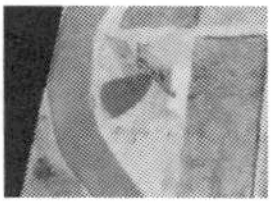
08｜池｜N

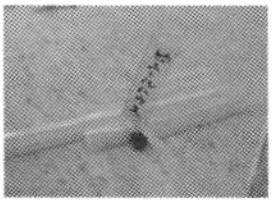
09｜ビニールハウス｜T

10｜桜｜NC

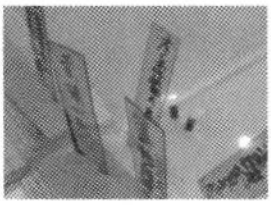
11｜昔の橋の脚の跡｜H

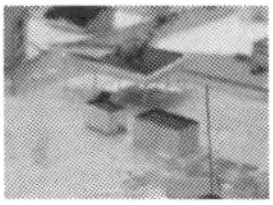
12｜ガソリンスタンド（半屋外）｜R

13｜花火（気仙川）｜SEC

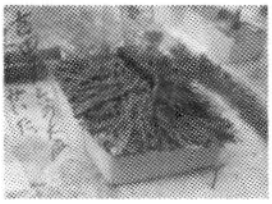
14｜大肝入屋敷｜MVL

15｜門｜VL

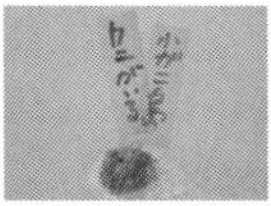
16｜小さな島｜NL

17｜水路｜NL

18｜桜｜NC

19｜松｜N

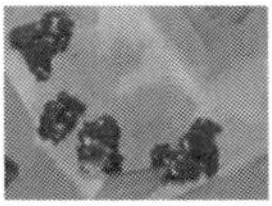
20｜ヒバの木｜N

21｜龍泉寺の山門と建物の形｜L

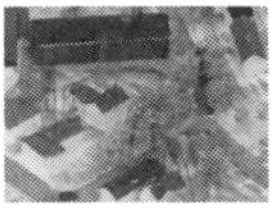
22｜酔仙酒造の桜｜NC

23｜駅前広場のオブジェと大ケヤキ｜NVL

24｜水路｜NL

25｜森の前公園の桜｜NC

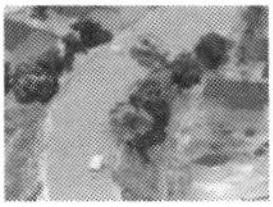
26｜桜｜NC

27｜庭の木｜N

28｜国道 45 号線の看板｜VL

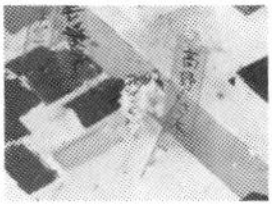
29｜高野山の木｜N

30｜家 (壁にオレンジのライン)｜V

31｜庭の木｜N

32｜花壇｜NC

33｜野外活動センターのグランド｜N

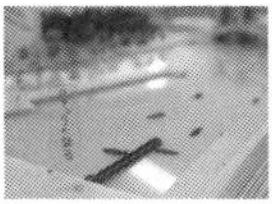
34｜カヤックと桟橋｜MEC

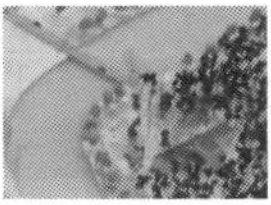
35｜一本松｜NV

36｜浄土寺の桜とため池｜NWC

37｜本丸公園の桜と石碑｜NLC

38｜高田幼稚園の桜｜NC

39｜八幡神社の石碑｜L

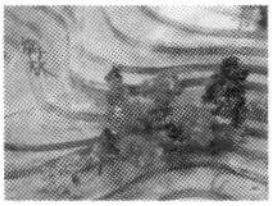
40｜梅林｜NC

用できる状況にある。

上手く活用されている模型のうち、常設展示ができているものについては、先に少し記載したが、災害伝承や防災教育に活用されているものと、公共施設に展示され日常的に人々が閲覧できるようにされているものがある。

災害伝承や防災教育に活用されているものの例としては、岩手県では野田村復興展示室に野田村市街地の模型が展示されている。宮城県では気仙沼市の気仙沼・本吉広域防災センターに同市の南町地区などの模型が、仙台市の震災遺構荒浜小学校に同市の荒浜地区の模型が、名取市の津波復興祈念資料館閖上の記憶に同市の閖上地区の模型が、山元町の震災遺構中浜小学校に同町の中浜地区と磯地区の模型が展示されている。福島県では双葉町の東日本大震災・原子力災害伝承館に同町の両竹・浜野地区の模型の一部が、浪江町の震災遺構請戸小学校で同町の請戸地区の模型が展示されている。

公共施設に展示され日常的に人々が閲覧できるようにされているものの例としては、岩手県では大槌町の文化交流センターおしゃっちの屋内共有スペースに同町の町方地区の模型が展示されている。宮城県では気仙沼市のまち・ひと・しごと交流プラザに同市の内湾地区の模型が展示されている。福島県では新地町役場の展望室に同町の模型が展示され、展望室から見える今の街と模型で復元された震災前の街を見比べることができるようになっている。

上手く活用されている模型のうち、短期の展示を続けることができていたものの例としては、先述の一般社団法人トナリノの方々の取り組みが挙げられる。記憶の街WSを行うと被災前の伝承を行えるだけでなく、模型を囲んで多くの方の語りの場、語り合いの場を作ることができるという点に着目し、多世代交流の事業として模型を活用していた。トナリノは、もともと一般社団法人SAVE TAKATAという名称で陸前高田市を拠点として活動していたが、2019〜2022年にはその活動範囲を釜石市や大船渡市、気仙沼市まで広げ、各地で模型を使った展示会・WSを開催していた。また、その成果を「けせん 震災と昔の記憶」「今昔けせんがたり会」(https://kesenkioku.nanapre.com/ ＊けせんとは岩手県南東部と宮城県北東部あたりを指す気仙地域の意)としてウェブ上で公開している(現在、模型は陸前高田市内に常設展示化され、地域の防災教育などに引き続き活用されている)。

災害伝承というと、災害が起きた時点やその後の復興での辛い体験、大変だったことなどを伝えて今後のそういった被害の低減を図ることが最重要だと考えられる。そのような中で東日本大震災の被災地では、これだけ各地で「震災前に被災地域がどのような地域であったか」という震災前の伝承が取り組まれている。東日本大震災の津波や原発事故による被害がそれ以前の大災害と比べても非常に大きく震災前の痕跡が多く地域から損なわれてしまっており、震災「前」を伝える必要性が非常に大きかったのではないかと考えている。その取り組みに失われた街PJの模型が各地で貢献できていることは、1つの大きな功績と言えるのではないだろうか。

膨大な証言の分析・編集

また、記録してきた数万個にも及ぶ膨大な証言は、そのままでは読み取れない。それらを読み取り伝えていくためには何らかの分析・編集を施す必要があり、その方法についてもいくつか検討を進めている。証言は特定の場所に関するものと場所に関連しないもの（もしくは関連する場所を特定しにくいもの。例えば比較的広いエリアに関するものなど）に大別される。例えば前者は「Aさんの家でよく遊んだ」などで、後者は「このあたりは野球好きが多い」などである。主に前者をより読み取りやすくしていくための方法の検討を進めており、その例を紹介する。

証言の統合

編集方法の1つとして、特定の場所や営みに関するものを集め、統合・編集するということを検討している。そうすることでその場所や営みの様相を伝える文章を書くことができる、というものである。

まず、特定の場所に関する統合について。例えば宮城県気仙沼

写真12　証言を統合した気仙沼市魚町エリアの模型写真（左）とおおよその位置（右）
右の航空写真：国土地理院 地理院地図より引用

市内湾地区の湾の北側の魚町エリア（写真12）では、次のような文章を書くことができる（証言内容の正否についての詳細な確認作業はできていないため、内容に間違いがある可能性がある）。災害で失われた街で営まれていた様々な暮らしや歴史を、実際にそこで暮らした人々の視点から読み解くことが可能となる。

魚町沿岸部（統合例①）

昔、魚町の沿岸部にはたくさんの船が縦に並んでいた。台風のときは特に多かった。船乗りの父が出航するとき、学校を休んで見送りにいっていた。

震災後、この沿岸に残った瓦礫を被災した外国人が片付けていた。また、海と沿岸の建物の間にある道は、昭和30年の頃に舗装された道で、チリ地震が起こったとき、津波は膝下くらいまできた。この道の途中に、海へと向かっている道があるが、かつてはこの先に桟橋が続いていたそうだ。また魚町沿岸は海からこの道を挟んですぐに建物があるため、防潮堤が造りにくい。また、これまで長い間防潮堤について議論があったが、魚町の人たちは昔から家の前に船をつけ、海とともに暮らしており、防潮堤はいらないと言っていた。

沿岸部には海に面してたくさんのお店や問屋が立ち並ぶ。細長い家ほど古い家だそうだ。船に雑貨を卸していたマルカンさんや、秋刀魚の煮付けがおいしいと評判のカクダイ、マグロ漁船会社の勝倉漁業、村田漁業、船屋や魚問屋、マグロ関係のお店、冷凍工場など、漁業関係のお店が多かった。

また沿岸部には、〇幸《まるさち》漁業の道具、□十《かくじゅう》、𠆢小、〇𠆢小魚問屋、𠆢ネ、𠆢キ、〇𠆢川、𠆢川《やまかわ》さん、□大《かくだい》、一十など、屋号が残っているところがたくさんあり、それらは昔問屋だったところである。その他にも藤田屋や、大島電機、斎民商店、気仙沼商店など、様々なお店が並んでいた。また気仙沼商店はもともとは文信堂という、この辺りで一番大きな本屋さんだった。また戦前、明治・大正にはここに市場があった。

魚町（統合例②）

昔、この界隈で魚町が一番裕福だったそうで、それぞれの店にお得意様の漁船があり、出航の際には手を振って見送った。魚町は以前、「釜の町」と呼ばれていた。それが所以で「大釜・塩釜」という屋号が残っている。江戸前、魚町には南町と合わせて5軒ほどしか家がなかった。昭和4年には火災によって全部焼けたりもした。魚町の子と南町の子はあまり一緒には遊んでなかったらしい。

また魚町はみなと祭のとき、山車が通る道でもあった。企業や小学校など、様々な団体がトラックに年ごとに新しい魚や船の形をした山車を乗せて、太鼓に合わせて気仙沼駅から市役所、魚町を通って海の市まで町を練り歩いた。女の人はそれに手踊りをしながら続く。山車と手踊りの規模は150人から200人くらい。

魚町の真ん中には海から1つ街区を挟んで「屋号通り」と呼ばれる通りが通っている。船の上で食べるための食材を用意したり、船員を風呂へ連れて行ったり、港を出入りする船をお世話する問屋が並んでいた。またお風呂場よりさらに内陸の太田の方へ進むと飲屋街通りと女郎屋が続いていた。この周辺は漁師に良く利用され、飲んだり遊んだりする中心地。昔は風呂で体を流して、飲み屋へ向かう、というのが定番だった。ここでケンカがあると、海に飛び込んで逃げた人もいた。魚市場が移ってから、幾つかの問屋は移っていった。

安波山山麓——気仙沼女子校／火除神社・熊野神社（統合例③）

また海からは安波山の山麓に位置する気仙沼女子校や火除神社、熊野神社も見ることができる。

気仙沼女子校は畠山学園気仙沼高校とも呼ばれ、気仙沼で初めての丸い屋根の女子校で、かつては布折、縫い物をやっている学校だった。この周辺ではマンモス校で、校舎の上に体育館があったため、運動部が部活をしていたら集中できなかった。エレベーターがなく、休み時間になると1Fにある購買に走った。昔は寮もあったそうだ。駅から歩いて通っていた人もいれば、唐桑・大島から船で通っている人もいた。

かつて女子校を南に建てるか、北に建てるか議論されたことがあったが、そこは塩田のあった土地で海抜が0に近いとわかっていて、また平成30年までにあのような津波が来る確立は95%と言われていたのに、津波のことに関しては全く議論がなかったそうだ。震災時は女子校の裏の山を超えて避難。生徒たちが山を越えて太田まできた。先頭の男の人が騒ぐ女子高生たちに「大丈夫だから」と叫んでいた。女子校は今後、コールセンターになってしまう。

火除神社は火事除けに由来して名付けられた火車の神社である。火除神社のすぐ近くには熊野神社があり、近所の子どもたちの遊び場となっていた。また神社の近くにあった紅梅、やまと食堂などは子どもがよく立ち寄る場所であったが、その中には履物屋の子どももおり、そういったお店の人は履物を買う際、その子の店を利用していたそうだ。

続いて、特定の地域でなく、ある特定の営みに関する統合について。これに関しては、例えば陸前高田市の祭りである「けんか七夕（写真13）」に関する証言を統合すると次のようになる。子どもから大人までが参加する歴史あるお祭りであり、祭りだけでなく、公民館でのその準備も多くの人に楽しみにされていた様子が読み取れる。

祭の概要

気仙町には鉄砲、下八日町、上八日町、荒町という集落ごとに4つの山車があり、旧暦の8月7日の昼は八日町通りを通行止めにして山車がぶつかるけんか七夕という祭りがあった。山車の上では太鼓をたたく。気仙の太鼓は荒っぽい。900年ぐらいの歴史がある。

気仙町の七夕のお祭りのぶつけあいは、荒町と上八日町が一番盛り上がる伝統の一戦。昔から、何でもライバル関係。七夕のけんか場所では山車がぶつかってたまに電気が切れたり、音も凄いのが出ていた。昔は灯籠を使っていたので、火事も起こった。

写真13　模型に作り込まれた「けんか七夕」
撮影：藤井達也

昼は華やか、夜はけんか仕様。昼と夜で全然違うものになる。夜はけんかが終われば地区に戻って宴会。

津波の年は、山車が3台しか出なかった。今年は全部そろった。

祭の準備

けんか七夕のために地区公民館で、みんなで準備した。すべて手作りでつくるのも大変。地元の人が団結してつくりあげる。6～7月からみんなでやっていた。アザフを作った。アザフに色を付けて竹に巻いていく。子供が引っ張る。山車はふじつるでつくり、8月頭に藤きりがある。木の車輪は4つ取っておく。七夕やお祭りの打合せでも公民館によく地域の人が集合していた。公民館で太鼓の練習をする音が聞こえてくると夏を感じる。

小学生の頃は七夕の準備で夏休みの半分が終わ

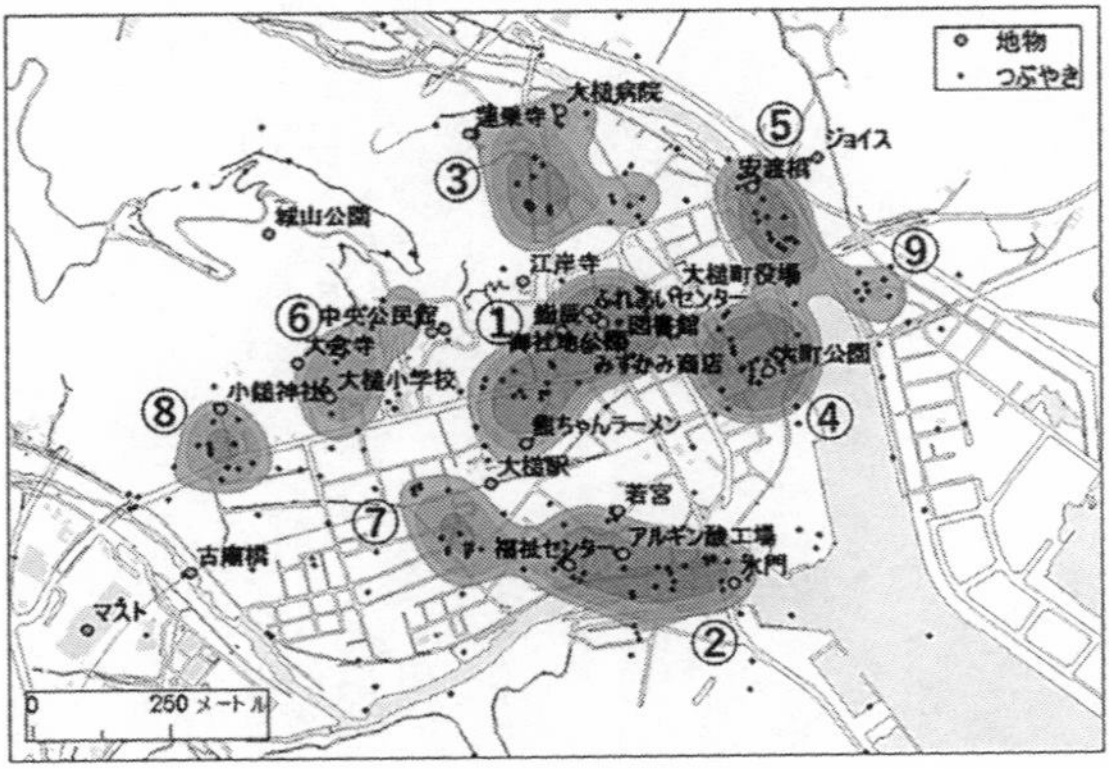

図5　岩手県大槌町町方地区の証言の密度が高いエリア
黒点：つぶやきの位置、グレー：つぶやきが多く記録されたエリア

り、あとは宿題に追われた。今の小学生はスポ小ができないと話題だが、自分たちの時代はそんなものなくて七夕の準備が地区の人たちと上下関係を作る機会だった。

記憶の集まる場所の特定

また、特定の場所に関連する証言は、地図上にその位置をプロットすることができる。京都大学防災研究所の牧紀男研究室の協力のもと、空間分析用のソフトウェアを用いて特定の場所に関するつぶやきの密度が高いエリアを可視化していただいた。そうすると、例えば岩手県大槌町町方地区では図5のように描画できた。図のグレーのエリアが特に住民に強く記憶されていたエリアであり、町方地区内でも重要な地域であることが推察できる。

このように、地域の記憶の密度が高いエリアを特定した上で、先述の証言の統合の操作を行うことで、被災前の地域の特徴をよりわかりやすく捉えられる可能性がある。これまでいくつかの地域で被災前の記憶を伝える証言集作成(写真14)などに取り組んで来たが、そういった方法も別の地域での伝承に活かせればと思う。

写真14　宮城県石巻市大川地区で作成した証言集
長面浦海人の家/はまなすカフェHPより引用

第5節　まとめ――今後も失われていくであろう多くの街のために

本稿では、①筆者らが失われた街ＰＪで何を復元・記録しようとし、②東日本大震災被災地ではどのように、③何が復元・記録されたのか、④それらをどのように伝えていこうとしているのかを報告した。

①については､復興をより明るい未来を導くものとするには「震災で失われた多くの多様なもの」の理解・共有が必要ではないかという意図から、それらの復元・記録に取り組んだことを記した。

②については、復元模型制作を中心として、ＴＶ番組や証言集等の作成、模型の現地での継続的な活用など多様に展開した取り組みの全体像を記した。また、現地で地域住民らの参加のもとワークショップ形式で地域の記憶の記録に取り組んだ際の想起のプロセスイメージをまとめた。

③については、岩手・宮城・福島の三県各地で様々な風景、またその風景に関する膨大な証言を記録できていることを記した。そのうち証言については、水辺や学校での遊びや、神社でのお祭など地域の魅力的な部分についての記憶（子どもの頃の楽しかった記憶など）が、よく記録されている可能性について記した。また、風景については、地域の自然物や小さな風景、周期的に生じる景観がよく記録されていたことを記した。

④については、模型の現地での活用を被災地各地で展開できており、東日本大震災被災地での震災前の伝承に貢献できている様子を記した。また、記録した膨大な証言を伝えていくために証言の

統合や記憶の集まる場所の特定といった方法の検討をしていることを記した。
これまで、失われた街ＰＪでは、本稿で報告したように東日本大震災の被災地を中心に活動してきた。しかし、それだけではなく、例えば、今後大規模な津波の発生が想定される地域での災害前からの記憶の街ＷＳの実施や、時間の経過とともに失われた１００年前の街並みの復元のような取り組みも進めて来た。今後も災害によって多くの街が失われる可能性があり、災害以外にも「時間の経過」など他の要因が街を奪っていくこともあるということである。地球温暖化等に伴う気候変動の影響で今後大規模な災害の頻発が想定され、かつ、グローバル化や情報化が進み、時代の変化が速くなった現代において、様々な意味での「失われた街」が増えており、今後も増えていくように感じる。本稿で報告したような知見が今後も失われていくであろう多くの街の伝承に活きれば幸いである。

参考文献

槻橋修（2011）「治癒する模型」『JA 82 Toward a New Cityscape 日本の都市空間２０１１ 若手建築家による50の提案』新建築社
磯村和樹（2020）「復元模型ワークショップを活用した被災前の地域空間の継承手法に関する研究」神戸大学博士論文
槻橋修・平尾盛史(2013)「被災地における記憶の総合化のための復元模型の活用方法に関する研究――気仙沼市内湾地区における復元模型ワークショップの中で得られた証言を通じて」『日本災害復興学会論文集』第５号
牧紀男（2022）「まちの記憶と都市・建築――東日本大震災から10年」『traverse 新建築学研究』22

第3章

被災写真

予期せぬアーカイブとしての

溝口佑爾
関西大学社会学部准教授

1983年、北海道生まれ。京都大学総合人間学部を経て大学院人間・環境学研究科卒。博士（人間・環境学）。2011年4月に宮城県亘理郡山元町において津波に流され持ち主不明となった「被災写真」を洗浄・デジタル化し、元の持ち主に届けるための活動「思い出サルベージ」の立ち上げに携わり、その後も活動を続けている。支援活動をきっかけに、本来の専門であるデータ解析を活かした写真の〈考古学〉的な研究を行う構想を練っている。

第1節　はじめに――意図せず生み出された記録

被災写真に災害アーカイブという角度から光をあてるとき、映し出されるのはその記録が意図せずに生み出されたという特色である。もちろん、災害は少なからず人の意図を超越する出来事であり、そのことを発端とする資料が意図的に生成されることはあり得ない。意図されて生み出された災害アーカイブというものは存在し得ないし、反対概念が成立しないのだからその誕生が意図されたものであった／なかったという区分を設けることはそもそも適切ではないのかもしれない。しかし、記録を目的としない純粋な支援活動の中から副産物的に生まれた資料である点で、被災写真のアーカイブをその生成過程に占める記録意図が限りなくゼロに近い「予期せぬアーカイブ」として位置付けることには一定の妥当性があるはずだ。

とはいえ、「被災写真」という言葉の響きに馴染みのある人はそう多くはないだろう。本章で言うところの被災写真とは、津波等の水害を被った後に様々な事情で第三者によって回収されたヴァナキュラー写真（職業写真家ではなく一般の人々が撮影した写真）の総称である。東日本大震災で持ち主不明のそうした写真を何らかの形で「救済」し、元の持ち主へ返却する活動が被災した地域のそれぞれで展開される中で、徐々に「被災写真」という表現が形作られていった［1］。

東日本大震災では、地域ごとに数万枚から数十万枚、多いところでは約100万枚の被災写真が回収された。数十万枚の写真と聞いてすぐにピンとくる人は稀であろうから、小学校の体育館が埋め尽くされる程度の量と言い換えるほうが想像しやすいかもしれない。量だけではなく多様性もまた、東日本大震災で回収された被災写真の特徴であった。回収された写真は、水損した箇所が剥き出しの赤と黄に彩られる銀塩プリントを中心に、バライタ、インクジェット（染料のこともあれば顔料のこともある）、プリントクラブやコンビニエンスストアでのプリントをはじめとする昇華型、卒業アルバム、果てはガラス乾板まで、多岐にわたる。

それらの写真に洗浄やデジタル化等の処置をほどこし、元の持ち主に返すための活動を行うのが被災写真救済活動である、とひとまずは言うことができる。頻繁に映画を観る人であれば、2020年に公開された中野量太監督による映画『浅田家！』の後半部分で、二宮和也が扮する主人公、実在の写真家である浅田政志が津波に飲まれた写真を洗うシーンを観たことがあるかもしれない。大雑把に言えば、それが被災写真の救済活動だ。ただし、被災写真が多様であるのと同様に、その救済活動もまた数多くの選択肢が組み合わさるがゆえの多様性を備えている。

支援と記録の「系譜学」

本章では宮城県亘理郡山元町における被災写真とその救済活動を題材として、予期せぬアーカイブに至るまでの幾重にも折り曲がった経路を、他であり得たかもしれない可能性の網の目の中に置き直してみよう。現実化した道筋を、唯一の正路としてではなく、可能であった選択の連鎖の中で偶然に浮かんだ一経路として示すこと、それがここでの試みだ。

もちろん、ここで念頭に置いているのはミシェル・フーコーの「系譜学」である。フーコーは、彼がニーチェに倣って「系譜学」と呼ぶアプローチを通じて、目的論的史観とは異なる歴史の捉え方を描き出した（Foucault 1971）。現実化された出来事の連鎖をひとつの経路として表現することを考

写真１　被災写真が集積された山下第二小学校体育館

写真２　回収された被災写真

えよう。通常の歴史観、つまり目的論的で決定論的な歴史観は、因果律によって支配され、宿命的に一本に収束する出来事と因果の鎖としてその道筋をとらえる。それに対し、同じ道筋を、多くの分岐を含む蜘蛛の巣状の網目（系譜図）の上に浮かび上がった一経路としてとらえるのが系譜学の発想である。その経路を現在から過去へと逆にたどり直すことで、偶発的な選択の連鎖の中で選ばれなかった、しかし十分にあり得たはずの他の経路の存在が詳らかになる〔2〕。系譜学は、アーカイブを含む歴史資料の解釈が、あるいはそもそもの資料収集が、既成のパラダイムを強化するようなものとなっている危険性に注意をうながす。もちろん理論的な限界については留意が必要であるが、ここで重要なのは、多様なｉｆを内包する災害と支援活動を記述するための新たな術を、系譜学的アプローチが提供してくれることだ。

ここで紹介するのは、被災の現場に直接立ち会うことのない匿名の人々へと向けられたアーカイブが、それとは対極にあるはずの〈いま・ここ〉に根差す困難に直面する眼前の被災者に向けられた支援活動の中から導かれた（あるいは導かれつつある）事例だ。支援活動が、その固有の論理を徹底したがゆえに副産物として例外的なアーカイブを生み出す。その過程をより高い解像度で捉える中で、支援と記録との関係を脱臼し宙吊りにすること。それがこの章の目指すところである。

第2節　一つの指針

被災写真救済活動は、各地で回収された被災写真を洗浄やデジタル化をほどこし元の持ち主へ返す活動であると、ひとまずは言うことができる。しかし、被災写真とその救済活動に一義的な定義を与えることは難しい。先の暫定的な定義は、それぞれに異なる被災写真救済活動の共通部分をとらえた「公約数」ではなく、いわば「公倍数」にすぎない。大半の活動はデジタル化を伴わないし、中には洗浄を行わなかった活動もある。洗浄・デジタル化の作業のみを行い返却を行わない「遠隔地団体」も多数存在した。むしろ、どのように定義しようとも例外が存在することこそが、被災写真救済活動に含まれる諸活動の全体をつらぬくただひとつの一貫性であるとすら言えるかもしれない[3]。

個別の例が必ず何らかの意味で例外であることが特徴の被災写真救済活動において、私が携わっ

[1] ただし、被災写真という言葉を当てはめることが適切かどうかについては今でも議論の余地が残っている。2023年現在では新聞などで登場する際に使われる呼称となったものの、文脈を共有していない人々にとって被災写真という言葉の響きは、被災地で撮影された写真や、被災するまさにその瞬間を捉えた写真のことを連想させるかもしれない。また、実際に使われた頻度を基準に考える場合にもこの呼び方はあまり適切とは言えない。返却活動に直に携わる人々が被災した当事者に対して使うのは「思い出の写真」等の婉曲的な表現であるし、当事者たちに至っては言葉を飾らずに「写真」と表現することも多い。とはいえ、そのことが本章の趣旨に反するわけではないので、ここでは便宜的に被災写真という呼称に統一している。

[2] ここでの比喩は、加藤典洋によるものとされるフーコー系譜学の説明「歴史のあみだくじを逆にたどり直すこと」に示唆を受けている。このことに関する記載は上野千鶴子（2018: 159）にあるものの、文献情報がなく、孫引きを避けるべく加藤典洋の本を読みあさっているのだが、いまだに見つけることができていない。

た山元町の「思い出サルベージ」は、抱え込んだ例外がとりわけ数と多様性に富んだものであったことを特徴とする活動である。２０１１年当時、存在した活動の多くにとってデジタル化がそれほど主要な活動形態ではなかった中にあって、最初にデジタル化を組み込んだ活動モデルを打ち立てたこと。顔認識システムの導入や卒業アルバムの複製配布など、独自の返却方法が存在すること。震災後から一貫して続く、長期的な活動。震災後の数年間に堰を切ったように公開されたデジタルアーカイブの多くが十年以上経ったいま次々と閉じていく中で、アナログなアーカイブを残す検討へと舵を切ったこと。しかし重要なのは、それらの特徴がすべて、震災の初期から続く一貫した指針の中で導かれていることだ。

こうした多様な諸活動は、それらを貫くただ一つの指針の元で形作られた。当時は共同的な無意識として貫かれていたその指針をいまあらためて言語化するとすれば「効率を追い求めつつ支軸を増やす」ことと表現することができるだろう。その時には無意味に思える選択肢であっても、後に重要なものへと変化する可能性を見越して残し、機に応じて活動の新たな支軸として加える。ここで「支軸を増やす」と表現したのはそのようなことだ。

この指針は、効率の追求という収束的なアプローチと支軸の拡充という発散的なアプローチとが一体化したものであると考えることができる。具体的な例を紹介する中で、それぞれのアプローチが持つ性格を検討してみよう。

第3節　効率を追求する

本節では、実際に活動の中で行った効率の追求について、例を挙げて説明してみよう[4]。しかし追求する効率とは、どの程度の効率のことを指すのか。あなたが2011年4月の山元町に降り立ったと想像して欲しい。救命活動のために常駐する自衛隊らがその取り組みの一環で集積した被災写真は約80万枚[5]。それらは被災した小学校に集められ、その体育館を埋め尽くしている。可能な限り画像の損傷を起こさずに、それらの写真を保存可能な状態まで応急処置を施すことを考えなければならない。いったい1日あたり何枚に処置を施し、どのくらいの期間で応急処置を完了すれば良いだろうか。

仮に1日に1000枚の処置ができたとしよう。後に論じるような洗浄方法を用いた場合、慣れ

[3]　例えば、被災写真は基本的には津波被害を受けた自治体ごとに回収され、救済活動も基本的に自治体ごとに行われた。この命題はほとんどの事例で成り立つ一方で、宮城県名取市に典型的であるように、同じ自治体の中でも複数の地域に分かれて趣の異なる活動が展開された地域が存在する。名取市の場合には、閖上地区と北上地区でそれぞれ別の活動が展開されていた（藤本・浅田 2014）。閖上地区の写真救済については、前田（2020）にも記述が存在する。

[4]　活動を効率的に遂行し継続するための指針に限定して記述した本章だけを読むと、被災者の意志の汲み取りに重きが置かれていないように思えるかもしれない。しかし、発災直後の支援の現場では、被災者と顔を合わせながらニーズを丹念に拾い続ける中で支援活動の対象を的確に定めることの方が遥かに重要である（溝口 2013）。

[5]　作業を始めた当初は約70万枚と称していたが、応急処置の完了後に数え直した際に約80万枚であったことが発覚した。

たボランティアが1日で洗浄処置を施すことができる枚数は平均して100枚程度であるから、毎日10人のボランティアを継続的に動員すればこのペースを実現することは可能だ。しかし、1日1000枚のペースで作業を続けたとしても、洗浄が完了するには800日という年月が必要となる。しかし、この想定には決定的に欠けているものがある。水害に遭ったとき、写真に描かれた画像は劣化するという事実だ。

というのも、被災写真の大部分を占める銀塩プリントの画像は、ごく単純化して言えば、紙でできた支持体層の上に乗るイエロー・マゼンタ・シアンの3層からなる乳化層の重ね合わせでできている。たとえば発色を司る3層が揃っている箇所は黒となるが、一番上のシアン層が剥がれると赤が露出する。マゼンタ層も剥がれると黄が露出する。イエロー層が剥がれたあとには白の支持体層が露出する。そして、色の発色を司る乳化層はすべてゼラチンでできており、食用のゼラチンと同様の性質を持つ。震災が起こった2011年3月には残すことのできた画像も、徐々に劣化が進み、夏を迎える7月にはケロイド化して処置を施すのが困難になってしまう。

写真3　被災写真

山元町で筆者が中心となって定めた応急処理の期限は、2011年の7月31日だ。「思い出サルベージ」は実質的な支援を5月から開始した。期間は約90日。1日あたりのペースは平均して約8888枚。3ヶ月間を完走できる支援とするために休みの日も設けるなら、理想的なペースは1日あたり約1万枚となる。追求するべきは、極端な効率である。

一見無謀に思える1日あたり1万枚の作業工程はどのように実現されたのか。「思い出サルベージ」では洗浄とデジタル化という相異なる2つの戦略を組み合わせることで、効率の追求を実現した。まずは洗浄から見ていこう。

洗浄——専門知により枠を組む①

被災写真の洗浄を大規模に行うための体制は、特殊な専門知識を支柱として構築された。ここでも事例から考えよう。震災直後に被災写真が故人の唯一の遺影として、あるいは遺体の見つからない家族が生きたことを証すものとして、あるいは自身の人生の足跡を証すものとして求められた。その際に問題となったのは、自身の持ち物として回収できたものの、

写真4　被災写真救済活動（洗浄）

水没の影響で写真同士が強固にくっつき1つのブロック状の塊となってしまった写真である。時には100枚以上がくっついてブロックと化した写真は、3月の寒空の中で涙ながらに避難所の焚き火に投げ入れる時の持ち主の台詞をとって「思い出にバイバイ」状態のブロック写真と称された。

しかし、知識さえあればブロック写真は救出することができる。この知識を提供してくれたのは、早くも3月から活動を始めていた富士フイルムの「写真救済プロジェクト」だ。結論から言えば、写真を水道水に浸せば良い（富士フイルム 2011）。ゼラチンでできた写真は、たとえ強固にくっついていたとしても時間をかけて潤《ふや》かせば粘着力を失い、剥がすことができる。真空に近い状態を保っていたことから海水の影響を受けていない写真も多いブロック写真は、水につけるという特殊な知識さえあれば真っ先に救済できる対象へと転じる。

水道水を用いた洗浄は、津波に飲まれて泥だらけになった写真への応急処置ともなる。実際、早期に応急処置を施した写真の多くはその後の劣化が抑えられた。これは水道水のカルキで応急的な殺菌を行なっていたためであるとされている。また、水につけてゼラチン層の粘着力を落とすことで泥や砂を落としやすくなる。被災写真の応急処置は、まずは水道水による洗浄を基本的な武器として組み立てられることとなる。

洗浄処理を取り入れることで、水道水の確保に加えて洗浄した写真を乾燥するための場所と応急的な機材（洗濯バサミが使用された）を確保する必要が生じた。専門知が活動に必要な条件に直接的な影響を与えることを、支援者は意識しなければならない。

特殊性を加味した実装

こうした専門知の獲得と同時に行うべきは、特殊性の洗い出しだ。例えば、空間的・時間的な条件は何か。被災写真の救済処置のために割り当てられる作業場所には特殊な条件がつくことが多い。その場所自体も被災していて電気が使えない場合もあれば、水が出ないこともある。応急的な作業場には使用期限が存在することも忘れてはいけない。被災地の状況は刻一刻と変化する。例えば、公共施設ではあるが、震災後に避難所や、火葬場待ちの遺体を一時的に保管する場所となり、その閉鎖後に元の公共施設としての使用ができる直前まで期間限定で借りている例も他地域では存在した。作業の導線は場所の制約を受け、スケジュールは時間の制約を受ける。山元町の場合は、行政の協力により最初の2ヶ月は町内の廃校舎の教室部分を、その後は避難所が閉鎖された後の公共施設である「ふるさと伝承館」とその周囲に設置された応急的なプレハブを作業場として用いることとなった。次に考えるべきはスタッフだ。活動を継続的に支えるスタッフは何人存在していて、いつまで続けることができるのか。山元町では行政との連携の中で、コアメンバーのボランティアとは別に企業派遣のボランティア（7月末まで、1週間交代）の協力を得ることができた。そして、行政が緊急雇用創出事業の枠組みを用いて立ち上げた「思い出回収事業」との連携によって、6月からは臨時職員8名と共に作業にあたることができた。ただし事業の特性上、臨時職員の人数は時期により変化する[6]。支援が長期に及ぶ場合には、行政側の担当者である正規職員も数年で、場合によっては1年単位で変更となることに注意しなければならない。それどころか担当課自体が変更となる可能性もある［7］。支援を取り巻く状況はすぐに変化する。効率の追求は、武器となる専門知を前提に、現場の特殊性を洗い出しその変化を追う中で行われる必要がある［8］。

さて、このあたりでそろそろ洗浄だけでは約80万枚の被災写真を応急処理することはできないという事実に目を向けなければならない。理由は二つある。第一に、洗浄は平均して1人当たり1日約100枚のペースであり、仮にそのペースを定常的に維持することができたとしても1日1万枚を維持するには毎日100人のボランティアを動員し続けるする必要が生じる。第二に、大規模なボランティア動員とは相性の悪い作業が存在する。洗浄した写真は一晩乾燥させてから翌日以降に取り込む必要がある。しかし、そうなると扱うことが難しい種類の被災写真が生じてしまう。例えば、被災写真の大部分は1枚ごとに回収されたのではなくアルバムの形を保ったまま回収された。アルバムの構造を保つためには、同一のアルバムに入っていた写真を解体して洗浄し、一晩乾燥したあとで再び1つのアルバムとして構成し直す必要がある。しかし、数名の半常駐スタッフを除いて、ボランティアの大半がほぼ毎日入れ替わってしまう状況ではこの作業に相当の困難とリスクが伴うし、それが100名ともなればリスクはさらに跳ね上がる。

そこで、アルバムの形を保った写真である「アルバム」約72万枚と、アルバムの形を保てずバラバラになった写真である「バラ写真」約8万枚とを分けることにした。後者を洗浄処理し（1日約1000枚のペースで80日間の作業量）、前者には別の応急処理を考えることとした。幸いなことにアルバムの形を保った被災写真の多くには保護フィルムが貼られており、ページ間の泥を掻きさえすれば応急的なデジタル化を施す余地がある。

デジタル化――専門知により枠を組む②

デジタル化の作業でも、考えるべきは効率である。方法を慎重に検討する。まず試したのはフラッドヘッドスキャナーだ。スキャナーには大きく分けて、フラッドヘッドタイプとシートフィードタイプがある。速度としては固定された読み取り部に写真を通過させて読み取るシートフィードタイプが早いが、フィード部分に通すためにはアルバムを解体して洗浄する必要があるため、この方式では洗浄が難しいという当初の問題が再発してしまう。

この問題を克服する可能性があったのはフラッドヘッドスキャナーで、これはコピー機と同じく下から光を当てながら読み取り部が移動するものだ。しかし、実際に試してみるとアルバムに貼られた保護フィルムが仇となる。海水を潜ったために大きく波打ってしまった保護フィルムが被さっ

[6] 山元町の場合、2011年度は8名、2012年度は4名、2013年度は2名、2014年度は1名。
[7] 後述するように、行政側の事業の所管課は2011年度に総務課、2012―13年度に総務課危機管理室、2014年度から教育委員会（中央公民館）、2022年度から生涯学習課と、大きく変わっていった。
[8] もちろん、本文で取り上げた条件とは別に、必要となる資材や機材を、予算を、どのように確保できるのか等、考える必要のある対象を挙げれば枚挙に暇がない。

たままフラッドヘッドスキャナーにかけると、肝心の写真の上に反射光が被さってしまう［9］。

　また、機械の耐用にも懸念があった。直接洗浄しないアルバムには、どれだけ掻き出しても「泥」が残ってしまう。地域によって異なるであろうが、山元町の場合は泥と共に松の屑が入っていた。津波に薙ぎ倒された、防潮林であったはずの松林の慣れの果てだ。松は事前に取り除くことができるが、問題は津波が海から運んだと思われる微小な砂が泥に含まれていることだ。その砂は春先に偏西風に乗ってやってくる黄砂のような微粒子を多く含んでいる。実際、震災直後の山元町では風が吹くと舞い上がった多量の微粒子が形作った細霧が沿岸部を覆った。そうした正体不明の微粒子に直接触れる中で精密機器がどこまで作業に耐えられるのかは未知数であった。

　極めて反射光を拾いやすい保護フィルムを外すことなく、反射光を防いでデジタル化することができないか。実は、この難題を解決する専門知が存在する。わずか30分で策を授けてくれたのは写真家の高橋宗正氏であった。

　被災写真のデジタル化で用いた専門知は「複写」と呼ばれる伝統的な撮影技法の応用だ。カメラを用いた複製の方法で、美術品の写真化や、貴重な文献や資料の複製保存、文書の鑑

写真5　被災写真救済活動（複写）

定などの目的のために用いられる。反射光を防ぐためのポイントは横からの光を用いることだ[10]。光の入射角と反射角は等しい。レンズと近い位置から入射した光はレンズへと戻っていくが、横から入射した光は反射しても横向きを保ったまま外れていく。大きく波打った保護フィルムが貼られた被災アルバムという難敵にもこの攻略法は有効で、真横に近い光源として窓から漏れる光を利用することで反射の写り込みをほぼ完璧に防ぐことができる。最後に、窓とは反対側にレフ板を設置する。このレフ板には、窓に近い箇所が相対的に明るくなり遠い箇所が相対的に暗くなるというグラデーションの発生を防ぐ効果がある。

高橋氏が提案してくれたデジタル一眼レフカメラを用いての複写は、効率の面でも優れていた。アルバムに直接触れることがないので被災地の「泥」問題の影響を無視することができる。アルバムの大きさによらずにデジタル化することができるため、ペースを崩すことなく作業を進めることができる。バッテリーの持ちが良い（１つのバッテリーで１０００枚程度の撮影が可能）ので、撮影しながらもうひとつのバッテリーを充電してローテーションすれば途切れることなく作業を続けることがで

[9] 当時のフラッドヘッドスキャナではペースにも難があった。１ページ（大きなアルバムで平均約8枚）を３００ｄｐｉで読み込むために、前後の作業も含めて約60秒、１時間作業を続けることができたとして約４８０枚、８時間作業を行なっても１日あたり約３８４０枚、約２０００日が必要な計算となる。何より、洗浄作業のときのような、思わず没頭してしまうようなリズム感が作業に備わっていない。

[10] 三脚や複写機とレリーズを用いてシャッタースピードをかせぎ写真感度を下げることや、原稿とカメラの水平保持や光の色（ホワイトバランス）を一定にすることも重要だが、ここでは割愛した。

きる［11］。

何より、複写という作業にはリズム感がある。撮影者とアルバムをめくる補助スタッフの2名体制で餅つきのように作業を行う。洗浄もそうであるが、思わず没頭してしまうようなリズムが作業に備わっていると、効率は著しく上昇する。

複写は同じ装置を簡単に増やすことができる（山元の事例では最大5セット程度まで）ので、作業効率を著しく高めることができる。1ページ（平均約8枚）あたりに平均5秒、1分間で約100枚、1時間で約6000枚、1日4時間作業したとすれば約2・4万枚。それを2セット組めば約4・8万枚、3セット組めば1日で約7・2万枚をデジタル化することができる。複写は土日だけ行うこととして、2日間で約10万枚を複写することができれば、2ヶ月弱で約72万枚のデジタル化が完了することになる。

実際、5月の半ばから始めた毎週末のボランティアバスツアーで東京方面から訪れる参加者数十名から百名の力を借りて行われた「大洗浄・複写会」が8回目を数えた時点、つまり最初に設定した期限である2011年7月31日に、被災写真の複写作業は完了した。

第4節　支軸を拡充する

前節では、洗浄とデジタル化のそれぞれについて、2つの専門知を用いた課題解決を概観した。

しかし、前節で見た洗浄と複写についての説明はあくまでも作業開始前の予想に過ぎない。現実の作業には予期せぬ例外がつきものであり、それに対処するための対応策が重要になる。この節では被災写真救済の中で発生した例外処理について、事例を用いて説明する。

現実に被災写真救済活動を行うにあたっては、効率を追い求めるという収束的アプローチだけではなく、支軸を増やすという発散的なアプローチを行う必要がある。ここで再びフーコーの「系譜学」から想像力を呼び起こそう。系譜学という理論的な概念は、視点を裏返すことで実践的な示唆となる。蜘蛛の巣状の網目をその世界の外から眺める者に対しては実現した経路が偶有的であることについての啓発をあたえる系譜学は、網目の中を生きる者に対しては未来の可能性を拡げるための機知をもたらす。出来事は常に分岐に開かれており、それゆえにあらゆる活動は常に予期せぬ経路へと転ぶ可能性を秘める。発災直後の被災地での支援活動、それも前例のない支援であればなおさらだ。転びにくくするためにはどうすれば良いか。発想を逆転させてみよう。思いもよらぬ方向へ転ぶことがわかっているのであれば、支える足を増やせば良い。活動対象が持つ意味を、一つに限定しないこと。道の途上で生まれる想定外の物語を、新たな支軸として育てること。単一な物語に収束できない〈ゆらぎ〉の存在に気づくことが、偶発性を呼び込み、特殊な可能性を連鎖させる。

［11］　これがコンパクトデジタルカメラであれば、当時の性能ではバッテリーが数百枚で切れてしまうため、作業に中断が入ってしまう。

被災写真救済活動の中で発生した写真の分類を題材として、例外的な可能性を育てていく例を確認しよう。大量のボランティア、それも多くは非専門家が入れ替わり立ち替わり力を貸す形で実践される被災者真救済活動において重要なことは、人によって判断が揺れることがないようなシンプルな基準を用いて写真を分類することである。判断のブレを少なくするために、分類は作業の仕方と紐づけるのが望ましい。

山元町における被災写真の大きな分類は、アルバムの形を保った被災写真である「アルバム」と、アルバムの形を保てずバラバラになった写真である「バラ写真」との２グループに区別することだ。この分類は作業と紐づいている。前節で論じたように、「アルバム」は洗浄が難しいため、先にデジタル化（複写）を行う[12]。それに対して「バラ写真」は先に洗浄を行う[13]。

卒業アルバムという例外

しかし、実際に作業を進める中で、それぞれに例外が発生する。「アルバム」写真の中で例外となったのは卒業アルバムだ。卒業アルバムは、写真とは異なる方式で印刷されている。例外的な処理が発生するのはなぜか。海水に浸かった卒業アルバムが、そこに塗られたニスの性質上、全く開くことができなくなるためだ[14]。肝心のページを開くことができなくなるために、卒業アルバムでは「アルバム」写真であるにもかかわらず複写作業を行うことに困難が生じてしまう。そこで、例外的な別カテゴリとして分類し直した上で「卒業アルバム」は処理を保留することになった。

例外が発生した時、場所と時間が許すのであれば、ひとまずは処理を保留することを考える。そして、問題を特定した上でその例外カテゴリに対する効率的な対処方法を考える。「卒業アルバム」の場合は、洗浄も複写もできないこと、また誰の持ち物であるかが確定しにくいことが問題となった。そこで発想を逆転させる。同じことを肯定的にとらえるとすれば、卒業アルバムは個人の記録であるという側面だけではなく、そもそも複数人に共有されるべき記録であるという側面を併せ持っているということになる。そこで、無事な卒業アルバムを複写によってデジタル化した上で、プリントアウトして複製を作成し、配布することにした。山元町では卒業アルバムを作成したすべての写真館に確認をとり、教育委員会の呼びかけのもとで被災した教育機関の協力を得て、学校が所蔵している津波被害を免れたアルバムをデジタル化することができた。被災した小学校では抜けている年度があり、被災を免れた同級生が所蔵している卒業アルバムをお借りしてデータを補充し

[12] デジタル化のみを行うのではなく、その後に洗浄を行う。アナログデータも残すのは、手に取れる形がある方が、効率的な維持管理を現地の人々が継続することができるためだ。厳密には、先にデジタル化を行い（2011年7月）、デジタルデータを整理した後にプリントアウトを作成（2012年3月）、その後に1年を経ても洗浄ができそうなアルバムに限定して全国7箇所の遠隔地洗浄団体に送付し、洗浄を行ってもらった。大規模で短期的な現地ボランティアとは異なり、被災写真洗浄を専門とする遠隔地団体は、少人数で長期的な洗浄活動を行ってくれる。現地では難しかったアルバムの洗浄も、遠隔地であれば救済することができる。

[13] 厳密には、バラ写真は洗浄を行った後にデジタル化する。デジタルデータも作成するのは、顔認証の仕組みに載せることができたり、集合写真など共有されるべき写真をプリントアウトする際にも有用だからだ。

[14] ページとページが癒着し、物質として同一のものとなってしまう。

た。

重要なのは、例外的なカテゴリに対する対応策を「育てる」ことが偶発性を呼び込み、特殊な可能性を連鎖させることだ。「卒業アルバム」の複製配布ができるようになったことで、山元町で被災された人々のほぼ全員に、少なくとも卒業アルバムは「返却」できるようになった。また、共同体の記憶である卒業アルバムを渡すことで、被災写真を元の持ち主に返却する写真返却会場でのコミュニケーションが盛んになる。さらに、すでに稼働していた顔認証による写真検索と組み合わせることで、その場で撮影した本人写真に加えて卒業アルバムの写真からも検索を行うことができるようになる［15］。

バラ写真とその例外たち

例外カテゴリは「バラ写真」でも起こる。「バラ写真」の作業工程の中で発生する最初の例外は大きすぎて収納できない写真だ。洗浄した写真は企業提供を受けたポケットアルバムに収納する。しかし、そのポケットアルバムには基本的にL版の写真（127×89ミリメートル）を入れることが想定されている。間のポケットを少し破くという（荒）技をつかえば2L版（127×178ミリメートル）までのサイズの写真は収めることができるが、それよりも大きな写真は同じ手順で収めることができない。そこで、2L版よりも大きな写真を例外とし、「大判写真」と名付けて分類して別の処理を考えることになった［16］。

「バラ写真」で起こる2つ目の例外は、時折出てくるネガフィルムだ。ネガもゼラチンでできているので理想的には銀塩プリントと同じく水で洗浄したかったが、支持体が紙ではないためか、現実には水につけた瞬間に画像がズルりと剥け落ちてしまう。ここでも「ネガ」という新たなカテゴリを作り、対処できる見込みが立つまで保留することになった。

転機は2011年の夏に訪れる。被災したネガをプリントアウトするボランティアを行っていた、

[15] 本章の冒頭で述べた映画『浅田家!』では、一枚も写真を見つけることができなかった被災者の記録を卒業アルバムの中に見つけるというエピソードが描かれた。山元町の活動に由来するこのエピソードには、しかし一つだけ卒業アルバムの物質的な性質の見落としに由来する解釈違いがある。被災した卒業アルバムは洗浄処理が困難である点、また持ち主を特定することができない点から、回収された被災卒業アルバムを直接返却するよりは、デジタル化を経て複製したアルバムを渡すという間接的な返却法をとる方が実践的には妥当性が高い。

[16] 厳密には、「大判写真」の中にはさらに「賞状」という例外カテゴリが存在する。津波の後に曲がったまま固まってしまう賞状への処置は、震災後の3年以上にわたって棚上げされていた。しかし、そんな賞状にも対応策があることを後に教えてもらうことになる。ジェットストリーム法と呼ばれる特殊な乾燥方法を用いると、大きな紙を真っ直ぐに伸ばすことができる。丸まった紙を洗浄した後に不織布とダンボールで挟み込み、その「サンドウィッチ」を数十段積み上げる。同じ方向に向けたダンボールの穴から扇風機で風を送り続ければ、不織布をすり抜けた水分がダンボールの穴を経由して外に抜けていく。乾燥はわずか数時間で終了し、紙は平らに延ばされる。写真とは異なりほとんど劣化が進まない賞状は、この方法を用いると元通りと言われてもわからないほどに修復される。この技法を2012年に大船渡市で紙本修復士の金野聡子氏に教えていただいた後、東京文書救援隊が支援として被災地に送った機材を仙台の被災写真洗浄団体「おもいでかえる」から譲り受けて、2014年から賞状の洗浄を開始した。賞状の洗浄には3つのメリットがあった。名前が記載されているため、リスト化することで賞状は比較的容易に返却することができる。また、賞状が見つかった地域から、他の写真が流れた場所を推測することができる。さらに、ジェットストリーム法を用いて「大判写真」を洗浄し直して平らに延ばすことができた。本文に記載した通り、例外的なカテゴリは「育てる」ことで他のカテゴリにも良い影響をもたらす。

宮城県大崎市田尻の写真店チバフォートの千葉英樹氏が山元町のネガ写真の復元を行なってくれることになったのである。ネガを洗浄せずに直接専門的な機械に通しプリントアウトするという千葉氏の手腕によって、塩漬けされたネガ写真はすべて日の目を見ることになる。千葉氏がその後の1年半で手がけたネガ写真は約2万枚。見つけやすいこともあり、その大半は元の持ち主へと返却されている。

「もうダメ写真」——例外を排すことで生じる例外

最後の例外は、画像の劣化が激しく、その大半が欠損してしまった写真だ。こうした写真を収める箱「もうダメBOX」がボランティアスタッフにより用意され、当の例外写真も自然と「もうダメ写真」と名付けられ、分類されることになった。

「もうダメ写真」が発生したのは、写真を分類する際に、人によって判断が揺れることがないような明確な基準のみを用いるという方針を徹底したためだ。例えば同じ時期に隣町である宮城県亘理郡亘理町では、洗浄する写真の取捨選択をボランティア自身が行い、洗浄するべき写真の数を減らすという道が選ばれていた。それに対して山元町では、私を中心としたスタッフの判断でそうした取捨選別を一切行わないことに決めた。取捨選択を許容してしまうとその基準が曖昧なものへと転じるリスクがあったからだ。それでも、「持ち主にとって必要な写真」という基準を設けて他の写真を捨てるべきであるという申し立ては何度も繰り返し行なわれた。しかし、何が必要な写真であるかは持ち主の抱える個別具体的な事情により全く異なる。被災者の心を当人がいない場所で付度する中で形作られる基準は、作業に紐づいた分類とは違って主観的なものへと転落しやすい。抱える写真の数が約80万枚と大量である一方でそれを３ヶ月で応急処置する見通しが立っている状況では、必ずしも明瞭ではない基準を設けて作業スピードを落とすよりは一律に洗浄処理をしてしまった方が早い。山元町では、作業の効率を追求した結果として「１枚も捨てない」道を選ぶことになった[17]。

しかし、さまざまな人々や時には被災者が作業に加わる中で、「この写真はさすがに持ち主がわからないのではないか」という写真を洗浄後の乾燥の過程で指摘されることが多くあった。そこで、判断が揺れた場合に写真を仮置きするための箱が設置されることになり、作業効率のさらなる上昇のためにその箱ができて2日目には「もうダメＢＯＸ」というラベルが貼られ、作業の工程に自然に組み込まれることとなった。

当初はあくまで仮置きであった「もうダメ写真」が、しかし作業場を圧迫するほどに大量となってしまい、２０１１年の行政担当者からも処分を提案される。その際に助け舟を出してくれたのはまたしても写真家の高橋宗正氏だ。高橋氏の提案は、「もうダメ写真」に、被災地の外にいる人々

[17] もちろん、救済する写真の取捨選択を行うべきであるという視野にも相応の妥当性がある。このことについては、柴田ほか（2014）を参照のこと。

へ向けた役割を与えるというものだった。彼が立ち上げたLOST & FOUND PROJECTは、持ち主との紐付けが解かれた「もうダメ写真」約2万枚を譲り受け、それを用いたインスタレーション展示を行うことで山元町への寄付金を集める活動を展開した。

先に、災害に関わる写真と聞くと、災害の様子を撮影した写真を思い浮かべる人が多いことに触れた。仮にこうした資料を災害の直接資料と呼ぶならば、LOST & FOUND PROJECTで展示される「もうダメ写真」はいわば災害の間接資料である。さらに、元々は災害前の日常を写したものであり、なおかつその画像のほとんどが欠損してしまっている。LOST & FOUND PROJECT展示では、キャプションを一切つけない方針が貫かれている。これは鑑賞者が壁一面に張り出された数千枚の被災写真を前にして何を思うべきかという問いへの答えを押し付けないことを重視しているためだ。

被災写真救済活動の中で発生した写真分類の例外処理を題材として、一貫した方針である「効率を追い求めながらも支軸を増やす」ことの具体例を確認してきた。例外的な可能性を新たな支軸として育むことは、偶発性を呼び込み、特殊な可能性を連鎖しやすくする。

第5節　可能性の網の目

ここで一度、山元町で我々が辿った選択経路を、広大な選択の連鎖で紡がれる可能性の網の目の中に置き直してみよう。とはいえ、あり得た選択肢は同一の地域を見るだけでは浮かび上がらない。他地域の選択と比較することではじめて、現に行われた選択を可能性の網の目の中で相対化することが可能となる。

まずはデジタル化の手法を選択する場面を考える。気仙沼市でも2011年の末までに約100万枚の被災写真がデジタル化されたが、その際に用いられた方法は、シートフィードタイプのスキャナーを使用するものだ。効率化の観点からも、この方針は十分にあり得たifである。ただし、スキャンの前に洗浄を前提とする必要があるため、卒業アルバムのデジタル配布など、想定外の可能性の連鎖には繋がりにくい選択肢だったかもしれない。

実際のところ、2011年当時に存在した団体の多くにとってデジタル化はそれほど主要な活動形態ではなかった。被災した写真の状態は様々で、デジタル化するために必須となる作業の自動化をあらゆる方向から妨げる程度の多様性を備えていた。実際、活用方法も不透明な中でデジタル化に積極的な魅力を感じる活動従事者はそう多くはなかった。なにより、デジタル化は数値的な尺度での返却活動の「成功」とほとんど無関係である。事実、約40万枚の被災写真のほぼ全てを持ち主に返却した岩手県大船渡市は最後までデジタル化を行わなかった。

デジタル化どころか、洗浄や返却がほとんど行われなかった地域もある[18]。返却は行うものの洗浄はしない地域も複数存在したし[19]、初期には様々な事情から洗浄・返却ともに行わない地域も存在した[20]。デジタル化はおこなったものの、洗浄と返却にはそれほど積極的ではなかった地域も存在する[21]。立ち入り禁止区域との関係で救済作業を行うことができる場所を確保することの困難さが極まっていた福島県南相馬市では、回収・洗浄が大幅に出遅れた。作業場所を確保することの難しさについては先にも述べたが、相対的に見れば山元町は行政との連携のもとである程度安定的に作業場所と保管場所、返却会場を確保することができたていた稀な地域であったということになる。

洗浄以前の処置を施した地域も存在する。例えば、被災した写真をできる限り早く冷凍庫に保存するという選択肢がある。写真修復の専門知に由来する救済方法で、大船渡市では実際に冷凍保存が取り入れられた。冷凍保存すると写真の劣化を大幅に食い止めることができるので、ある程度の時間はかかるが、大人数のボランティアを動員せずとも、相対的に安全に写真救済活動を完了することができる。「もうダメ写真」も発生しない。大船渡の事例は98％を超える返却を達成し、比較的早期に活動を終えた点でも際立っている。この結果は、冷凍庫を用いた救済作業の質的な高さと、地元住民が中心となった返却システムの相乗効果に起因すると考えられる。

参考に、山元町での写真の返却は80万枚中約47万枚、割合にして約59％だ。盛んに活動を行なった地域の中には返却率60％を達成した活動が複数あることを考えれば、ごく平凡な水準にあると言って良いだろう。ただし、山元町が被災写真の全残しを行なった例外的な地域であること、つまり母数を減らすことなく返却率を計算していることを踏まえればそれなりに高い返却率とみなすことができるし、そのことは返却会場を訪れた同町の被災者の大半に何らかの思い出を返却することができているという実感とも矛盾しない。

　どのような活動形態が正しいのか、あるいは正しくないのかという判断は本章では行わない。前例のない中で様々な事情を考慮して行われた選択とその結果に対して、一義的な尺度で「正しさ」を当てはめることは難しい。

しかし、数字からわかることもある。確認できる範囲だけでも、返却率が98%を超える地域と15%以下に留まる地域が存在した（注21を参照）。このことは支援の優劣を示しているのではなく、支援の「偏差」の大きさを示している。返却率の振れ幅の大きさは、被災写真救済活動が多様な選択の

写真6　LOST&FOUND 展の様子

連鎖の中で行われていたことを、そして選択と組み合わせ如何で結果が大きく変動することを証している。被災写真救済活動は、複雑な分岐の中で、さまざまな可能性に開かれていた。積極的な展開をすることなく全ての活動が閉じる（あるいは始まらなかった）可能性もあるなかで、数年にわたって継続した活動が多くあった（今もある）ことは、比較的幸せな展開であったと言えるのかもしれない。

繰り返しになるが、被災写真救済活動における山元町の特徴は、例外的に起こった分岐をその活動のうちに取り込んでいく指針に求められる。想定外の揺らぎが発生しやすい前例なき活動のなかで、相対的に安定して活動を続けるために有効なのが柔軟に支軸を増やす戦略だ。次節では、再び山元町の事例を題材として、例外を支軸として育てていく中で生まれる具体的な可能性を概観しよう。

第6節　例外が紡ぐ可能性

LOST & FOUND PROJECTが行った世界各地の美術館や博物館での被災写真展示を通じて分かったことがある。被災写真をインスタレーション展示として見るなかで人々が漏らす感想は、どの国でもどの街でも、驚くほど似通っているのだ。東日本大震災の被災地とは大きく文脈の異なる生を紡いでいるはずの人々は、被災写真にわずかに残る日常的な光景の痕跡を見て、自分と何ら変わらない人々が不意に悲劇に襲われたことへの想像力を掻き立てられる。災害の間接資料としての「もうダメ写真」には、震災とは縁のない日常を生きる人々に「等身大の被災」を伝える力が宿っているのである。

写真史をフーコーの「系譜学」的なアプローチで読み直す研究を続けている写真史家のジェフェリー・バッチェンは、オーストラリアで開催されたLOST & FOUND PROJECT展に寄せた長いキャプションの中で、被災写真を暗にロラン・バルトが論じた写真理論の延長に位置付けた（Batchen 2014）。「写真が朽ち果てた時に失われる（LOST）、とはどういうことなのか？ そして、その時に見えてくる（FOUND）ものとは？」と、バッチェンは問う。よく知られているように、バルトは晩年に著した『明るい部屋』において、亡き母の映る「温室の写真」を見つける中で、「それは＝かつて＝あった」という特性を備えることに写真の本質を見出した。しかし、被災写真と同じように「温室の写真」が朽ち果てその画像を失った時には、一体何が残るのだろうか。写真が現に存在

［18］回収された写真はないとする被災自治体の例として宮城県塩竈市を挙げることができる。

［19］例えば岩手県宮古市は、後に他地域と連携して洗浄作業に踏み切るが、2011年当時は洗浄は行わず、返却のみを行なう方針であった。

［20］例えば宮城県仙台市には2011年の末まで手付かずの被災写真が存在した。2011年末時点で約30万枚の写真を抱えていた仙台市は2012年からNPO「おもいでかえる」との連携で積極的で大規模な洗浄と返却を展開し、約14万枚（46％）を返却し、2021年に活動を終了した（「震災10年、「思い出の品見つけたい」 仙台で最後の返却会」『毎日新聞』 2021年2月23日、宮城版）。

［21］宮城県の東松島市で回収された被災写真約14万枚は、洗浄はほぼ行わず、企業の協力のもとでデジタル化、保管とデジタル閲覧を主とし、同市での被災者とその家族が申請した時に入れる形態を継続した。他地区とは一線を画した保管は、2023年に返却数約2万2000枚（15％）で終了した。（「被災写真13万枚を焼いて供養 宮城・南三陸、13回忌を節目に「お焚き上げ」」『河北新報』2023年8月17日）

したものと対応づけられることが写真の本質であるとするバルトの議論の中には、画像自体が物質的に失われるという想定が抜け落ちている。

もちろん、この見落としはバルトに限らないし、写真の劣化は被災写真に限らない。美術資料として見るならば、物質としての写真が備えている寿命は極めて短い。例えば三酢酸セルロースフィルムベースのフィルム写真の期待寿命は、理想的な保存環境に置かれたとしても、20℃でわずか45年、15℃でもせいぜい80年である（Lavédrine 2008）。写真理論と写真史は、写真が劣化する可能性を見落としてきたとは言わないまでも少なくともそこから目を背け続けてきたし、あるいは考慮の土壌から慎重に排除してきた。

既存の議論が写真の劣化を考慮しない、いわば実験室的な写真を射程としたものであったとすれば、その射程を実世界の写真へと拡張するきっかけを与えるものとして被災写真が評価できる可能性を、バッチェンは切り開いた。こう言い切るには慎重な検討が必要であろうが、少なくとも「もうダメ写真」が東日本大震災と山元町という文脈を超えたグローバルなメッセージを持っていることを示す点で、バッチェンによるキャプションは価値ある解釈を提供してくれた。

被災写真のもつ〈ゆらぎ〉

例外的なカテゴリとしての「もうダメ写真」は、LOST & FOUND PROJECT展において独自のうねりを生み出しながら、被災写真の持つ〈ゆらぎ〉を顕在化させた。被災写真救済活動は純粋に被災者からの予期せぬニーズに応える形で生まれたが、被災写真それ自体は被災者にとっての意味だけを有しているわけではない。振り返れば、被災写真の意味的な〈ゆらぎ〉は返却活動の節々において出現していた。卒業アルバムや集合写真に顕著にあらわれたように、被災写真にはコミュニティにとっての意味も備わっている。そもそも、被災写真の多くが映し出す街の光景は、街の記憶そのものでもある。図らずも「もうダメ写真」が顕在化させたように、間接資料としての被災した写真の中には人類の記憶とでもいうべきグローバルなメッセージが内包されているのではないか。被災写真が予期せぬ形でアーカイブになり得ることを、「もうダメ写真」は示している。

予期せぬ可能性が示されたことの影響は活動にも現れる。アーカイブという側面を、新たな支軸として育ててはどうか。そんなことを考えていた2014年に、被災写真を扱う事業の行政側の担当課が変更することになった。それまでは総務課の中で復興支援を担う部署の管轄であったが、返却会場の「ふるさと伝承館」を管轄する教育委員会へと移管された。活動を支える軸を、被災者支援から教育にシフトさせるというちょっとした（かなりの）難題を与えられたのである。しかし、これを肯定的な機会ととらえた。移管に合わせて行政側の事業名を変更する必要にあわせて、それまでの「思い出回収事業」から「思い出アーカイブ事業」と変更することを提案した。残念ながら当時は時期尚早であったが、当時の行政担当者が上司に対するプレゼンの中で災害アーカイブとして被災写真を捉え直す可能性について言及したことは、私たちに強い印象を与えた。災害アーカイブとして被災写真を捉え直す可能性を新たな支軸として育て始めたきっかけは、間違いなくあの時に行政担当者がおこなった発想の転換に由来する。

２０１７年には、写真の返却に加えて、山元町でLOST & FOUND展を行い、実際にアーカイブ的な側面へも活動を広げることになる。同時に、「アーカイブ事業」の一環として被災写真の保管方法の見直しを行なった[22]。初期には私たちも半信半疑であった「アーカイブ」としての被災写真について、さらに可能性を考えるきっかけとなったのは、２０２２年に行政の所管課がさらに生涯学習を司る部署へと変わった時だ。図書館や伝承施設、最近では震災遺構を担当する課の中に被災写真に関わる事業が収められたことで、「もうダメ写真」以外の被災写真についても、そのアーカイブ的な側面について本格的に検討する必要が生じた。

こうした移管が行政の仕組みを考えれば当然のものであることは、いくら強調してもし足りない。すでに11年以上が経過し、訪れる人の数は確実に減ったが、一方で初めて被災写真を探しに返却会場を訪れる被災者が絶えることはなかった。とはいえ、支援活動という応急的な枠組みの中で行われてきた写真返却活動を主軸とする限り、予算を獲得するための理由を年度ごとに更新し続けることは難しい。しかしどのようにすれば、被災者への返却可能性を絶つことなく、次のフェーズに移行することができるのだろうか。アーカイブへと軸足を移すことがこの課題を乗り越える助けとなる。持ち主への返却を主軸としてアーカイブ的な活動も行う活動から、アーカイブ的な活動を主軸として持ち主への返却も行う活動へと軸足を移すことで、目標が一転して明確になる。被災写真は、一貫して相容れない様々な意味合いを共存させてきた。返却の機会は今後もしばらくは局所的に求められ続けるであろう。アーカイブとして被災写真を残そうとすることと局所的な返却のニーズとをどのように両立するかは慎重に検討する必要があるが、技術的な工夫で矛盾なく実現することができるという見通しがある。「いつまで支援を続けるか」ではなく「何を残すか」に光を当て直して被災写真と向き合う段階へと、月日は歩みを進めていた。

ビッグデータとしての被災写真

こうして、2022年度からは、現時点で約33万枚が残る持ち主不明の被災写真〔23〕のアーカイブ的な意味を捉え直すという挑戦的な課題に取り組むことになる。たどり着いたのは、被災写真を一種のビッグデータとして、それも無作為抽出に近いビッグデータとして捉えるという視座だ。これは「もうダメ写真」が、ひいてはすべての被災写真が、東日本大震災と山元町というローカルな文脈を超えてグローバルなメッセージを持っているというジェフェリー・バッチェンから得た発

〔22〕 空間的な規模を縮小し、震災前の雇用体制で（緊急雇用対策創出事業の枠を用いなくとも）事業を続けられる程度にまで業務を効率化することとした。いずれ終了する復興支援のための予算に頼っている限りは長期的な事業継続は望めない。完全なゼロ予算は難しいとしても、せめて震災前のコストと同程度にまで維持費を下げることを目指した。

〔23〕 2023年3月までの返却活動を通じて、回収された約80万枚のうちの約47万枚を返却した。

想に、バッチェンの「見落とし」を補完する仕方で形を与えた結果である。バッチェンによる議論は示唆に富んだものであった一方で、彼が実際に目にしたごく限られた枚数の被災写真を題材とした考察に留まっていた点でその射程には限界があった。被災写真は、その膨大な量に象徴されるように統計的な側面も持つビックデータであり、地震と津波がその地域を襲った瞬間を情報として保存した一種のスナップショットでもあるはずだ。

もう一つの発想の元は近年急速に発達している「因果推論」で、無作為抽出に重きを置くその手法だ。データは通常、そのデータを抽出した人物や仕組みに由来する偏りを持っており、そのことがデータの特徴を濁らせてしまう。こうした偏りを避けることは、ごく限られた抽出サンプル全体的な構造を再現する使命を担っている推測統計の世界で特に重要視されてきた。無作為抽出に近づけるための方法は社会調査をはじめとした統計の応用分野で探求され続けているし、近年は因果推論と呼ばれる体系的な考え方に注目が集まっている。通常科学と双璧をなす存在としてデータ科学が対置されるようになりつつあることからもわかるように、個別のサンプルから得られる知とは別にデータの水準で得られる知が市民権を得つつある。

しかし、数値やテキストを素材とするデータとは異なって、写真群を画像データの集まりとして捉えた場合にその抽出バイアスを減らすことは難しい。偏りを測るための基準となるものさしが存在しないからだ。ますます島宇宙化する写真研究に唯一共通するのは、公正に抽出された資料群が存在しなかったことではないか。ＡＩも活用することでこれから発達することが見込まれる統計的な画像解析は、無作為な資料を得ることが難しいという写真データの性質に対応することができないために、統計に由来するそのアルゴリズムの真価を今のところ発揮できてはいない。一方で、その対極にあるはずの人文的な写真理論では、作品サンプルの抽出がごく少数の専門家による鑑識眼を通じて行われるというアポリアを超えることができない。写真を取り巻くいくつもの小宇宙は、いずれの星雲もサンプルの偏りを克服できていないという共通点で繋がっている。こうした状況下で、世界で初めて出現した写真資料の標準的なものさしとなる資格を持つ写真資料群として、山元町の被災写真を評価することは重要に思える。

因果推論の世界に「自然実験」と呼ばれる手法がある。「自然実験」では、自然災害、紛争、法律や制度の変更など、予期せず起こった出来事に起因して、実世界の中にあたかも実験室で人為的に発生させたかのような状況が生まれることに着目する。自然災害である津波に由来して回収された被災写真の、統計的に公正な構造を備えた、無作為抽出に近い写真資料群であるという側面に着目してはどうか[24]。当然、サンプリング・バイアスが本当にゼロであるわけではない。場所と時

[24] もちろん、ビッグデータであることは、単にデジタル化すれば良いということを意味しない。被災写真を物質として保存することも重要だ。物質としての被災写真は豊富な情報を含んでいる。写真の内容はもちろん、プリントの種類や印画紙の種類も情報として残されている。被災写真の裏面に刻まれたロゴにはメーカーの名前だけではなく製造されたおおよその年度や、どの国の製造ラインが使われたかが情報として記されている。さらにプリントアウト後に持ち主が日常生活の中で何度も取り出して手に取った痕跡も、物理的な摩耗として刻み込まれている（前川 2020）。被災写真は、統計的な構造を備えた、一種の「考古学」的な資料でもあるのだ。

代に根差した偏りはもちろん、返却活動に由来して生じたサンプリング・バイアスも存在する。とはいえ、そうした偏りは少なくともその偏りを数値化することで調整できる。いずれにせよ、おそらく世界で唯一、写真データの偏りを測るための標準的な「ものさし」となる資格を持った写真資料群として被災写真を捉え直すことには一定の意義があるし、抽出の公正さが保たれているのは、回収後に「一枚も捨てず」に残した方針を貫いた山元町のデータのみである。支援活動の中で生まれ、育てられた新たな支軸は、こうして私たちを新たな地平へと誘い、活動の意味を与え続けてくれている。

結果として2023年からは再び山元町と、被災写真のアーカイブに軸足を移した連携について検討を行っている。被災写真のアーカイブ化は進行中のプロジェクトであり、その行き着く先はまだ未定の域を出ない。標準的な基準ができることで開かれる豊かな可能性については、すでにいくつか見えたものがあるが、本章での目的からは大きく外れてしまうため機を改めることとする。いずれにせよ、どのような形に至ったとしても、被災写真のアーカイブは、支援活動から予期せず生まれた総体的な写真群だからこそ備わる驚きに満ちたものになっているはずだ。

第7節　可能性の偏在

山元町における被災写真が、支援活動としての指針を徹底する中で予期せぬ形でアーカイブ化する道へと分岐する過程のいくつかを確認してきた。アーカイブという新たな支軸を用意したのは、支援活動の中ではごく些細な例外であった「もうダメ写真」である。軸足を移し替える直接のきっかけとなったのは行政の所管課が変更したことである。しかし、厳密を期すのであれば、支軸の移行は「卒業アルバム」という例外カテゴリに対応するなかで偶然行われた教育委員会との連携や、被災写真救済活動の拠点となったのがたまたま教育委員会所管の施設であったことと無関係ではない。当初は顕在化しなかった可能性の中に、現在へと繋がる萌芽は眠っている。

注意しなければならないのは、本章で紹介した事例が、被災写真が必ずアーカイブに繋がることを保証するものではないし、そもそも支援活動が必ずアーカイブに繋がることを保証するものでもない点だ。仮に今、２０１１年の4月と同じように、目の前に数十万枚の被災写真がある状況に投げ込まれたなら、おそらく私は大船渡市の事例に倣って冷凍保存を選択するだろう。ただし、冷凍保存を用いると「もうダメ写真」が発生しないので、被災写真のアーカイブに繋がる支軸は生まれない。被災写真の予期せぬアーカイブ化は、最善ではない選択の連鎖を描く中で出現した可能性なのである。

このことを逆転させると、災害の形に応じて新たに生まれる支援の中で、写真以外の資料から予期せぬアーカイブが生まれる可能性もあり得る、ということになる。現在は顕在化していない日常の中にも未来へとつながる可能性の萌芽は眠っているのかもしれない。

本章ではフーコーの系譜学的な発想のもとで、支援活動がたどってきた道すじを可能な·ｉｆの網目のなかに置き直すことを試みた〔25〕。このメタレベルのアプローチは、実際に残された記録の読み解きを豊かにするのみならず、視点を裏に返すことで支援のさなかに活路を見出すための実践的な処方を編みすすむ。支援と記録の対立を宙に吊り、その再構築へと導く。そのきっかけとなる分岐のひとつを未来の実践者に提供できたとすれば、本稿の目的は達成されたことになる。

〔25〕 本取り組みは、２０２１年度関西大学教育研究緊急支援経費において、課題「被災写真を災害アーカイブ資料として残すための官学連携に向けた研究実践」として支援経費を受け、その成果を公表するものである。

参考文献

Barthes, R. (1980), *La Chambre Claire: Note sur la Photographie*, Gallimard, Paris & Seuil, Paris.〔花輪光 訳（1997）『明るい部屋——写真についての覚書』みすず書房〕
Batchen, J. (2014), "Reverie: LOST & FOUND," 高橋宗正 編『写真、津波、それから—— LOST & FOUND PROJECT』赤々舎、１４１-43頁

Lavédrine, B. (2008), *[re]Connaître et Conserver les Photographies Anciennes*, Comité des travaux historiques et scientifiques, Paris.〔白岩洋子訳(2017)『写真技法と保存の知識――デジタル以前の写真――その誕生からカラーフィルムまで』青幻社〕

Foucault, M. (1971), "Nietzsche, la généalogie, l'histoire," in: Defert, D. Ewald. F. eds., *Dits et écrits II*, Gallimard, Paris, pp. 131-156.〔伊藤晃訳(1999)「ニーチェ、系譜学、歴史」『ミシェル・フーコー思考集成Ⅳ――規範　社会』筑摩書房〕

上野千鶴子（2018）『情報生産者になる』ちくま新書

大船渡市社会福祉協議会（2013）『芽――社会福祉法人大船渡市社会福祉協議会災害記録集』岩手開発産業

柴田邦臣・吉田寛・服部哲・松本早野香（2014）『「思い出」をつなぐネットワーク――日本社会情報学会・災害情報支援チームの挑戦』昭和堂

総務省（2014）「第2章　被災資料の応急措置、修復、保存について」震災関連デジタルアーカイブ構築・運用のためのガイドライン（https://www.soumu.go.jp/main_content/000225128.pdf　参照：２０２３年7月30日）

日本写真学会（2011）「水害被災写真の救済に関するガイドライン」ＳＰＩＪガイドライン（https://www.spij.jp/wp-content/uploads/2019/03/SPIJ_Guideline_No1-1.pdf　参照：２０２３年7月30日）

富士フイルム（2011）「被害を受けた写真・アルバムに関する対処法」（https://www.fujifilm.com/jp/ja/consumer/support/photoprinting/photo-rescue　参照：２０２３年7月30日）

藤本智士・浅田政志（2020）『アルバムのチカラ――増補版』赤々舎

前川修（2020）『イメージのヴァナキュラー写真論講義』東京大学出版会

溝口佑爾（2013）「情報ボランティアから思い出の救済へ――「予想外」に対応する支援の試み」『災後の社会学 No.1』震災科研プロジェクト２０１２年度報告書、19-34頁

溝口佑爾（2015）「災害ボランティアと公的機関とのパートナーシップ再考――宮城県山元町における被災写真救済活動を事例として」『災後の社会学 No.3』震災科研プロジェクト２０１４年度報告書、17-31頁

溝口佑爾（2020）「被災写真救済活動に関する論文のレビュー（1）――２００７年から２０１３年まで」『関西大学社会学部紀要』51巻2号、71-90頁

溝口佑爾（2021）「被災写真救済活動に関する論文のレビュー（2）――２０１４年から２０２０年まで」『関西大学社会学部紀要』52巻2号、1-36頁

溝口佑爾（2023）「構想――写真の〈考古学〉」『関西大学社会学部紀要』54巻2号、47-64頁

column 01

「わたし」を主語にする

育児日記の再読をとおした震災経験の継承の試み

松本 篤
NPO法人 remo メンバー／AHA!世話人
1981年、兵庫県生まれ。阪神・淡路大震災の経験から「記憶の継承」に興味を持つ。「文房具としての映像」というコンセプトの普及に取り組むNPO法人記録と表現とメディアのための組織（remo）に2003年から参画。2005年には、市井の人びとの記録に着目したアーカイブプロジェクト、AHA！［Archive for Human Activities/ 人類の営みのためのアーカイブ］を始動させる。『はな子のいる風景』（武蔵野市立吉祥寺美術館）、『わたしは思い出す』（remo）などの編著がある。

千年に一度と言われた大地震のあとを、あなたはどのように過ごしましたか——。そんな問いを掲げた企画展『わたしは思い出す』（以下、本展と記す）が、発災後10年目の「節目」に開催された。宮城県仙台市の沿岸部に暮らし、自宅が津波の被害にも遭った一人の人間の育児日記の再読をとおして、あの地震からの歳月を振り返ろうとする試みだった。会場はせんだい3・11メモリアル交流館（以下、交流館と記す）。「東日本大震災を知り学ぶための場」として、また、「津波により大きな被害を受けた仙台市東部沿岸地域への玄関口」として、2016年に地下鉄東西線荒井駅舎内に開設された公共施設だ。そんな交流館で実施された本展は、いったいどのようにして準備され、実現に至ったのか。このコラムでは、展覧会を企画した当事者の立場から振り返ってみたい。

2020年7月5日。交流館から1通のメールが届く。そこに記されていた内容は主に2つ。あの地震から10年目の3・11を迎える時期にあわせて企画展を開催しようとしていること、また、私が世話人を務めるAHA!《アハ》[Archive for Human Activities／人類の営みのためのアーカイブ]（以下、AHA!と記す）と一緒に、その企画展を作れないかということだった。AHA!とは、8ミリフィルム、家族写真、戦時中の手紙といった私的な記録の価値に着目したデジタルアーカイブプロジェクトだ。大阪市に本拠地を置くNPO法人記録と表現とメディアのための組織（remo）の一事業として、2005年に私が始動させた。人は、経験していないということをどのように経験できるのか。時間的／空間的な隔たりを前にして、イメージはどのように働くのか。そんな関心を持った私たちの取り組みに興味を持った交流館の職員が声をかけてくれたのだった。

8月28日からの2日間、私は企画を立案するための予備調査として、大阪から仙台に出向いた。沿岸部のさまざまな活動の現場を見学、体験させてもらった。担当者の並々ならぬ思いに触れた。しかし実は、メールをもらった当初から企画を引き受けることをためらう気持ちが私にあった。これまでの10年の移り変わりを知らない《よそ者》に、いったい何ができるのだろう。海辺の風景を肌で感じるにつれ、後ろ向きな気持ちが募っていく。実際の準備期間はあと半年も残されていない。コロナの感染拡大の状況次第では、現地リサーチも満足にできないだろう。犠牲者や遺族への配慮に欠ける付け焼刃の企画では、10年目の3月は絶対に迎えられない。そんなネガティブな心境を正直に伝えてみた。しかし担当者は全く動じなかった。よそ者だからこそ可能となるアプローチを持ち込んでもらいたい。彼の信念を感じとった私は、交流館からの打診を受ける覚悟を決めた。

　9月11日のオンラインミーティングで、私は育児日記というメディアに着目するアイデアを提案した。その動機は主に3つ。1つ目は、私（わたくし）の記録をなぞり直すことで大きな「歴史」や「物語」を逆なでしようとするAHA!の記録に対する態度を、「被災地」と呼ばれる土地にもしっかりと持ち込む必要を感じたのだ。この10年を「震災」という大きな主語から捉えるのではなく、個という微小な点から捉え直すことで、「3・11」という日付や「メモリアル（追悼）」の意味がアクチュアルなものとして受け入れられるのではないかと考えた。私的な理由にしっかりと支えられた市井の記録者の視点を借りるというアプローチの重要性を強く意識した。

　育児日記に着目した2つ目の動機は、交流館がこれまで取り上げてこなかったテーマに光をあてることで、はじめて「継承」の意味が生まれてくると考えたからだ。地下鉄荒井駅舎内には交流館と隣接するかたちで保育園が併設されている。園児の送迎時には保護者や子どもの声でにぎやかになる。荒井駅周辺はファミリー向けのマンションや戸建て、商業ビルが建設されるなど、地震後の仙台において最も開発が進められた〝新しいまち〟だった。これまでの10年をこれからの10年へとつなげていくには、この新しいまちに暮らす住民が自分ごとになるようなテーマ設定が必要だと感じた。交流館がこれまで出会わなかった人たちの声、具体的には、従来の「被災者」という枠組みからこぼれ落ちてしまっている被災経験を掬い上げ、ドミナントなストーリーから排除された周縁の存在をしっかりと残し、伝えていく必要性を感じたのだ。

3つ目の動機は、私がAHA!の活動を始めるきっかけにもなった阪神・淡路大震災のエピソードに関係している。1995年に兵庫県南部地震が起きた。兵庫県下の中学2年生として過ごしていた私は、同級生有志とともに被害の大きかった東灘区の小学校にボランティアに行った。体育館の入り口に立って遠くを見つめている妊婦の姿が脳裏に焼きついた。地震から10年後の2005年、震災の記憶を継承することの必要性が訴えられていたその時、避難所で見たその風景が浮かんだ。あの女性は地震後の10年をどのように暮らしたのか。10歳になるはずの子どもは、自分が経験していないことをどのように受け止めているのだろう。記録と記憶の継承をテーマとしたプロジェクト、AHA!はここに始まった。あなたは地震後の歳月をどのように過ごしたのか。神戸で生まれた問いを仙台の地で発することができるかもしれない。これらの3つの動機が重なるところに「子育て」というテーマや育児日記という記録物があった。

10月30日からの2日間、10年間の育児を振り返るためのワークショップに向けた説明会を実施した。地震の前後に出産を経験し、これまでの育児を振り返りたいと考えている参加希望者を募集したのだ。ワークショップにさきがけて、沿岸部の複数の小学校3、4年生の保護者（合計600名）に対して集中的に募集チラシを配布した。「駆け抜けてきた子育ての10年間。今、振り返ってみませんか。あなたの記録があるうちに。あなたの記憶があるうちに」というコピーをつけた。さらには、ウェブサイトを通じて広く参加を呼びかけた。育児に関わる人であれば日々の記録を残してきた人もいるはずだ。また、そんな記録をつけ続けてきた人であれば、このワークショップにも参加してくれるのではないかと考えたのだ。ただ実際は、企画倒れの危険性と常に隣り合わせの中、応募を待つしかない状況だった。

わたしのことだ——。ワークショップの参加希望者の一人、かおりさん（仮名）は、自分の娘が学校から持ち帰ってきた募集チラシを見て、そう思ったという。岩手県盛岡市で生まれ育った彼女は高校卒業後、仙台市の専門学校に進学し、一人暮らしを始める。卒業後、市内にて就職。２００７年に結婚。夫は宮城県外出身者で、夜間勤務もある警備会社で働いていた。２０１０年6月11日に第一子を出産。その日から毎日、日記をつけ始めた。女児のちょうど9ヶ月目の月誕生日の日に、沿岸部の自宅にて地震と遭遇。津波の被害にも遭った。「ずっと振り返りたかったけれど、そんな時間を自分で作ることはできなかった。もしかしたらこのタイミングを逃したらこれからもできないんじゃないか。そう思って応募しました」。あくまでも自分のため、娘のために日記を書き続けてきたかおりさん。彼女は、私が日記を読み、インタビューすることを許してくれた。かおりさんの記録と記憶に触れる日々が始まった。

11月18日を皮切りに約4ヶ月間、交流館の一室において、20回以上にわたって継続的にＺＯＯＭでの日記再読作業（振り返りインタビュー）が実施された。出産日、地震の日、津波に遭った家を引っ越す日、幼稚園の卒業式の日、ひとりで留守番を任せた日、ドラッグストアのマスクが売り切れだった日、10年目の3月11日。日記の再読をとおして紡がれた言葉たちから、記号化された「被災者」ではなく、「かおりさん」という具体的な視点から見えた風景が立ち上がってきた。そこには暴露的なマル秘エピソードもなければ、ドラマティックな伏線と回収もない。まして、悪を断罪するようなジャーナリスティックな視点が込められているわけでもない。しかしそこには、まがいもないかおりさんの10年が確かな重みをもって横たわっていた。

2021年2月10日に始まった本展。わたしは思い出す、涙は意外と出なかったことを（2010・6・11）。わたしは思い出す、14時7分を（2011・3・11）。わたしは思い出す、福田パンの焼きそばパンを（2013・5・11）。わたしは思い出す、字を書きはじめたことを。少し寂しかった（2014・6・11）。わたしは思い出す、2人で影送りをしたことを（2015・3・11）。わたしは思い出す、忘れてしまうということを（2017・12・11）……。会場の壁面には毎月11日（かおりさんにとっては子どもの月誕生日、犠牲者遺族にとっては月命日）の語りを抽出した、「わたしは思い出す」という定型句から始まる130の短文が配置された。また、会場の中心部には振り返りの書き起こしが1年ごとにまとめられた配布資料が設置された。振り返りインタビューは、会期が始まっても続き、10年目の3月11日をまたぎながら3月26日に終了した。それに伴い、壁面の短文や配布資料も段階的に増えていった。会場には、隣接する保育園の子どもたちの声が時折響いていた。

本展は2021年12月4日から神戸に巡回された。また、追加インタビューを行うとともに未発表だった語りも収録し、書籍版『わたしは思い出す』が2023年1月11日に刊行された。母親という役割を担う一人の人間が綴った11年間の育児日記。かおりさんはその再読をとおして、本来は誰にも語るはずのなかった幾多の言葉を想起と忘却のはざまで紡いでくれた。私は、我が子を産んだ〈あの日〉を起点にしたかおりさんの4018日を点描することで、地震が起きた〈あの日〉へと収斂しようとする大きな物語の力に抗おうと試みた。大災害に向かって整理されていない記録の積み重ねを読み直すことが、逆説的に大災禍の記憶を留めておくことに有効だと考えたからだ。「震災」ではなく「わたし」を主語にした30万字超の生活史は、語り手と聞き手の協働によって生まれた。

一方で、かおりさんの胸の内だけに留められた言葉があることも忘れてはいけない。彼女はこの企画をつうじて、一日の終わりにひとりダイニングでペンを走らせていたかつての「わたし」と出会っていたのではないか。ただし、ここでいう「わたし」とは妻でもなく母でもない他ならぬ「わたし」のことだ。彼女は育児の記録を媒介として、本当に忘れたくない「わたし」の言葉を思い出そうとしていたのかもしれない。そしてその声はついに本書に残されることはなかった。私は、語り手の語り得なさや聞き手の聞き得なさといったコミュニケーションの不可能性を感じるとともに、ここに読者の読み得なさという第3項が加わるその先に、翻って継承の可能性が開かれていくと思っている。書籍の全文は特設サイト上にて無料で公開中だ。ぜひあなたに5センチメートルの厚みに綴《と》じられた本書のページを開いてもらいたい。

II

「あの日」への想起のダイナミクス

――モノを創造する

被災をはじめとした出来事としての「あの日」を想起する試みのひとつに、運び移し、受け渡すメディアとしての「モノ」がある。

「第4章　報道写真　御嶽山噴火の新聞報道にみる記録のポリフォニー」（林田新）は、2014年の御嶽山噴火に偶然に立ち会うこととなった「偶発的な報道写真家」と、彼らが遺した写真のその後を辿ることで、報道写真が公的／私的に横断する複雑で多元的なメディアであることを考察する。

「第5章　絵画　関東大震災における美術家の表現活動」（武居利史）は、1923年の関東大震災において、手間と時間のかかる「絵画」というメディアが担ってきた役割を現代的なメディアとの関係に置き直し、その意義を考察する。

「第6章　手記集　「読む」まえに「ある」ものとして」（高森順子）は、1995年の阪神・淡路大震災からおよそ30年にわたり出版活動を行なってきた「阪神大震災を記録しつづける会」の手記執筆者のインタビューから、手記集という「モノ」の力能を提示する。

第4章

報道写真

御嶽山噴火の新聞報道にみる記録のポリフォニー

林田 新
京都芸術大学准教授

専門は視覚文化論、写真史／写真論。主な論文に「アーカイブのパラドックス」光岡敏郎・大久保遼 編『スクリーン・スタディーズ——デジタル時代の映像／メディア経験』（東京大学出版、2019年）、「ゴジラの二つの身体——カタストロフとアーカイヴ」『ユリイカ2016年12月臨時増刊号　総特集Ω『シン・ゴジラ』とはなにか』（青土社、2016年）など。

第1節　遍在するカメラと報道写真

ニュースとは「歴史の最初の草稿〔the first draft of history〕」である。映画『ペンタゴン・ペーパーズ』（2017年）において、メリル・ストリープ演じるワシントン・ポスト紙の発行人・社主であるキャサリン・グラハムの言葉である。ジャーナリストの矜持を示すこの言葉は、おそらくフォト・ジャーナリスト、すなわち報道写真家にも当てはまるだろう。誰よりも早く重要な出来事に立ち会い、そこにカメラを向ける「歴史の最初の目撃者」であること。それは単に他社に先駆けてスクープを獲得しなければならないという意味合いだけではなく、記録が行われなければ忘却されてしまいかねないその瞬間を歴史に刻み込むという職業的な使命感である。とはいえ、報道写真とはいささか曖昧な概念ではないだろうか。もちろん辞書的に「出来事や事実を記録し、広く大衆に伝達するために撮影された写真」というように定義することは可能であろう。しかし、どのような目的で撮影された写真であっても、それは何かしらを記録しているのであり、あらゆる写真は潜在的に報道写真であるということもできるだろう。もちろん報道写真を明確に定義することは、ときに必要かもしれない。しかし、あえて報道写真という概念規定の曖昧さを積極的に引き受けてみたい。むしろその曖昧さこそが現代の報道写真のあり方を考えるためには必要であるように思えるからである。

市民ジャーナリズムの台頭

ほとんど全ての人がカメラを搭載した携帯電話やスマートフォンを持って生活を送っている現在、「歴史の最初の目撃者」という「栄誉」は、必ずしも職業的な報道写真家に独占されるものではなくなっている。とりわけ大きな事件や災害時においてその傾向は顕著である。２００４年12月26日にインドネシアのスマトラ島アチェ州沖でスマトラ島沖地震が発生、それによって大津波が引き起こされた。大津波による被害は甚大で、死者及び行方不明者数は30万人以上に登った。また、タイのプーケットなどの世界的な観光地を襲ったことから、日本や欧米など海外からの観光客が数多く犠牲となった。深刻な被害をうけた地域のその日の様子を伝えるため、各地の報道機関はたまたまその場所に居合わせた人たちが撮影した写真や映像――そうしたイメージのいくつかはブログにアップされたりしていた――に依存せざるを得なかったのである。

スチュアート・アランは、２００４年に発生したこの災害が「市民ジャーナリズム〔citizen journalism〕」という言葉を世界に普及させる契機となったと指摘している（Allan 2017）。「市民ジャーナリズム」とは、「危機、事故、悲劇、災害などの発生時に、一般人がニュースづくりに参加するために一時的にジャーナリストの役割を果たす、一人称ルポルタージュの一種」である（Allan 2013: 9）。スマートフォンが普及した現在「市民ジャーナリズム」は常態化している[1]。そうした状況の中、報道あるいは報道写真の概念が決定的に変化しているというコンセンサスが形成され、報道の領域にアマチュアが参入することについて様々な議論が巻き起こっているのである。

本論では、こうした議論を批判的に検討した上で、報道写真の現在について論じていく。具体的には、２０１４年9月27日に発生した御嶽山の噴火とそれを報じた新聞メディアに着目する。多数の登山客が巻き込まれたこの噴火では、多くの犠牲者を出し戦後最大の火山被害となった。10月16日には、降雪のため行方不明者の捜索が一旦打ち切られた。その翌日、ジャーナリストの堀潤は御嶽山噴火を次のように振り返っている（『毎日新聞』２０１４年10月17日付地方版）。

今回の噴火では、登山者たちがスマートフォンなどで撮影した動画がその様子を克明に伝えた。バラバラバラという音や真っ暗な闇の中に響く女性の悲鳴、直径2メートル近い穴があちこちに開いた灰色の世界。火山灰と噴石による被害をこれほど至近距離でしかも多角的なアングルで動画でとらえたのは初めてのことだろう。雲仙での被害を記録したのがマスコミのカメラだったのとは対照的だ。

［1］　２００８年の秋葉原通り魔事件では、野次馬たちが携帯電話やカメラで事件現場や被害者の姿を撮影し話題になった。なかには動画配信サイトを通じて実況中継を行っていた人もおり、報道メディアとは無関係の人間が撮影を行うことのモラルが議論を呼んだ。２０１１年の東日本大震災では、多くの被災者たちが地震被害の状況、迫り来る津波の様子を自らのカメラで撮影していた。マスメディアは広域にわたる震災被害の実情を把握し伝達するためにこのような視聴者撮影の映像を積極的に活用したのである。

動画だけではない。報道メディアが現場に近づけない中、登山客たちは手にしていたカメラやスマートフォンで現場の様子を写真で撮影していた。そうした写真が新聞各社の紙面に掲載されたのである。誰もが日常的にカメラを携帯しているという現代的なメディア状況において、御嶽山噴火写真を報じる新聞メディアは写真をどのように扱ってきたのか。本論では「朝日新聞クロスサーチ」「ヨミダス歴史館」「毎索」という新聞記事データベースを用いて記事の検索を行い御嶽山の噴火を扱った記事を抽出、それらを考察することによってこの問いに取り組んでいく。まずは報道写真の歴史を外観しつつ、「市民ジャーナリズム」に関してどのような議論が展開されてきたのかについて検討するところから始めよう。

第2節　報道写真と市民ジャーナリズム

写真史では、報道写真やドキュメンタリー写真が制度として成立、普及したのは1920年代から1930年代にかけてであるというのが一般的な理解である。映画監督のジョン・グリアソン（John Grierson, 1898-1972）が「ドキュメンタリー」という言葉を映像に対して用いたのも、写真家・編集者の名取洋之（1910-62）が1930年代初頭にドイツより移入した「ルポルタージュ・フォト」という言葉を批評家の伊奈信男（1898-1978）が「報道写真」と訳出したのもこの時期のことである。小型化によってカメラの携帯性・可搬性が増したこと、レンズの明るさや感光剤が向上することで瞬間撮影が可能になったこと、印刷技術の発展により写真を中心とした印刷物の大量複製・流通が可能になったことなどによって報道写真やドキュメンタリー写真の存在感と社会的意義が高まっていった。

もちろん写真によって現実を記録しようとする試みはそれ以前から行われてきた。写真家たちは、異邦の地や社会の裏側にカメラを持ち込み、そうした現実を可視化してきたのである。スーザン・ソンタグは著書『写真論』において写真家をハンター、狩人に喩えていた。ハンターは弾丸を込めた猟銃を構えスコープを覗き獲物に狙いを定め、引き金を引く。写真家もまたフィルムをこめたカメラを構えファインダーを覗いて対象に狙いを定め、シャッターを押す。カメラを携えた写真家はさまざまな場所に「獲物」を追いかけていく。写真家は様々な物事を目撃し、そこに新たな見るべき価値を与えていったのである。貪欲な感受性によって世界を捉えようとする写真家たちの姿勢についてソンタグは「視覚のヒロイズム」と言い表している（ソンタグ 1979: 95）。

報道写真のひとつの典型として１９３６年に創刊されたグラフ雑誌『ライフ』を挙げることができるであろう。写真を中心としたレイアウトによって、過酷な戦場の現場、社会的・政治的な事件、有名人たちの肖像、科学の進歩や自然の脅威など、雑誌『ライフ』は歴史的に重大な出来事の瞬間や、大衆の耳目を集めるような視覚的に強い印象を与える記事を次々に掲載していった。この雑誌の姿勢は、写真によって世界を見せる／見るということに捧げられた「視覚のヒロイズム」を典型的に表している。

報道写真の成立はそれを生業とする職業としての報道写真家を生み出していく。然るべき時間と場所に立会い、複雑な機構をもつカメラを駆使してその瞬間にシャッターを切ること。そうした行為が社会的に意義のある活動となると世間の了解を得たのである。その時その場所で何が起きていたのか。それを記録する写真家がいなければ、その出来事は忘却されてしまう。「歴史の最初の目撃者」として歴史的に重大な出来事を目撃し記録し伝達すること。それが職業としての報道写真家のエートスであった。しかし、カメラが日常生活に浸透・偏在する現在、状況は変わりつつある。

かつてカメラは高額であり、それを扱うためには技術的な修練が必要であった。しかし、1980年代から90年代にかけてカメラの自動化が進み、簡易に操作できるコンパクトカメラや、いわゆる「使い捨てカメラ」が普及していく。さらにデジタルカメラの普及、とりわけ2007年にiPhoneが発売されて以降、カメラを扱うことの技術的・心理的な敷居は限りなく低くなっていく。その結果、私たちは日常的にカメラを携帯しながら生活を送るという、人類史上、初めての状況を生みだしている。加えてインターネットの発展はパブリシティの領域を一気に拡大している。ウェブに接続された各種端末の普及、SNSやブログといったウェブ・プラットフォームの展開は画像の公開と流通のための新たなインフラを広域に渡って張り巡らせることとなる。このようなメディア状況を背景にして存在感を増してきたのが「市民ジャーナリズム」である。

「市民ジャーナリズム」への期待と不安

アランは「市民ジャーナリズム」をめぐる議論を整理し、次のような二項対立の構図を指摘している（Allan 2017）。すなわち「偶発的な報道写真家」を称揚する立場と「伝統的な報道写真家」を尊重する立場である。前者は、ニュースになるような出来事において一般市民が最初にカメラを向けることが多くなっていく傾向を肯定的に捉えている。かねてより遠く離れた地で起きた出来事の伝達には目撃者の証言が重要な機能を果たしてきた。カメラの誕生と報道写真の成立を経て、目撃者としての報道写真家が撮影した写真が価値を持つようになる。そして時代が下り、カメラを持った一般市民がニュースとなる出来事を撮影することは、目撃能力を拡張し新たな報道の可能性を予見するものである。そのように考えるのである。

その一方で、後者は「市民ジャーナリズム」の台頭について伝統的なジャーナリズムの危機と考える。２０１３年にシカゴ・サンタイムス社の経営陣はコスト削減のため写真部門に所属する28名のカメラマンと写真編集者を解雇することを通達、他の記者にiphoneによる撮影のトレーニングを受けることを要請した。いつでもどこでも誰もが写真を撮影することが可能になった時代において専門的な報道写真家を雇用し続けることを断念することを決断したのである。こうした経営的な判断に対して、報道機関がその歴史を通じて培ってきた検証能力や報道倫理が失われていくことの危機感が様々なところから表明された。「市民ジャーナリズム」の台頭は、写真の質よりも経済的合理性が優先される状況を生み出すという危機、ジャーナリズムがその歴史を通じて培ってきた職業的な倫理観や誠実さが軽視されることへの危機とみなされたのである。

「市民ジャーナリズム」をめぐる二つの立場それぞれに対して批判的な議論を展開しているのが、グレゴリー・パシャリディスである（Paschalidis 2015）。否定派が指摘する報道写真の危機とは何か。歴史を遡ってみると、80年代から90年代にかけて「写真のリアリズム」が危機に陥っていた。デジタル修正が容易になったことにより写真の証拠能力に対する批判が声高に主張されるようになったのである。雑誌『ナショナルジオグラフィック』（1982年2月号）の表紙を飾ったギザのピラミッドの写真が見栄えを良くするためにデジタル加工されていたことが明らかにされたり、O・J・シンプソンのマグショット――逮捕時に撮影される肖像写真――を用いた雑誌『タイム』の表紙の色味が大きく変えられていたりしたことが批判にあがっていた[2]。他方で写真批評・写真論に領域において「写真のリアリズム」を批判的に検討する動きがあった。写真は客観的・中立的に現実を写しとるわけではない。被写体の選択や写真の構図、誌面／紙面のレイアウト、キャプションや記事といったテクストとの連関も含め、そこには自覚的・無自覚的な価値判断が伴っている。写真が伝えるのは現実そのものではなく構築された現実なのであり、報道写真、ドキュメンタリー写真はイデオロギーと無関係ではない。これが批判の骨子である（Burgin 1982; Bolton 1992）。そもそもすでに伝統的な報道写真の権威は危機に瀕していたのである。恣意的なデジタル加工によってジャーナリズムの信用が失墜し、写真論において「写真のリアリズム」が批判的に検討されていくなかで存在感を増していったのが報道の領域へのアマチュアの参入であった。アマチュアを否定し「伝統的な報道写真家」を擁護する言説はこうした文脈の中で生じてきたのである。伝統擁護派の言説に対してパシャリディスは次のように批判する「「ポスト写真の時代」への懸念が写真のリアリズムという素朴な概念に基づいていたとすると、より不穏に満ちた報道写真の「ポスト・プロフェッショナル」の時代が到来することを予見する立場は、プロの報道写真が客観性と倫理を備えているという、歴史的検証が十分に行われておらず問題化されていない考え方に基づいている」。いわば、公的な領域への私的なイメージの流入を報道写真の危機とみなす言説は、「伝統的な報道写真」の「無批判な理想化」であり、「黄金時代に対するノスタルジックな擁護」でしかないというのである（Paschalidis 2015: 6）。

他方、「偶発的な報道写真家」を称揚する立場は、災害やテロの渦中で撮影されたアマチュアの写真ばかりを積極的に取り上げる傾向にあるとパシャリディスは指摘する。すなわち、そうした立場は、人々の耳目を集めるドラマティックでセンセーショナルな被写体にカメラを向けているという点においてアマチュアの写真を評価しているにすぎず、それは従来のジャーナリズムとおなじパラダイムのうちにある。パシャリディスはそのパラダイムの典型としてケネディ大統領の暗殺の瞬

［2］デジタル加工による画像改変などを根拠に過去の写真との断絶を強調した言説として飯沢（2004）やMitchell（1994）がある。

間をとらえた「ザプルーダー・フィルム」を挙げる。このフィルムを有名なものにしているのは、ザプルーダーの撮影行為ではなく、彼が撮影した事態の重大さによるものである。結局のところ、「市民ジャーナリズム」を称揚する人々は、偶発的に撮影された現実のスペクタクルにばかり目を取られ、一般市民が撮影することの文化的・社会的な力学を見過ごしてしまっている。撮影者たちの意図、立場、文脈、掲載に至るまでの事情は決して一様ではない。これらを「市民ジャーナリズム」と一括りにすることは状況を均質化することになり、そこに潜む再文脈化や再メディア化の力学を取りこぼしてしまう。パシャリディスはそのように批判するのである。

現代的メディア環境における「目撃」

「市民ジャーナリズム」を否定する立場も肯定する立場も、報道写真を出来事や事件と読者を媒介するものとして一元的に捉える傾向にある。前者は伝統を通じて培われてきた報道写真家の倫理こそが報道の正当性を担保すると考え、後者は常時カメラを携帯する市民こそがニュース的価値のある映像をこれまで以上に提供してくれると期待している。結局のところ両者は「誰がその写真を撮影するべきなのか」ということに議論を焦点化しているのである。しかし、出来事や事件が撮影・記録され、それが読者に伝達されるまでの間には複雑で多元的なメディアの絡み合いが潜んでいる。

この点について参考になるのが、ポール・フロッシュとアミット・ピンチェフスキーによる「メディアの目撃〔media witness〕」という概念である［3］。2人は、テクノロジーをともなう「目撃」

を一元的にとらえるのではなく「メディアの中で行われる／によって行われる／を通じて行われる目撃」〔the witness performed in, by, through the media〕と分けて考えることを提案している（Frosh & Pinchevski, 2008）。報道メディアは、出来事の目撃者を描き、出来事の目撃者となり、メディアを見るものを目撃者として位置付ける。現代において災害やテロといった大きな出来事とは、多くの人々にとってメディアを介して「目撃」されるメディア体験である。2人の議論は、〈かつて・あそこ〉と〈いま・ここ〉、あるいは〈かれら〉と〈われわれ〉という旧来的な二項対立的な図式、ならびにそこに由来する区分と排除の力学を問いなおすことに向けられている。遠く離れた人々の体験や出来事と、メディアを介してそれを「目撃」する視聴者たち。それを可能にする「メディアの目撃」を多元的な相互作用として捉えなおすことによって、〈みる／みられる〉という従来の議論の枠組みに収まりきらない現代的なメディア体験を明らかにすること、それがフロッシュとピンチェフスキーが企図するところである。

こうした議論を踏まえ、以下では御嶽山噴火をめぐる新聞報道について考察を行なっていく。新聞メディアを、一元的に現場と読者を媒介するものとみなすのではなく、そこに潜む多元的な相互作用に目を向けていきたい。

［3］本論では、「witness」に対して「目撃」という訳語を当てている。ただし、この語は証拠能力をともなう目撃、遭遇、証言といったニュアンスを持つ言葉である。

第3節　御嶽山噴火と「偶発的な報道写真家」たち

長野県と岐阜県の県境に広がる御嶽山。古くから山岳信仰の対象となってきた一方で、国内の3000メートル級の山の中では比較的、登頂が容易であることから、全国から多数の登山客が訪れることでも知られている。その御嶽山が噴火したのは2014年9月27日11時52分のことであった。その数日前から火山性の地震が増加していたものの当時の噴火警戒レベルは「1（通常）」であった。美しい秋の紅葉の季節、晴天の週末の昼時。悪天候続きの8月の反動もあって例年以上に登山客が訪れていた。死者・行方不明者63人。1991年の雲仙・普賢岳の火砕流による犠牲者数を上回り、戦後最大の火山被害となった（山と渓谷社 2014; 鈴木 2015）。

御嶽山噴火をいち早く伝えたのはマスコミではなくSNSやブログといったウェブ・プラットフォームであった。当日の様子を「X（当時はTwitter）」で検索すると、登山客や周辺の住民が噴煙をあげる御嶽山の様子について投稿していたことが確認できる。また、一般社団法人木曽おんたけ観光局が運営しているブログ『木曽町日記』は、噴火当日の16時に「御嶽山突然の噴火！」という見出しのもと、噴火前の御嶽山の様子、噴火の瞬間、そして噴煙が広がり視界を覆っていく様をとらえた9枚の連続写真を掲載している［4］。あるいは名古屋大学大学院地震火山研究センターの教授は、噴火からおよそ1時間後に、動画サイトに投稿された映像から噴煙をあげる御嶽山と大勢の登山客の姿を確認したという（信濃毎日新聞社編集局 2015）。その時点ですでに動画が投稿されていたのであり、火山学者はその投稿を通じて現場の様子を知ったのである。

御嶽山噴火における「偶発的な報道写真家」

新聞各社もまた、山頂の様子を報じるために被災した登山客という「偶発的な報道写真家」が撮影したものを活用した。もちろん、新聞社に所属するカメラマンが撮影した写真を掲載していないわけではない。しかし、そうした写真はヘリコプターに乗って上空から撮影したものや山の麓に避難してきた登山客たちを撮影したものである。噴火によって現場に近寄ることができない報道写真家は、被災した目撃者による証言と写真を掲載し、噴火の現場の様子を伝えようとしたのである。

噴火の翌日、『朝日新聞』（２０１４年9月28日付朝刊）は、被災した登山客や避難小屋の管理人の証言とともに、巨大な噴煙が山の斜面を流れ下りてきている様子を撮影した写真を掲載している。登山客が動画投稿サイトYouTubeに投稿した映像を切り取ったものである。画面の近景には迫り来る噴煙から逃れようと身をひねる2人の人物が映り込んでおり、登山客の間近で噴火が起きたことを伝えている。『読売新聞』（２０１４年9月30日付夕刊）では、「山頂付近の様子が、登山者が撮影した映像から明らかになっていく」として会社員の林禎和さんが撮影した動画から切り抜かれた画像を組

［4］長野県木曽おんたけ観光局「御嶽山突然の噴火！」『木曽町日記』https://blog.goo.ne.jp/kisomachikankou/e/e4e0b4ed6d022413a6c26e1fd4ff0e56（２０２３年9年24日閲覧）

み合わせ、噴火を目撃してから山小屋に逃げ込むまでのその行動を証言とともに時系列を追って解説している。新聞メディアは、噴火に巻き込まれた人たちの目撃証言と、彼らが手にしたカメラによる記録を掲載し、読者は登山客の視点を通じて、その時、山頂で起こっていたことを目の当たりにするのである。

もちろん、噴火の報道において新聞が登山客たちアマチュアの映像に依存しているからといって報道メディアと「偶然の報道写真家」が対等な関係にあるわけではない。そこには、目撃された世界をどのように描き、共有するかを規定する制度的な政治性が明らかに存在している。それは「読者の新聞写真」(朝日新聞)、「読者のニュース写真」(読売新聞)という、読者から募集した「傑作」を顕彰する企画に端的に現れている。報道に従事するプロがアマチュアの写真を選別・評価するという企画である。『朝日新聞』(2015年1月27日付朝刊)は、2014年を代表する7点の「読者の新聞写真」を選定している。そこには御嶽山噴火を撮影した「読者」の写真も含まれていた。審査委員長を務めた写真家の田沼武能はその講評において「スマートフォンの普及」によって「誰もが写真を身近に感じることができる時代」になり「その中には大きなニュース、小さなニュース」があることを認めつつ、「社会のルールと自らの身の安全だけは守ってください」(傍点筆者)と結んでいる。写真雑誌『ライフ』の契約写真家として報道写真の領域で活躍してきたプロの写真家からアマチュアへの戒めである。

多様な担い手と再文脈化される写真

御嶽山噴火を撮影したのは「偶然の報道写真家」たちであった。とはいえ、撮影者の立場、動機は必ずしも一様ではない。噴火のおよそ4時間前に神奈川県横浜市の野上元男さんが白い煙が上がっているのを撮影していた。男性はその後、まもなく下山。帰宅途中の車内で噴火を知ったという（『朝日新聞』2014年10月5日付朝刊）。噴火当日、中部空港から新千歳行きの飛行機に乗っていた愛知県稲沢市の平田栄一さんが「変な雲がある」とそれと知らず御嶽山噴火を上空から撮影していたことが記事になっている（『朝日新聞』2014年10月7日付朝刊）。この写真は「読者の新聞写真」にも掲載されることとなる（『朝日新聞』2014年11月25日付朝刊）。さらに上空からも噴火を捉えた事例も掲載されている。『朝日新聞』（2014年10月7日付朝刊）は、小型衛星に搭載した熱赤外線カメラが宇宙から噴火直後の御嶽山の様子を撮影することに成功したことを報じている。

また、御嶽山噴火を渦中で撮影したのは、観光に訪れていた登山客だけではない。写真の撮影を目的として山に入った人もいた。川崎市に住む写真家、山口勝廣さんは毎月のように木曽を訪れ、御嶽山の山岳信仰や獅子狂言をカメラに収めてきた。友人から噴火の連絡を受け、翌朝には麓に駆けつけて噴煙の上がる御嶽山を撮影したという（『毎日新聞』2014年10月29日付地方版）。木曽町に住むアマチュア写真家、青木敬次さんは地元の風景を写真に撮り続けており、御嶽山にもこれまで100回以上登っていた（『毎日新聞』2014年9月28日地方版、『朝日新聞』2014年10月16日付夕刊、『朝日新聞』

2014年10月20日付朝刊）。その日は木曽町観光協会のブログに掲載するため、紅葉の写真を撮ろうと御嶽山に入り、噴火に遭遇・撮影した。そのようにして撮影された写真を彼は観光協会に提供したという。先に紹介したブログ『木曽町日記』に投稿された連続写真には撮影者名が記されてはいないものの、新聞に掲載された写真と比較するとこのときに撮影されたものであることがわかる。青木さんは撮影後、直ちに観光協会に写真を提供したのである。

長野県内を中心に山の写真を撮影してきた山岳写真家の津野祐次さんもまた、幾度となく御嶽山に登っていた。この日も朝から紅葉の撮影のために御嶽山に登り、噴火に巻き込まれた。何とか2枚の写真を撮影したものの死を覚悟し「メモリーカードを飲み込もうとした」が、タイミングを見計らって下山することができた（『朝日新聞』2014年10月27日付朝刊、『読売新聞』2014年11月8日付朝刊）。彼が撮影した2枚の写真には父親と息子の親子が写っていた。写真は雑誌や新聞に掲載され、間もなく無事に下山したこの親子の眼に触れることとなる。『読売新聞』（2015年3月6日付朝刊）は「御嶽生還　証の写真」という見出しのもと、親子が無事であったこと、この写真を見た親子が津野さんと連絡をとりあっていることを報じている。ロラン・バルトが「公表された写真を読み取るときも、結局つねに私的な読み取りがおこなわれている」と語るように、公的な新聞メディアに掲載された写真であってもそれは私的な文脈において受け止められることとなる（バルト 1980: 121）。親子は写真について「生還できたことの記念」であると語る。現場の様子を伝える報道写真として掲載された津野の写真は、親子にとってはそこにいたこと、生還できたことの「記念」という個人的な文脈において受容され、そのことがまた記事となり報道されることとなる。

『朝日新聞』（２０１５年７月６日付朝刊）は伊那市創造館で開催される企画展「忘れ得ぬ明日への碑」について報じている。１９１３（大正２）年に中箕輪尋常高等小学校の生徒と校長、11人が中央アルプス木曽駒ヶ岳付近で遭難・死亡した事故があり、その2年後に避難小屋として西駒山荘石室が建設された。石室が建てられてから１００周年をむかえることを記念するこの展覧会には、御嶽山噴火の際に津野さんが撮影した写真が火山灰を被ったカメラとともに展示されるという。新聞において御嶽山噴火の被害を伝えていた津野さんの写真は、この展覧会において山岳遭難や山地災害の歴史を物語る資料として再文脈化されることとなる。

登山者たちが撮影した噴火の写真は科学的な検証の文脈に置かれることもある。噴火から1年後、『読売新聞』（２０１５年9月28日付朝刊）では、「御嶽噴火　検証」という記事において防災に向けた検証の取り組みについて記している。そこでは、被災者たちが撮影した複数の写真を地図上に配置し、「当時の山頂で何が起き、何が生死を分けたのか」を検証している。また茨城県つくば市の産業技術総合研究所が、被災者たちの証言や写真をもとに山頂の状況について時系列を追って分析したこと、およびその概要が報告されている。

１９９０年から92年まで続いた雲仙・普賢岳（長崎県）の噴火では多くの報道関係者が犠牲になった。火砕流の映像を捉えようと報道関係者が避難勧告地域内に立ち入り、山と真正面に向き合う「定点」と呼ばれた場所に集っていた。１９９１年6月3日に生じた大規模な火砕流は「定点」にも襲いかかり、20名に上る報道陣が死亡したのである。この結果が「加熱する報道合戦の犠牲」とみなされることも少なくない（江川 2004）。また、この火砕流では、カティア・クラフト、モーリス・クラフトの夫婦も命を落としている。クラフト夫妻は火山の写真撮影・映画撮影でも知られる火山学者であり、これまで危険を顧みず活火山の間近にまで近づいて迫力のある映像を撮影してきた（クラフト 1992）。2人はこれまで写真でしか撮影したことのなかった火砕流を動画で撮影しようとして、同行者の火山学者ハリー・グリッケンとともに巻き込まれたのである。

雲仙・普賢岳の噴火にカメラを向けたのは「視覚のヒロイズム」に突き動かされた報道カメラマンやクラフト夫妻であった。それに対して御嶽山噴火にカメラを向けたのはプロの報道メディアではなく「偶発的な報道写真家」であった。アマチュアたちのカメラは特定の地点からだけではなく、様々な視点から噴火を捉えている。新聞は、被災者の目撃証言と写真を掲載し、それを通して読者は噴火の様子を目撃する。その一方でそうした写真は、個人的な文脈において「生還の記念」として受容され、山岳被害の歴史資料の文脈に位置付けられ、科学的な文脈において検証の対象となり、そのことがまたニュースとして新聞メディアによって報じられることとなる。

第4節　遺品のカメラ、その中の写真

新聞は登山客の目撃証言と写真を掲載し、読者はそれを通して噴火の様子を目撃する。その写真を撮影したのは噴火を目撃すると同時に災厄に巻き込まれた人でもある。だからこそ噴火の目撃者たちの証言と写真は当時の過酷な状況と目撃者たちが体感した脅威を生々しく伝えてくれる。ただし、ここで忘れてはならないのは、噴火の渦中で体験したことを証言することができるのは、生還者のみであるということである。

現在のメディア状況において、スマートフォンをはじめとするカメラは多くの場合、その人の傍らにある。紅葉が美しい季節であったということもあり、その日、御嶽山に登っていた人たちもまた例外ではなく、多くの犠牲者たちがカメラを遺すこととなった。死者／行方不明者は自らの経験を証言することはできない。証言なき目撃者の記録、すなわち犠牲者たちが遺したカメラおよびそのカメラにのこる写真は、御嶽山噴火の報道において強い存在感を示している。

幽明を媒介するカメラと写真

『読売新聞』（2015年9月26日付朝刊）は、噴火に巻き込まれ行方不明のままでいる高橋裕輝さんの両親が、遺品であるカメラを仏壇に供え、毎日手を合わせて語りかけていることを伝えている。予

期せぬ形で行き場を失った遺留品は遺された者たちの心のうちを占有し、想起と哀悼の依代となる。『毎日新聞』（2016年9月27日付地方版）は、東京都の猪岡考一さんが、亡くなった弟・哲也さんの遺したカメラを持って慰霊の登山を行ったことを伝えている。入山規制エリア手前の9合目まで登ると、孝一さんは火山灰が付着したままのカメラで周辺を撮影したという。御嶽山で亡くなった人が遺したカメラを通して現在の御嶽山を撮影すること。それは、その人がかつて身をおいたその場所で亡き人の眼差しに我が身を重ねることであり、その時、カメラは過去と現在をその場所において重ねるための縁となる。

遺されたカメラのメモリーカードにはかつての持ち主が撮影した写真が保存されている。『朝日新聞』（2014年10月2日付朝刊）は行方不明であった増田睦美さんの遺体が発見されたことを報じている。すでに遺体が発見されていた夫の直樹さんが遺したカメラには睦美さんを写した写真が何枚も残されていたという。「見つけてあげてくれ」という直樹さんからのメッセージだったのではないかと友人が語っている。他方、写真を見ることができないままの人もいる。大脇信治さんは会社の同僚4人と山に登り、1人だけ生きて帰らなかった。父の正恭さんは、ひしゃげたカメラからメモリーカードを取り出すことはできたが、「心の整理が付かない。写真を見る勇気がない」と語る（『毎日新聞』2014年10月27日付朝刊）。遺品としてのカメラに残った写真を見ること。それは単に写真にうつる被写体を見ることではない。写真は撮影者の身体がそこにあったこと、撮影行為を行ったこともまた記録しているのであり、犠牲者が残した写真を見ることはかつてあった身体と向き合うことである。

犠牲者たちの遺留品が遺族の元に届けられたことを伝える「御嶽の遺品 面影重ね」『読売新聞』（２０１４年10月９日付夕刊）は、若林和男さんが遺した赤いデジタルカメを紹介している。10月１日に若林さんは無言の帰宅。火山灰にまみれたそのカメラは修理が不可能なほどに壊れていたが、その夜だけなぜか見ることができたという。「御嶽の景色や一緒に登った仲間の笑顔、登山前に撮った孫の顔――。若林さんが愛したものが、そこに数多く収められていた」。この記事を見た製造元のニコンが修理を申し出たことで、無事にカメラと写真データが復旧したことを『読売新聞』（２０１４年11月９日付朝刊）が伝えている。遺品としてのカメラと、そこに装填されかつての所有者が日常的に「愛したもの」に向けた眼差しを記録してきたメモリーカード。それが復旧することは、遺族にとって単に製品としてのカメラが修理されたこと以上の意味を持つだろう。

遺された写真が「記録」しているもの

遺品のカメラに収められた写真のなかには、持ち主を死に至らしめた噴火の様子を克明に記録しているものもある。『朝日新聞』（２０１４年10月５日付朝刊）は、亡くなった荒井真友さんの告別式において遺品のカメラに残っていた噴火直後の様子を撮った写真が映し出されたと報告している。『読売新聞』（２０１４年10月６日付朝刊）がその写真を掲載している。「頂上の御嶽神社奥社の屋根の向こうに広がる青空に、もくもくと立ち上る噴煙の様子が写っているが、神社周辺の登山客に慌てる様子は見られない」と、記者は登山客がすぐに逃げることができなかった現場の状況を写真から読み取っている。

噴火の犠牲となった長野県の会社員、野口泉水さんは、遺品となった灰まみれの小型デジタルカメラに90枚以上の写真を残していた。最後の1枚の写真は噴火の直後に撮影されていた。死の直前まで撮影を行なっていたのである。遺体と共に帰ってきたこのカメラを受け取った妻の弘美さんは、10月3日に行われた葬儀の後に「これから山に登る人へのメッセージになれば」と報道陣に写真を公開した。翌日の10月4日には、各社がこの写真を弘美さんの言葉と共に掲載している。噴火の目撃者であると同時に、そこに巻き込まれた人物が撮影したその写真は、カメラに向かって襲いくる巨大な噴煙の様子を克明に記録していた。噴火の猛威を禍々しく伝えるこの写真は、「読者のニュース写真」(『読売新聞』2014年10月31日)において第二席に入選している。野口さんの写真は、防災のためという妻の意思を汲み、御嶽山のロープウェーの駅に掲示されることとなる(『読売新聞』2015年9月28日付朝刊)。

新聞メディアは、荒井さんや野口さんが撮影した写真を噴火直後の現場の状況を克明に記録したものとして紙面に掲載している。しかし、その一方で遺品のカメラに保存された写真は、カメラの持ち主がその時その場所に立ち合い、撮影行為を行ったことの記録でもあり、メモリーカードに保存された何枚もの写真は持ち主の行為の記録でもある。普段、弘美さんは泉水さんと2人で山に登っていたものの、その日は仕事の都合で同行できず泉水さんは1人で家を出た。カメラに残った写真には噴火前に撮影された紅葉に色づく山肌や、高山植物を写したものが多数あった。そうした泉水さんの撮影行為の軌跡について「仕事で一緒に行けなかった私に、きれいな景色を見せようとしたのかな」と弘美さんは語っている（『読売新聞』２０１４年10月12日付朝刊）。新聞メディアは単なる災害を記録・伝達するものとして登山者の写真を掲載しているだけではない。残された写真と向き合い、あの日の御嶽山とそこで写真を撮影したその人に想いを馳せる遺族。写真とその写真を見る人という媒介の重なりを通して読者は噴火という惨事を認めるのである。

交際相手である丹羽由紀さんとともに噴火で犠牲になった所祐希さんのコンパクトカメラは噴火の衝撃でレンズや本体がぐにゃりと折れ曲がっていた。祐希さんの父・清和さんが慎重にＳＤカードを取り出してパソコンに差し込むと、そこには黄色と青色のジャンパーを着た笑顔の２人が映し出された。48枚の写真のうち最後の写真は、噴火の７分前に撮影されたもので、笑顔の由紀さんが写っていた（『読売新聞』２０１４年10月22日付朝刊）。午前6時過ぎの登頂口から、途中の八丁ダルミ――登山口のひとつである王滝村と山頂をつなぐ尾根――昼前に到着した山頂と、残された写真は２人の歩んだ軌跡をその姿と共に記録していた。清和さんと妻の喜代美さんは「２人の最期を知りたいと新聞やテレビ局の取材を受ける中で、目撃情報や写真の提供を呼びかけた」（『毎日新聞』２０１４年10月27日付朝刊）。情報提供を求め続けた両親のもとには、登山客などから当日の写真が数百枚集まったという。「山頂で寄り添って座る2人、山荘を背にして下山しようとしている2人……。亡くなる直前の様子が生き生きと蘇ってきた」（『朝日新聞』２０１６年4月3日付朝刊）。他の登山客が噴火当日に携帯していたカメラには、２人の姿を偶然に写し込んだ写真が残されていた。撮影者にとっておそらく意識の外にあったであろう、黄色と青色のジャンパーを着た２人。両親についての報道とそこに掲載された２人の写真が、他の登山客の写真に新たな意味を与えたのである。

２人が遺した写真と他の登山客から集まった写真を手掛かりにして祐希さんの両親は２人が歩んだ道のりを詳らかにしていく。それは「最愛の女性と共に亡くなった息子の足跡をたどりたい」との思いからであった（『読売新聞』２０１４年10月27日付朝刊）。『朝日新聞』（２０２１年9月27日付朝刊）は、噴火から7年をむかえる前に祐希さんの両親を含む遺族たちが御嶽山に登ったこと、しかし八丁ダルミを含む登山道は活発な噴気孔が近く立ち入り規制が続いているため、両親が２人の足跡を最後まで辿ることは叶っていないことを伝えている。その一方で両親は、祐希さんが部屋に遺していった由紀さんとの写真を手掛かりにして、御嶽山登頂以前の２人の足取りを辿っているという（『読売新聞』２０１５年9月25日付夕刊）。岐阜県本巣市の根尾谷淡墨桜、東京都浅草の浅草寺、愛知県犬山市の野外民族博物館、岐阜県の伊吹山など、それまで２人が訪問した場所を辿り、２人が撮った写真と同じ場所で同じポーズで――ときには祐希さんの服を着て――写真を撮ることを続けていた。

カメラの中、そして部屋の中に遺る写真。両親はそれらの写真が記録していた２人の来し方を辿りながらその場所に身を重ねていく。その想起と追悼の旅路が行き着く先は御嶽山である。清和さんは噴火以降、御嶽山に計15回登っていたものの、2人が歩んだ道のりを全て辿ることが可能になったのは、八丁ダルミの規制が解除され、避難シェルターなどの整備が終わった2023年7月29日のことであった。『朝日新聞』（2023年7月29日付朝刊）は、2人が亡くなった八丁ダルミで花を手向ける清和さんの姿を伝えている。8月19日には祐希さんの両親と由紀さんの母親の3人で御嶽山に登った（『朝日新聞』2023年9月26日付朝刊）。天候の悪化により山頂には行けなかったが、8号目でウェディングドレスとタキシードを着た2人の人形を並べ「結婚式」を行った。9月9日には祐希さんの父親は友人と山頂に向かい「披露宴」をあげたという。残された写真を導きの糸とする想起と追悼の旅。報道メディアは広く写真を集めるきっかけを提供するとともに、その旅をニュースとして伝えるのである。

第5節　潜在するアーカイブ

本論の冒頭で映画『ペンタゴン・ペーパーズ』に登場する「歴史の最初の草稿」という言葉について言及した。本論を締め括るにあたり、改めてこの映画について言及しておこう。本作は、ニクソン大統領政権下においてベトナム戦争を記録・分析した機密文書のスクープを描いている。政府が隠蔽していたベトナム戦争の欺瞞を白日の下に晒すべく、トム・ハンクス演じる編集主幹ベン・

ブラッドリーをはじめとするワシントン・ポストの記者たちが奔走するという、実話を元にした物語である。件の言葉は、記事の差し止めを要求する政府との裁判に勝利し、報道の自由が宣言される映画の最後で発せられる。いささか穿った見方をするならば、ワシントン・ポスト紙の記者たちは「歴史の最初の草稿」を書いているわけではない。その「草稿」はすでに機密文書としてアーカイブの中に存在していたからである。ジャーナリストの功績は、すでに記されていたにもかかわらず隠蔽されていた「草稿」に光を当て、ベトナム戦争について批判的に検証する機会を未来に向けて公開したところにある。

御嶽山噴火において現場を撮影・記録したのは報道メディアではなく多くの登山客たちであった。報道機関が取材を行う以前に、すでに登山客たちによって撮影・記録されていたのである。そうした写真は登山客たちが携帯していたスマートフォンやカメラのメモリーカードに蓄積され、潜在的で私的なアーカイブを構築していた。新聞メディアが現場の様子を克明に報道することを可能にしたのは、こうした私的な領域において構築されたアーカイブであった。アーカイブの中にある記録の公的な領域での開示という点において、御嶽山噴火の報道もまたかつてのジャーナリズムと同じ構造にあるのかもしれない。しかし御嶽山噴火の報道において一般の人たちが撮影した写真を掲載することは隠された事実の暴露、あるいはパパラッチに代表されるプライバシーの公的消費に尽きるものではない。

アーカイブから広がる記憶のポリフォニー

改めて本論の議論をまとめておこう。御嶽山噴火では、プロの報道写真家ではない様々な立場の「偶発的な報道写真家」たちが写真を撮影していた。しかし、そうした写真は、現場の様子を克明に記録・伝達するものとして紙面に掲載されるだけではなかった。偶然、現場に居合わせた人がカメラによって噴火を目撃し、その写真を通して様々な人たち――本人や遺族の場合もあれば第三者の場合もある――が写真に記録された被写体／撮影者の行為と向き合い、そうした公的／私的な文脈――記念、検証、防災、歴史資料、そして想起・追悼という文脈――における受容の様態が新聞メディアの中に描写され、それを通して読者は御嶽山噴火を目の当たりにする。写真は現場と読者の間を一元的に媒介していたわけではない。〈かつて・あそこ〉と〈いま・ここ〉のあいだには多元的な媒介の重なりがある。私的なアーカイブのうちにあった記録が私的／公的な領域を横断して多声的に展開していき、新聞メディアは、そのひとつひとつを拾い集めて読者に伝えるのである。

御嶽山噴火をめぐる報道の実践を可能にしたのは、私的な領域において構築されたアーカイブたちであった。それは蓄積・保存の場というよりも、開かれる可能性を潜勢させた生成の場なのであり、集権的というよりも分散的で、個別的であると同時に複合的な場なのである。私的なアーカイブたちに保存された写真群は、報道や想起を含む多様な営み、あるいは文脈化、再文脈化を可能にする母体として機能する。ただし、私的な領域から生まれ、広がる記録のポリフォニーは公的な新聞メディアにおいてひとつの体系へと収斂するわけではない。津野さんが撮影した写真に自らの姿を認めた親子のように、あるいは、新聞に掲載された祐希さんと由紀さんの黄色と青色のジャンパーが、他の登山客たちの私的アーカイブのうちにあった写真を活性化させたように、新聞メディアに掲載された写真はまた新たな文脈へと開かれていく。その意味において、御嶽山噴火を報道する新聞メディアを読み解いてきた本論もまた、記録のポリフォニーを展開するひとつの試みなのである。

参考文献

Allan, S. (2013), *Citizen Witnessing: Revisioning Journalism in Times of Crisis*, Polity, Cambridge.
Allan, S. (2017), "Introduction: Photojournalism and Citizen Journalism," in: Allan, S., ed., *Photojournalism and Citizen Journalism, Co-operation Collaboration and Connectivity*, Routledge, London.
Bolton, R., ed. (1992), *The Contest of Meaning: Critical Histories of Photography*, MIT Press, Cambridge.
Burgin, V., ed., (1982), *Thinking Photography*, Palgrave Macmillan, London.
Frosh, P., Pinchevski, A., ed. (2008), *Media Witnessing: Testimony in the Age of Mass Communication*, Palgrave Macmillan, London.
Mitchell, W. (1994), *The Reconfigured Eye: Visual Truth in the Post-Photographic Era*, MIT Press, Cambridge.〔福岡洋一 訳（1994）『リコンフィギュアードアイ——デジタル画像による視覚文化の変容』アスキー〕
Paschalidis, G. (2015), "Mini Cameras and Maxi Minds," in: *Digital Journalism*, vol. 3, no. 4, pp. 634-652.
飯沢耕太郎（2004）『デジグラフィ——デジタルは写真を殺すのか』中央公論新社
江川紹子（2004）『大火砕流に消ゆ——報道陣20名の死が遺したもの』新風舎文庫
カティア・クラフト、モーリス・クラフト（1992）『火山からのメッセージ——噴火・溶岩・火砕流』青木正樹 訳、山と渓谷社
信濃毎日新聞社編集局（2015）『検証　御嶽山噴火　火山と生きる——九・二七から何を学ぶか』信濃毎日新聞社
スーザン・ソンタグ（1979）『写真論』近藤耕人 訳、晶文社
鈴木正崇（2015）『山岳信仰——日本文化の根底を探る』中公新書
山と渓谷社 編（2014）『ドキュメント 御嶽山大噴火』ヤマケイ新書
ロラン・バルト（1997）『明るい部屋——写真についての覚書』花輪光 訳、みすず書房

第5章

絵画

関東大震災における美術家の表現活動

武居利史

美術評論家

府中市文化スポーツ部文化生涯学習課生涯学習係長（2022年まで府中市美術館学芸員・教育普及担当主査）。東京藝術大学美術学部芸術学科卒。2000年の府中市美術館開館に携わり、主に現代美術の企画展、公開制作やワークショップなどの教育普及プログラムを手がける。芸術と社会のかかわりについて評論と研究の活動を続ける。2022年より美術評論家連盟事務次長、東京造形大学非常勤講師。

第1節　災禍と美術

戦争や自然災害といった人々の生活を脅かす災禍と、絵画や彫刻のような芸術表現には、どのような関わりがあるだろうか。災害という破壊的な出来事と、芸術という創造的な活動は対照的な事柄であり、両者はイメージとして結びつきにくいかもしれない。造形的な芸術作品は物として残り、その時代の人間の生きた証となる。長い歴史をふりかえってみるならば、災禍にまつわる作品は決して少なくはなく、絵画や彫刻のような美術でしか表しえないもの、残しえないものがあることに気づくだろう。

戦争を描いた作品

人為的に引き起こされる戦争については、内外を問わず古くから多くの作品が残されている。現代では、罪のない人々が殺される戦争は忌むべきものとイメージが強いが、戦争は必ずしも災禍としてばかり描かれてきたわけではない。かつては、戦争を絵画や彫刻で記録することは、勝者である為政者の功績をたたえ、その栄光を後世に語り伝えるために行われた。第二次世界大戦でも総力戦体制の下、画家も戦争に動員され、戦意高揚を目的とした戦争画が描かれた。日本でも軍部主導の下に描かれた作戦記録画がこの流れに位置づけられる。

近代以前の社会では、絵画のような方法で記録を残すことができるのは、基本的に権力や富をもつ者であった。戦争を描く場合も、作品の主役は戦争の勝者の側であり、敗北した側のものではない。兵士が命を奪われたり、庶民が殺戮に巻き込まれ、家財を焼き払われたりといった、民衆の災禍に焦点が当てられてくるのは近代以降のことだといえるだろう。たとえば、19世紀初頭に描かれたスペインのフランシスコ・デ・ゴヤによる銅版画の連作《戦争の惨禍》(1810-1820)はその先駆けである。ナポレオン軍侵攻によってもたらされたマドリードの悲惨な光景を描いた作品は、作者の個人的動機から着手されたもので、作者の没後に公開された。

自然災害を描いた作品

一方、自然によって引き起こされる災害の表現にはどのようなものがあるだろうか。自然災害には、地震、噴火、津波、洪水、暴風、干ばつ、あるいは飢饉や疫病の流行のようなものまでを含めることができ、その事象は広範囲に及ぶ。こうした災厄の原因について、かつては神仏のような超自然的な力によるものだとの考えも根づよかった。ヨーロッパでは、キリスト教の影響もあり、中世のペストの大流行を契機として「メメント・モリ(死を忘れるな)」の思想が、絵画表現に込められるようになった。天変地異を描いた絵画には宗教的な意味合いが含まれることが少なくない。

日本では地震に関する古い資料として、1257年の鎌倉時代の地震を描いた日蓮の事績を記録する伝記絵巻がかつて存在していた。後世の模写として、窪田統泰《日蓮聖人註画讃》(1536)が残されており、宗教的な指導者が活躍する背景として災害の場面が描かれている。1855年の江戸時代末期に起きた安政江戸地震に際しては、地震の原因と考えられたナマズをモチーフとした「鯰絵」と呼ばれる浮世絵が多く制作された。江戸時代には災害の背後に超自然的な力をみる考え方が残る一方で、被災状況を絵図にして後世に残そうとしたり、木版画や銅版画で広く伝えたりすることも行われた[1]。

かつて絵画や彫刻のような美術作品の多くは、権力や富をもつ者の依頼による制作であった。時代が下るにしたがって一般に流布しうる版画のような形式も次第に発達したが、作者の主体的動機にもとづいて作品が制作されるようになるのは、画家や彫刻家が職業的に自立した近代以降のことである。社会的に自立した美術家がいて初めて、戦争や自然災害を、民衆にとっての災禍として記録することができるようになる。美術の長い歴史において、災害を記録した作品はそれなりに残されているものの、災害を記録した本格的な美術作品が生み出されるのは、近代以降のことなのである。そのような意味において、大正時代に起きた関東大震災は、美術家が災害と向きあう重要な契機となった。

本章では、関東大震災における美術家の表現活動をとりあげる。とくに絵画を中心した美術表現

[1] 江戸時代の地震災害に関する資料として、京都文化博物館 編（2021）がある。

に注目するが、文脈に応じて彫刻や建築といったジャンルにも言及する。昭和時代をはさんで、平成時代に起きた阪神・淡路大震災、東日本大震災においても、多くの美術家たちの活動があり、美術作品が生み出されている。その表現は絵画や彫刻のような形式にとどまらない現代的なものである。にもかかわらず、かれらは先行する関東大震災のときの美術家たちと共通する活動を行っていた。いまから約100年前に起きた関東大震災にまつわる美術の歴史をひも解き、そのとき美術家は何をしたのかをみてみよう。

第2節　関東大震災とは

関東大震災は、1923年（大正12）9月1日午前11時58分、相模湾沖で発生したマグニチュード7・9の大正関東地震による地震災害である。今日では、関東大震災という名称にほぼ統一されているものの、当時は、地域の名称ではなく時代の画期であることを意識して、大正大震災、大正大震火災などと呼ばれることが多かった。また、関東大震火災、東京大震災、帝都大震災など、さまざまな呼び方がなされていた［2］。

もともと地震国である日本にとって、大規模な地震災害がそれまでなかったわけではない。たびたび沿岸部を襲った津波はもちろんのこと、富士山や浅間山のような火山の噴火もあった。だが、歴史上「大震災」と呼ばれるのは、この関東大震災、阪神・淡路大震災、東日本大震災の3つである。いずれも、近代以降の都市部を含んだ巨大地震のことを指している。地震の大きさだけでなく、都市型災害という人的要因による被害の甚大さをともなっている点に特徴がある。

死者・行方不明者は10万5000人を超え、全壊した家屋は11万棟を上回る。被害は東京だけでなく、東は茨城県から西は静岡県まで広範囲に及び、震源に近かった神奈川県では崖崩れが発生、海岸では津波や土地の隆起も起きた。東京では、強風に煽られて下町全域に火災が広がり、全焼した家屋は21万棟に及んでいる。住む場所を失った多くの住民が難民化し、地方へ移住するなどして避難生活を余儀なくされた。テレビやラジオもない時代、被害の実態はそうした人々によって地方へと伝搬したのである[3]。

また、震災直後には戒厳令が布かれ、そのもとで流言蜚語（デマ）が発生し、瞬く間に拡大した。その内容とは、朝鮮人が「暴動を起こしている」「毒を井戸に投げ込んだ」などといったもので、新聞も同様のデマを拡散する役割を果たした。各地で民間人による自警団が組織され、一部では軍や警察も関与して、多くの朝鮮人や中国人が虐殺された。その全貌はいまもって不明な点が多いものの、数千人に及ぶ犠牲者があったとみられる。同時に、労働運動の活動家、社会主義者・無政府主義者が官憲によって拘束され、混乱に乗じて暗殺される事件も起きている[4]。

[2] 関東大震災の呼称については、尾原（2012）に今日の視点から言及がある。
[3] 関東大震災の概要を知るには、武村・北原（2013）が参考になる。

このように関東大震災はたんなる天災ではなく、人災としての側面の大きかったことが知られる。関東大震災は、地震そのものの被害だけでなく、二次被害の大きさからいっても、まさに日本史上最大の地震災害であり、日本社会に大きな刻印を残した歴史的事件であった［5］。

第3節　美術界の被災と救援活動

まず、関東大震災の美術界への影響として、展覧会の中止が挙げられる。秋口の土曜日であったことから、上野公園内にある竹之台陳列館では、第10回を迎えた「再興日本美術院展」（院展）と「二科会展」（二科展）の招待日にあたっていた。竹之台陳列館は、当時の主要な美術の発表会場である。美術家たちが集まってきた頃、会場は大地震に見舞われた。児島善三郎（1893-1962）の石膏像など一部の作品は破損したが、展示作品に大きな被害は出なかった。院展も二科展も即時中止となり、秋に予定されていた第5回となるはずの「帝国美術院展覧会」（帝展）も中止された。幸いなことに、上野公園は高台にあったため、下町を襲った火災からは難を免れた［6］。

関東大震災における美術家の死傷者は少なかったといわれる。作家の自宅が山の手や郊外に多かったためであるが、院展では、日本画家の橋本永邦（1886-1944）、近藤浩一路（1884-1962）らの自宅が全焼、安田靫彦（1884-1978）の自宅が全壊した。このように地震で自宅が被害にあった作家も少なくなかった。震災で没した作家の中には、欧米で活躍しながら帰国していて横浜のホテルの滞在中に亡くなった画家の久米民十郎（1893-1923）がいる。

美術の関係機関も被災している。民間の美術学校であった白馬会の葵橋洋画研究所や本郷洋画研究所が火災に遭遇した。東京中心部に集中していた中央美術社など主要な美術出版社、文房堂などの画材店、画廊のほとんどが全焼した。文化財の被害では、内務省社会局編『大正震災志附録』に、実業家・大倉喜八郎が創設した日本で最初の私立美術館である大倉集古館を含む、164氏の所蔵家の損害が記載されている（内務省社会局 1926a）。上野の帝室博物館（現・東京国立博物館）では、ジョサイア・コンドル設計の本館をはじめ、表慶館をのぞく主要施設が損壊し、湯島聖堂内にあった東京博物館（国立科学博物館の前身）は標本とともに消失した。神社仏閣では、東京よりも震源に近い鎌倉がもっとも大きな被害を受けている。

関東大震災に対する美術界の反応

さて、意外にも美術界の復旧は早く、美術家による慈善・救援活動も行われた。10月末には、中村岳陵（1890-1969）ら離騒社主催による「市民慰安大震災スケッチ展」が、本郷3丁目の燕楽軒で開

［4］朝鮮人虐殺の問題の代表的な研究については、姜（1975）がある。

［5］関東大震災とその社会への影響については、吉村（2004）、北原（2011）が参考になる。

［6］院展と二科展と関東大震災との関わりについては、日本美術院百年史編纂室（1995）、瀧（1985）に詳しい。

かれた。帝展・院展の大家40余人の日本画、洋画のほか、坪内博士ら文人歌人の俳句や短歌など65点を展示し、「廃墟の芸術展」として話題となっている。前述の院展と二科展は、東京会場が中止となったものの、地方巡回展を実施した。日本美術院は10月に大阪府立商品陳列館、12月に東京の法政大学で再開展を開催し、横山大観（1868-1958）の全長40メートルに及ぶ山水絵巻《生々流転》など大作を展示した。二科会も「大震火災から救ひ出された二科展」として、大阪、京都、福岡に巡回して大きな反響を呼んでいる。これら事業での収益は、被災会員の救援、被災者への寄付金にあてられた。

また、関西美術界の支援の動きも迅速であった。国画創作協会の日本画家、土田麦僊（1887-1936）らが「震災画家協賛会」を作り、10月大阪美術倶楽部で義援展を開き、６００余点以上を集めた。自ら四谷区双葉町で被災した洋画家の徳永仁臣（1871-1936）は、東京の青年画家とともに、ただちに被災の状況を25枚の油絵の大作に仕上げて、富山を皮切りに「移動震災実況油絵展覧会」を各地に巡回して義援金を集めた。岡本一平（1886-1948）ら新聞漫画家を結集する日本漫画会も、大阪や名古屋で「震災画展覧会」を開き、義援金を集めている。こうした美術家による活動は、震災のリアルな状況を各地に伝え、幅広い観客から寄付金を募る支援活動となった。

なお、海外からも美術による支援があったことは覚えておきたい。震災の翌年11月には、ベルギーの絵画・彫刻１３４点が日本に寄贈されることになり、内務省社会局において「白耳義《ベルギー》国作家寄贈絵画展覧会」が開かれている（内務省社会局 1926b, 1926c）。開催前には、皇后や摂政宮（のちの昭和天皇）

と同妃の来場があり、各界名士から一般庶民までが観覧に訪れて作品も完売したという。その一方で、被災した美術家や工芸家の作品をアメリカなどに巡回することで、海外で義援金を集める動きも盛んに行われた。

第4節　印刷物による伝達・報道・記録

美術作品は、複製されることで伝達・報道といった機能を果たす。震災と美術の関わりを考える際、まず震災のイメージを伝えた印刷物の存在に目を向けないわけにはいかない。江戸時代には、浮世絵のような版画を通じて被災状況が記録され、伝達された。明治・大正の時代を通じて写真や印刷の技術は大きく発達していたものの、テレビやラジオの放送もない時代である。カラー印刷は遠くに住む人々にリアルな震災の状況を伝える強力なメディアになった。

なかでも一般に広く流布したものに絵はがきがある［7］。燃え広がる火災、灰燼に帰した都市、黒焦げの死体など凄惨な写真が、白黒のままあるいは加筆・着彩され、市中に出回った。その数は膨大であり、災害のイメージを伝播する重要な媒体になった。震災の悲惨さを伝えるために、遺体

［7］　木村・石井（1990）では、約200点に及ぶ絵はがきを見ることができる。

写真がそのまま用いられることもあった。

震災ではさまざまな出来事があったが、人口に膾炙するなかで典型化され、広まったエピソードがいくつもある。そうした場面を再構成して描いた石版画も数多く制作された[8]。東京市内各所の様子を劇的に描いた多色石版の豪華な大判絵《帝都大震災画報》は、天正堂・集画堂や浦島堂画局など複数の種類が出されている。浅草十二階と呼ばれた凌雲閣が崩壊した浅草公園の惨状はもとより、遊女が殺到して亡くなった新吉原の弁天池の悲劇、避難者が集中したところを火災旋風が襲って最大の死者を生じた本所の陸軍被服廠跡の惨事などを視覚化している。

また、被災した東京の下町を一望する横長の田畑勇吉・栗井三蔵合作《帝都震災記念大観》（岡本太郎（大阪）製版、1923年12月）や、茨城県から静岡県に及ぶ広大な被災地域を眺望する鳥瞰図絵師・吉田初三郎（1884-1955）筆《関東震災全地域鳥瞰図絵》（『大阪朝日新聞』付録、1924年9月15日）のようなパノラマ図も、印刷でスケール感を出そうとした例だ。

報道における新聞の役割には、きわめて大きなものがあった。東京の16の新聞社のうち社屋が残ったのは3社だけだったが、そのような困難ななかでも挿絵や漫画を掲載したものもある。美人画で知られる竹久夢二（1884-1934）は、『都新聞』に「東京災難画信」全21回（9月14日〜10月4日）を連載し、画家の眼で絵と文の両方を用いて震災後の東京を活写した。同時に、竹久は、『週刊朝日』でも、小川未明の「荒都断篇」に挿絵を提供したりしていた。また、『夕刊報知新聞』は、川村花菱

（1884-1954）記・山村耕花（1886-1942）画による「大震災印象記　大正むさしあぶみ」全30回（9月30日～11月1日）を連載し、脚本家と版画家による共同ルポルタージュを試みていた（竹久・川村・山村 2003）。

雑誌では、表紙に燃え盛る火炎などをあしらったデザインが多い。『主婦之友』10月号の火炎に包まれる凌雲閣は、洋画家の岡田三郎助（1869-1939）による《燃えつつある浅草十二階》である。子ども向け雑誌でも特集が組まれ、『コドモノクニ』（11月）では、童画家の岡本帰一（1888-1930）、武井武雄（1894-1983）が、過酷な震災体験を優しいタッチで描いている。『ボッチャン』（10月）も、写真で震災を特集した。

当時、宮武外骨『震災画報』全6冊をはじめ、

1　天正堂・集画堂《帝都大震災画報 其一　浅草公園十二階及花屋敷附近延焼之状況》
1923年9月27日、石版・紙　39×55cm　筆者蔵

さまざまな『画報』が出版されている。美術家が多数参加したものに、『震災画譜　画家の眼』（12月）があり、44作家が絵と文を寄せた［9］。また『関東大震災画帖』は、洋画家の丹羽禮介、赤塚忠一、幡恒春、赤城泰舒、水島爾保布、中沢弘光らがスケッチ・装幀を行った本格的なものだが、漫画家たちも日本漫画会著『大震災画集』（12月）を、同じ金尾文淵堂という出版社から刊行した。『大震災画集』の表紙には、水島爾保布（1884-1958）による《抽象的な都市風景のなかを逃げる人々》というユニークなイラストが用いられている。新聞の漫画記者であった太田政之助は、『ペン画集　避難から帰還迄』（11月）という震災体験を時系列に詳細に綴った本を残しており、震災の実相を伝えるために漫画家の果たした役割は小さくはなかった（太田 1923, 1996）。

第5節　絵画作品による震災の記録と表現

絵画によって関東大震災の状況を描きとめておこうと考えた画家は多い。スケッチだけ残した画家もいれば、作品として仕上げた画家もいる。そこでは記録する行為と画家としての創作活動が深く結びついている。震災という歴史的事件を作品化することに、画家としての使命感を抱いた人々もいたのである。事物を一つの視点から切りとる写真とは異なり、さまざまな経験を画面の上で再構成して見せることのできる絵画は、震災体験のどこにフォーカスするかによってその趣も大きく変わる。

関西洋画界の大家、鹿子木孟郎（1874-1941）は、震災の報を聞いて直ちに東京へと向かった。荒廃した東京の景色を、鉛筆・コンテ・油彩などで描きとめたが、それらをもとに油彩画の大作《大正12年9月1日》（1924）を完成させた［10］。客観的な写実にもとづくイメージを画面上に構成することで、劇的な場面に仕上げている。近代化を目指す日本の国難を劇的に描こうとする「歴史画」としての意図も感じられる。鹿子木は自ら50歳を記念する個展のために制作したものだったが、明治神宮絵画館の《奉天入城図》の制作依頼があったため、個展は延期されたという。

　同じく関西若手の日本画家、池田遙邨（1895-1988）も、鹿子木とともに上京し、鉛筆・淡彩で４００枚に及ぶ膨大なスケッチを描

2　鹿子木孟郎《大正十二年九月一日》
1924年、油彩・キャンバス　156×204cm　東京都現代美術館蔵
画像提供：東京都現代美術館 / DNPartcom

いた。翌年4月、これらを松江と姫路で「震災地スケッチ展覧会」として展示している。池田は、その後六曲屏風《災禍の跡》（1924）を完成させた[11]。描写の客観性を重視した鹿子木の作品とは対照的に、荒涼とした焼け跡にたたずむ被災した家族の痛切な心情を思わせる主観性の際立った作品である。翌年の帝展に出品するも、復興の気分にあわないと思われたためか、落選の憂き目にあっている。

この鹿子木と池田の2作品は、関東大震災を描いたものとして比較的よく知られている。遠方からわざわざ被災地に赴き、被災者の姿を描いた。今日、被災地ではない地域の人が被災者や被災地を作品の主題とすることについて、当事者ではないということで倫理性を問われる場合があるが、取材から作品の完成まで時間を要する当時において問題とされることはなかったようである。だが、被災地で画家がスケッチをしていると、被災者から非難されるということはあったらしい。非常時に絵を描くという行為は、専門家としての自負心のなせる業といえるだろう。

3　池田遙邨《災禍の跡》
1924 年、絹本着色・六曲一隻　167 × 375cm　倉敷市立美術館蔵
画像提供：倉敷市立美術館

関西出身の東京で活躍した二科会の十亀広太郎（1889-1951）は、《御茶之水ニコライ堂》などの「震災名所」をはじめ、震災直後の東京の風景をみずみずしく水彩の連作に描きとめた。神奈川県の茅ケ崎で地震に遭った萬鐵五郎（1885-1927）も油彩《地震の印象》（1924）を描いているが、地震による揺れそのものを絵画化しており、震動で人が宙を舞うユーモラスな作風を示している。萬の作品は、震源地に近い湘南地方での体験の激甚さを表現したものだ。鎌倉の被災については、神奈川県師範学校教諭であった大橋泰邦（1865-不明）による水彩画の連作《大震災写生図》がある[12]。雑司ヶ谷で被災した河野通勢（1895-1950）は、震災を主題にしたエッチングによる銅版画約100

[8] 関東大震災に関する石版画や印刷物は、歴史民俗資料として博物館等で展示される機会が多い。公益財団法人台東区芸術文化財団・台東区下町風俗資料館（2012）、国立歴史民俗博物館（2014）にも図版が紹介されている。

[9] 黎明社編輯部（1922）。和田（2007）、所収。
本書に絵と文を寄稿した画家は次のとおり（掲載順）。

堂本印象、鶴田吾郎、曾宮一念、岡本一平、服部亮英、在田稠、平福百穂、山村耕花、細木原青起、森島直三、小川治平、林重義、八幡白帆、奥村林暁、森田恒友、小寺健吉、伊東深水、柚木久太、岩田専太郎、相田直彦、水島爾保布、清水對岳坊、宍戸左行、中西立頃、竹久夢二、吉田秋光、平澤大暲、池部鈞、下川凹天、代田收一、森火山、川端龍子、丸山晩霞、望月省三、清水三重三、宮尾しげを、寺内純一、前川千帆、長谷川昇、荻野健兒、関晴風、新関健之助、小室孝雄、近藤浩一郎。表紙は森田恒友。

[10] 鹿子木孟郎については、前田（2009）、府中市美術館（2001）がある。また、震災スケッチは、東京都現代美術館に収蔵されており、全容を知るには目録が参考になる（東京都現代美術館 1998）。

[11] 池田遙邨については、前田・朝日新聞社（1998）がある。震災スケッチの多くは、倉敷市立美術館に収蔵されている（倉敷市立美術館 1994a, 1994b）。

[12] 鎌倉の被災については、鎌倉国宝館（2022）が参考になる。

点を残している[13]。《麹町・武者小路実篤邸焼け跡之図》《丸善跡》《神田明神ヨリニコライ跡ヲ見ル》といった実景の描写だけでなく、《アア、神モ仏モ無キカ》《惨状！目もあてられず》のような極限状況にうろたえる人間の卑小さを写しとる連作を残した。ハリストス正教会の信徒でもあった河野は、たんなる事実の記録を超えてこれらの表現を通して人間の本質に迫ろうとしている。

日本画では、震災の経過を絵巻で描いた例がいくつかある。絵巻のような表現形式は、時系列にそって震災の出来事を記録するのに適しているだけでなく、神仏等を描き込むことで震災を教訓として伝えようとする意図がしばしばみられる。西巣鴨町に住んでいた院展の堅山南風(1887-1980)は、スケッチを元に《大震災実写図巻》(1925)3巻を完成させた。堅山はその末尾に観

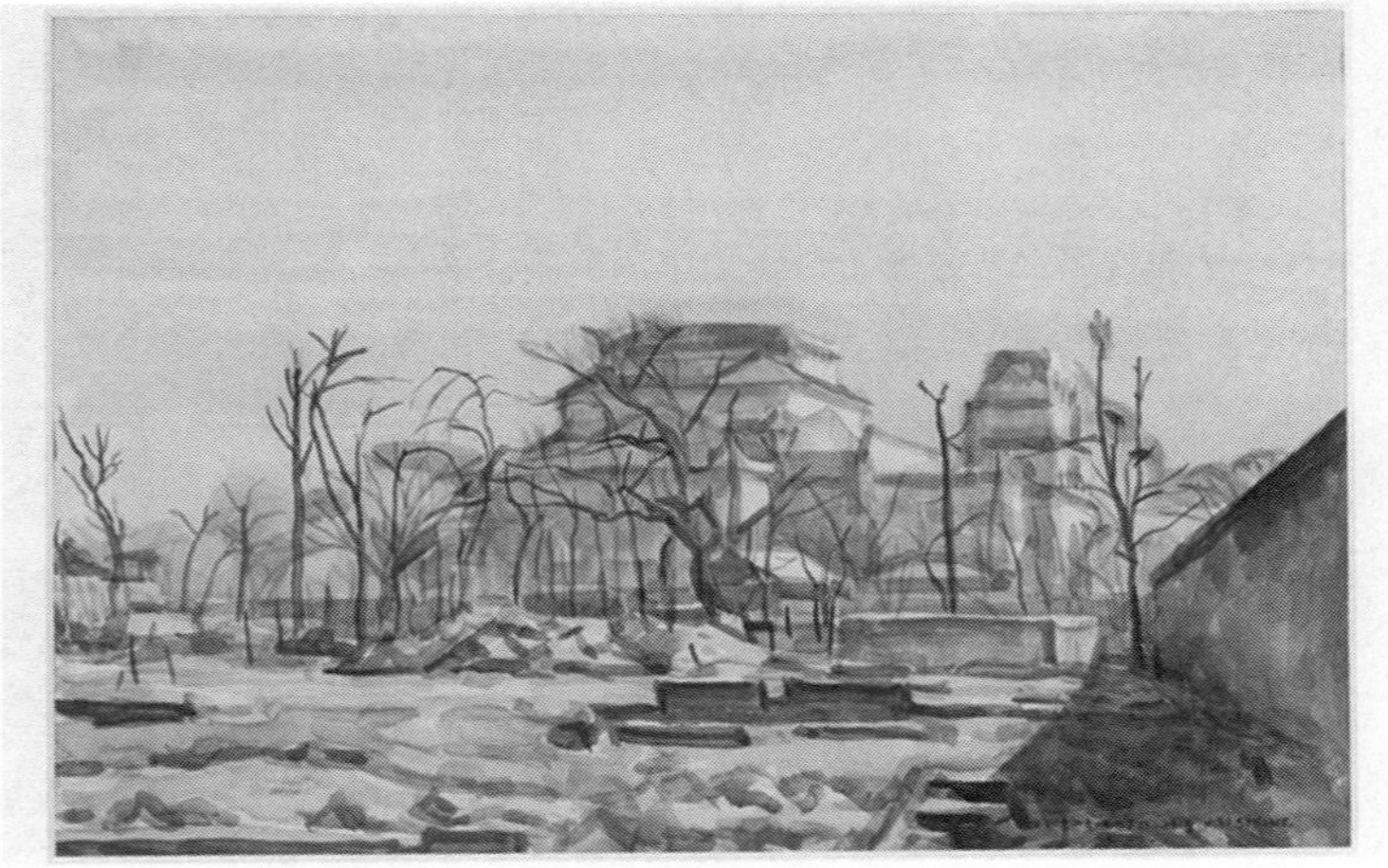

4　十亀広太郎《御茶之水ニコライ堂》
1924年、鉛筆・水彩・紙　32.2×48.2cm　東京国立近代美術館蔵
Photo: MOMAT/DNPartcom

世音菩薩像を描き、後世への警句で結んでいる[14]。帝展作家、京都の西村五雲（1877-1938）、は《関東大震災絵巻》を、また仏教画の桐谷洗鱗（1877-1932）は《大正地震火災絵巻》を描いた。淀橋町で被災した萱原黄丘（1896-1951）も《東都大震災過眼録》という複数巻の労作を残している[15]。寺社の被害が大きかった鎌倉では、藤原草丘（不明-1930）の《鎌倉震災絵巻》6巻がその情景をとらえている。また、福島県の教員、大原彌一（1862-1945）の作と推定される淇谷《関東大震災絵巻》2巻が近年発見され、朝鮮人虐殺に関わる描写が注目されている[16]。

木版画では、自画・自刻・自刷の創作版画が取り組まれていた時代であった。その主導者の一人であった平塚運一（1895-1997）の創作版画集『東京震災跡風景』が廃墟のたたえる情趣をとらえ、木村荘八（1893-1958）も版画集『荒都図絵』で味わい深い情景をとらえた。震災の翌年には、日本画家の磯田長秋、西澤笛畝、織田観潮、川崎小虎、田村彩天、桐谷洗鱗の6人の原画をもとに、彫師長島鬼一、摺師田村鐵之助の分業によって、『大正震災木版画集』も刊行されている。

なお、東京ほど絵画資料は多くないものの、被害の大きかった横浜では、元街小学校の教員だっ

[13] 河野通勢については、東京ステーションギャラリー（1998）、土方・江尻ほか（2008）がある。
[14] 堅山南風《大震災実写図巻》については、河北（1984）に収録されている。
[15] 萱原黄丘（白洞）《東都震災過眼録》については、北原・及部（2010）に詳しい。
[16] 淇谷《関東大震災絵巻》については、新井（2022）に詳しい。

た八木彩霞（1886-1969）が日記とともにスケッチを残した（横浜都市発展記念館・横浜開港資料館 2023）。また、プロの画家ではないが、震災体験を描く小学生の画帖なども多く残されており、『東京市立小学校児童　震災記念文集』のように書籍化されたものもある。

第6節　復興からの新たな表現の台頭

地震と火災によって住居を失った人々は、縁故を頼って地方へ避難したが、身寄りのない者は、バラックを仮の棲家として夜露をしのいだ。避難者の殺到した上野、日比谷、芝などの公園は、そのままバラック街へと変貌した。その焦土とバラックの立ち並ぶ風景こそ、新しい時代の文化を生み出す原動力となったのである。震災は古い町並みを破壊し、新しい都市へと変貌する転機となった。庶民の生活のための芸術というテーマがクローズアップされ、出版・デザイン・建築などの造形分野は、大きく活性化した。

復興に向けた美術界の関心は高く、むしろ震災を美術刷新の好機到来とする主張も珍しくなかった。雑誌『みづゑ』は、11月号を「革新美術号」とし、巻頭に春鳥会「みづゑ」同人による「私達のことば」を掲載した。「美術は今大きい試練の中に置かれてゐる」と前置きしながら、「然し見よ！9月1日の大震大火を――そして其れによりて起りし社会現象を！もはや人々は堕眠の為めの殿堂を築くのではなく、無為の貴族的精神に憧憬る丶ものでもない。彼等の求るものは生命であり、その心は平民の精神である」とし、今号を「平民芸術の為めに全部を解放した」と述べている。震災後かえって出版界は活況を呈し、翌年2月には新雑誌『アトリヱ』が創刊されている。

震災直後に大きく注目を集めた動向は、新興美術団体の一つ「アクション」同人を中心に10月結成された「バラック装飾社」である。避難民が暮らすバラックを取材し、新しい住居や店舗の意匠を提案し、実際にいくつもの建築装飾の仕事を手がけた。主なメンバーは、中川紀元、横山潤之助、浅野孟府、吉邨二郎、吉田謙吉、神原泰、今和次郎であった。この運動自体は長続きしなかったものの、今和次郎（1888-1973）や吉田謙吉（1897-1982）は、そうした調査活動を続けることで、街頭で世相や風俗を観察する「考現学」という学問を創始するにいたる。1927年10月、新宿紀伊国屋書店で開いた「しらべもの〔考現学〕展覧会」などは、そうした活動の成果であった。

また、日本のダダともいわれるグループ「マヴォ」（村山知義、門脇晋郎、尾形亀之助、大浦周蔵、柳瀬正夢ら）は、震災前の6月に結成され、7月に浅草寺伝法院で第1回展を開いたばかりであったが、震災後の11月に第2回展を東京市内10か所のカフェ・レストランで開催した。マヴォは機関誌『MAVO』を発行し、出版、建築、演劇など多面的な活動を展開していく。翌年10月、当時の前衛作家を糾合して「三科造形美術協会」が結成されたが、「三科展」会場には、廃材をコラージュして組み立てたような奇抜な立体作品が出現した。それは震災による都市の破壊と再生という時代背景抜きには理解できない表現だった。なお、「三科展」の名称は、官展である帝展に対抗した在野団体「二科展」

をも凌駕する革新性を主張したものである〔17〕。

1924年4月、竹之台陳列館で「国民美術協会」（中条精一郎会長）が主催する「帝都復興創案展覧会」が開催された（国民美術協会 1924a, 1924b）。参加団体は、国民美術協会、メテオール社、庭園協会、木材工芸学会、マヴォ、綜合美術協会、揚風会、分離派建築会、創宇社、ラトオ建築会であった。建築の専門家だけでなく、絵画や彫刻などを含む前衛的な美術グループが幅広く合流していた。復興事業は、新しい建築を志す人々にとって、実力を発揮しうる大きな機会であった。建築と美術の各部門が合流し、芸術界に新しいモダニズムが台頭しつつあったことを象徴している。

ところで、ドイツに留学していた演出家の土方与志（1898-1959）は、震災の報に接し、急遽帰国、建築規制が緩和されたことを知ってバラック劇場の開設を思いついた。そこで先輩演出家の小山内薫（1881-1928）とともに翌年6月、ドーム型に湾曲したクッペル・ホリゾントをもつ500席に近い「築地小劇場」を創設した〔18〕。同劇場は、1930年代に入ると、新興建築運動の主要な建築家である山口文象によって改築を施されたが、東京大空襲で焼失するまで、東京における前衛演劇・文化運動の重要な拠点となった。まさに震災廃墟のバラックから、総合的な新しい文化の発信が行われたのである。

第7節　震災からの復興と祈念・追悼

大正末から昭和初期にかけての「帝都復興」は、国家的プロジェクトであった。内務大臣兼帝都復興院総裁の後藤新平による巨額の復興事業は、当初計画の大幅な縮小にも関わらず、東京の景観を大きく作り変えるインパクトをもたらした。復興建築では、耐震性や耐火性が重視され、鉄筋コンクリートによる街並みが整備されていく契機となった。土地の区画整理が断行され、幹線道路が配置された。墨田、浜町、錦糸などの復興公園、各地に復興小学校が建設され、また同潤会による復興住宅も建設された。生活環境そのものの近代化が進められたのである。

復興を象徴する建築家の一人に、東京帝国大学教授の伊東忠太（1867-1954）がいる。1927年に大倉集古館、1934年に築地本願寺、神田明神本殿などを完成させた。いずれの施設も日本・東洋の伝統的意匠を活かした鉄筋コンクリートによるユニークな建築として復活した。1926年5月には、歌舞伎座も手がけた岡田信一郎（1883-1932）の設計による東京府美術館（東京都美術館の前身。現在の建物は1975年の前川國男の設計によるもの）が竣工した[19]。岡田は、画家の岡田三郎助らとともに、

［17］　マヴォや三科などの大正期新興美術運動については、村山（1971）、五十殿（1998, 2001）に詳しい。
［18］　築地小劇場については、竹葉（1999）が参考になる。
［19］　東京府美術館の開館については、東京都現代美術館（2005）が参考になる。

東京の景観を改善すべく綜合美術協会を発足させていた。日本初の公立美術館ともいえる東京府美術館の開館は、帝都復興を象徴する出来事でもあった。同年、明治神宮外苑の聖徳記念絵画館も完成しており、東京はにわかに美術館時代の幕開けとなった。

1930年3月、東京では帝都復興の完成式典が挙行された。その中核的な施設として一度は廃墟となった本所の被服廠跡（現・東京都立横網町公園）に、伊東忠太の設計による震災記念堂（現・東京都慰霊堂）と復興記念館が建設された（高野 2010）。震災記念堂は和風、復興記念館は洋風の意匠が凝らされており、和魂洋才を表象しているともいえる。復興記念館の発足によって、震災にまつわる多くの資料が収蔵・展示されることになった。

震災記念堂と復興記念館の展示品の中でも、ひときわ光彩を放つのが、徳永仁臣（1871-1936）による「震災絵画」の大作25点であろう［20］。徳永は若い時分に二世五姓田芳柳に学び、一字もらって柳洲を号した

5　徳永仁臣《当夜の永代橋》
1923年、油彩・キャンバス　170×178cm　東京都復興記念館蔵
画像提供：東京都復興記念館

が、パリのアカデミー・ジュリアンに留学したこともある光風会の実力画家だった。「移動震災実況油絵展覧会」で全国各地を巡回したのちに、後藤新平の推薦で東京震災記念事業協会によって買い上げられ、1929年9月、日比谷公園の東京市政会館での「帝都復興記念展覧会」で陳列された。鑑賞者からは「徳永柳洲画伯の筆には泣かされました」との意見もよせられるほどの評判だったという。

復興記念館の2階には、のちの昭和天皇となる摂政宮を描いた徳永の《麹町5番地御巡視摂政宮殿下》と、東京の焼け跡を描いた徳永の壮観なパノラマ図《上野公園より見たる灰燼の帝都》(1923)が展示されている。それと対面して有島生馬(1882-1974)の歴史物語風の大作《大震記念》(1931)が飾られている[21]。有島は二科展会場で地震に遭遇した。その体験をもとに描かれた《大震記念》は、実業家の安田善次郎が購入し、記念館に寄贈したもので、震災にまつわる人物や出来事をコラージュしたモニュメンタルな作品である。

そのほか記念館には、同じく二科会の石井柏亭(1882-1958)の《御心を悩ませられる摂政宮殿下》、

[20] 徳永仁臣については、岡山県立美術館(2013)がある。

[21] 『一つの予言――有島生馬芸術論集』(1979)の口絵には、《大震記念》の人物図解が掲載されている。また本作について、長女の有島暁子による次の回想がある(有島 1977)。

二世五姓田芳柳（1864-1943）の《春日町より水道橋を望む》が収蔵されている。五姓田は、日本赤十字社の依頼で救護活動を記録しており、同社東京都支部に油彩《関東大震災当時の宮城前本社東京都支部救護所の模様》（1926）を残している。また1925年創刊の超国家主義雑誌『原理日本』同人であった田代二見（1890-1960）も、震災後の風景をスケッチ風の油彩で描いており、復興記念館と東京国立博物館に多くの作品を残した。

ところで、制作の時期は下るが、東京美術学校西洋画科教授、和田英作（1874-1959）の《山本内閣親任式の図》（1936）という、摂政宮が新たな山本権兵衛内閣に対し、停電の暗闇の中で親任を与える場面を描いた2点組の油彩画がある〔22〕。前首相の加藤友三郎の死去に伴う組閣作業中に地震が襲い、内田康哉臨時首相の下で戒厳令を決定し、新内閣が発足したのは地震の翌日2日の夜のことであった。昭和天皇の命により制作され、1936年の震災記念日に献納された。当時の政治史を絵画化した貴重な作例といえる。

また、祈念・追悼のための彫刻作品では、現在の横網町公園内に《震災遭難児童弔魂像》（1929）がある。もとは帝展作家の小倉右一郎（1881-1962）が依頼を受けて制作したものだが、戦時の金属類回収令で一時失われた。今見られるものは、戦後に津上昌平、山畑阿利一が再制作したものだ。小倉の作品は公開されるや、陰惨な感じを与えるという意見が出て問題となったようで、随所に変更された箇所がある。

さらに、江東区平野の浄心寺境内には、地元の人々が3周忌に建立した《蔵魄塔》（関東大震災殃死者慰霊塔〉（1925）がある。東京美術学校彫刻科教授だった日名子実三（1892-1945）によるものだ。真っ白な半球形にうな垂れる裸婦像を配した抽象的でモダンな造形で、遺骨を安置する慰霊のモニュメントである。日名子は、すでに帝都復興創案展において《死の搭》《江戸東京文化炎上碑》を出品し、プライスカップを受賞していた。そのほか、台東区千束の吉原神社（弁財天）には、観音像をいただく《大震火災殃死者追悼紀念碑》（1926）がある。

なお、中央区銀座の数寄屋橋交差点には、１９３３年に震災共同基金会が建立した震災10周年記念塔がある。そこには北村西望（1884-1987）制作によるブロンズの青年像《燈臺》（灯台）が設置されている。台座には、朝日新聞社が全国から募集して選ばれた標語「不意の地震に不断の用意」が掲げられた。追悼のモニュメントは復興のシンボルへと変化し、防災意識を啓発する屋外彫刻にもなった。

[22] 本図については、宮内庁書陵部図書課宮内公文書館（2013）に解説がある。

第8節　震災の青年美術家たちへの影響

ときに歴史的な大事件は、作家の活動を大きく変えてしまうことがある。とくに多感な時期にある青年の場合は、決定的である。震災は若い美術家の進路にも影響を与えた。関東大震災は、若い美術家にどのような影響を与えたのか。それは必ずしも作品の主題となるわけではないため、明確に指摘することは難しいが、ここでは2人の象徴的な例をとりあげておく。

1人は、柳瀬正夢（1900-45）である［23］。

愛媛県出身で上京して活動していた柳瀬は、未来派美術協会やマヴォなど前衛美術運動の最先端にいた作家である。震災時には、進歩的な政治学者であった大山郁夫宅で留守番をしていたために、その夜中野町の下宿先で憲兵に連行された。住民からは朝鮮人と罵倒され、憲兵隊に危うく殺されかける体験をした。警察に拘留され、釈放されたのち、震災後の風景を3冊のスケッチ帳に残している。

柳瀬も同人であった社会主義雑誌『種蒔く人』は震災で廃刊に追い込まれた。翌年1月には別冊『種蒔き雑記』を出して、社会主義者の平沢計七や河合義虎ら10人の労働運動の活動家が亀戸警察署に捕らえられ、殺害された亀戸事件の犠牲者を追悼した。柳瀬は当時の弾圧事件のことをよく知る立場にあった。

やがて震災から3年を経た1927年1月、日本漫画家連盟機関誌『ユウモア』に、柳瀬は「自叙伝」を書いたが、それは次のような印象的な文章で始まっている（柳瀬 1927）。

彼が自叙伝を書くといふ。借越の至りであるだが恐らく彼はこれを最初にして最後のものとするであらう。

来順番好機不可逸。この機会にでも彼の一生活過程を整理し、同時に即刻彼のこの過去帳を埋葬せねばならない。ぼやけた彼の記憶よ、安らかに成仏しろ！

彼の生年？大正十二年。

月日は？九月一日。

全く真面目で言つてゐるのである。彼はぐうだらでありし過去の襤褸をば此の日きれいさつぱりと棄てたから、関東大震災の焼土の中に。

そして彼の更生使命は？

組織的無産階級解放運動。

彼は今、用意の漫画をしつくり履き終へた処なのである。昭和二年一月二日。比の日までを彼の発展過程に於ける第一段階と彼は称してゐる。

[23] 柳瀬正夢については、北九州市立美術館（2013）、井出（1996）が参考になる。

震災によって自分が生まれ変わり、プロレタリア運動へと進む決意が語られている。『種蒔く人』の精神を受け継ぎ、震災翌年に創刊された社会主義雑誌『文藝戦線』の編集に関わり、柳瀬はそこで震災体験をもとにした漫画も描いている。柳瀬は1925年に創刊された日本共産党合法機関紙『無産者新聞』で本格的なプロレタリア漫画家として活躍することになった。

もう一人は、東京美術学校西洋画科の学生、永田一脩（1903-88）である［24］。

東京美術学校は、日本で唯一の官立の美術学校であり、永田は帝展にも入選した洋画家志望の美術学生だった。「二科展」で活躍中の友人、横山潤之助（1903-71）の白山御殿町の家で地震に遭遇し、神田にあった実家を焼失した。自警団に朝鮮人と間違われてとり囲まれたところを、画家の高畠達四郎（1895-1976）に助けられた。震災後の精神状態を、のちの「自伝」で次のように述べている（永田 1983）。

この様な地震の被害による生活環境の変化によって、自然にニヒリズム的な思想に追いやられていった。そして写実的な絵画から、当時のヨーロッパの新しい絵画運動の影響を受けて、立体派風の絵を描き、アンドレ・ロートの絵画論に引きつけられたりした。ソヴェート・ロシアの構成主義（コンストラクチュビズム）や新劇運動、特にメイエルホリドにも興味を持つようになった。これには弟からの影響もあったようだ。とはいっても弟は当時はモスコー芸術座やスタニエラフスキーに眼を向けていたのだったが。美校の4年生の時（1925）同級生の染木煦や建築科の山脇巌などと、丸善（日本橋）の画廊で舞台装置の展覧会をやったりもした。

一度は虚無的な気分に陥るも、それが契機となって新しい芸術思潮に開眼していった様子がうかがえる。前衛芸術や演劇運動への関心から、築地小劇場に出入りし、プロレタリア文学を主導した文芸評論家の蔵原惟人に出会ったりもした。永田は、1928年11月の第1回「プロレタリア美術大展覧会」に、《プラウダを持つ蔵原惟人》を出品し、プロレタリア美術運動に加わるようになる[25]。

このように日本人でありながら、自警団に襲われたという体験には多くの証言があり、実際に殺されてしまった例もある。演劇人の千田是也（1904-94）が、そうした体験をもとに自分の芸名にした（「千駄ヶ谷のコリヤ」の意味）という話は、つとに有名である。関東大震災における、自然災害よりも人災としての側面が、若い美術家たちに与えた影響は計り知れない。

[24] 永田一脩については、山口（2013a, 2013b）の研究がある。
[25] 戦前のプロレタリア美術運動については、当事者が戦後にまとめた岡本・松山（1972）がある。

第9節　関東大震災が美術にもたらした影響

これまで関東大震災のとき美術家は何をしてきたのかを概観してきた。筆者は、関東大震災が日本の近代美術史に与えた影響として大きく次の3点が指摘できるのではないかと考えている。

第一に、モダニズムを受容する社会意識が、日本に広く形成されたことである。都市の破壊と復興を通じて、モダンな都市文化が発達する条件が整った。美術館が整備される時期にあたり、美術を受容する大衆が台頭する時期にも重なっていた。東京における女性の洋装が普及したのも震災が契機といわれるが、復興が人々の生活そのものを西洋化・近代化する起爆剤となったのである。震災に前後する「モボ・モガ」の流行も、震災による生活スタイルの変化が寄与している[26]。

第二に、アヴァンギャルド運動の根幹となるダダイスム精神を美術界が受容したことである。ダダの提唱者トリスタン・ツァラの「ダダは何も意味しない」のように、震災体験は、芸術における現実世界との意味の切断をもたらした[27]。ヨーロッパにおけるダダ発生には、国土が戦場となる第一次世界大戦という極限状況が存在した。しかし、日本ではそのような状況はないまま、先鋭な思想だけが流入していた。高橋新吉『ダダイスト新吉の詩』は震災の年の2月に出版され、マヴォも震災直前の6月に結成されていたが、そうした思潮の萌芽が震災によって大きく成長した。

第三に、社会主義の思想的表現を台頭させるきっかけになったことである。普通選挙運動に代表される大正デモクラシーの高揚、ロシア革命の影響も受けて国内への共産主義の浸透を政府は恐れていた。震災直後の当局による弾圧は、非常時における国家権力の凶暴さを見せつけるだけでなく、自警団という民間人の暴力といった社会の不条理を露呈させた。関東大震災における青年たちの過酷な体験は、プロレタリア運動への伏線となった。大正期新興美術からプロレタリア美術への展開には、この震災体験が大きく関与している。

現代にも通じる美術の役割

これまでみてきたように、地震直後の救援にはじまり、報道、記録、追悼、復興といった機能を美術が担ってきたことがわかる。このような美術の働きは東日本大震災の際にも現れていた。現代が当時と異なるのは、テレビやインターネットのような速報性のあるメディアが発達したこと、写真や映像などを採り入れたハイテクノロジーが前提にあることだ。絵画のように時間も手間もかかる表現手法は、今日ではあまり有効とはみなされない。だが、関東大震災では、絵画のような美術表現が大きな役割を果たしたのである。

[26]「モボ・モガ」は「モダンボーイ・モダンガール」の意味で、関東大震災後の東京の風俗を表す流行語となった（神奈川県立近代美術館学芸課・水沢 1998）。

[27] 既成の価値観を否定するダダイスムの運動にとって、「ダダは何も意味しない」は「ダダ宣言1918」の最も重要なメッセージとなった（ツァラ 2010: 25）。

また、関東大震災と東日本大震災を比較するとき、共通する問題として浮かび上がるのが、人災としての側面である。すなわち、東日本大震災における福島原発の事故は、たんなる自然災害とはいいがたい。震災以後、少なくない美術家たちがこの原発問題を作品化しようと取り組んだ。そのことは関東大震災を契機として社会への問題意識を深めた当時の美術運動との類似性を感じざるをえない。震災は時代を超えて社会と向きあう美術を生み出すきっかけとなったのである。

日本の近代美術史をふりかえるとき、1945年の終戦は大きな区切りとして認識されている。しかし、1923年に起きた関東大震災のことは、その重要性に比して十分に認識されているとはいいがたいように思う。近代日本が直面したこの大災害は、文化史上一つの画期となる出来事であり、その歴史的な意義をとらえることは、今日を生きる私たちにとって大きな示唆を与えてくれるのではないだろうか。いまも残る作品は、関東大震災の記憶を伝え、当時の美術家の想いを伝えてくれる。それが、絵画、そして美術の役割なのである。

本稿は、『府中市美術館研究紀要　第18号』（府中市美術館、2014年3月）に執筆した論文「関東大震災と美術――震災は美術史にどのような影響を与えたか」を大幅に書き直してまとめたものである。

参考文献

京都文化博物館 編（2021）『伝える――災害の記憶　あいおいニッセイ同和損保所蔵災害資料』ＮＨＫサービスセンター

尾原宏之（2012）『大正大震災――忘却された断層』白水社

武村雅之・北原糸子 監修（2013）『関東大震災――一九二三年、東京は被災地だった』公益財団法人東京防災救急協会

姜徳相（1975）『関東大震災』中公新書

吉村昭（1977）『関東大震災』文春文庫

北原糸子（2011）『関東大震災の社会史』朝日新聞出版

日本美術院百年史編纂室（1995）「関東大震災と日本美術院」日本美術院百年史編纂室 編『日本美術院百年史　五巻』財団法人日本美術院、903-922頁

瀧悌三（1985）「二科七十年史　物語編　Ⅲ――疾風怒涛の十年」二科七十年史編集委員会 編『二科七十年史　戦前編（1914〜1943）』社団法人二科会、78-161頁

内務省社会局（1926a）「大正震災志附録　第一篇――藝術品並に私的古物及古典籍の損害」内務省社会局 編『大正震災志　下』岩波書店

内務省社会局（1926b）「大正震災志外篇　第六篇――諸外国の同情」内務省社会局 編『大正震災志　下』岩波書店

内務省社会局（1926c）『大正震災志　写真帖』岩波書店

木村松夫・石井敏夫 編（1990）『絵はがきが語る関東大震災――石井敏夫コレクション』柘植書房

公益財団法人台東区芸術文化財団・台東区下町風俗資料館 編（2012）『関東大震災と復興の時代』公益財団法人台東区芸術文化財団・台東区下町風俗資料館

国立歴史民俗博物館 編（2014）『企画展示　歴史にみる震災』歴史民俗博物館振興会

槌田満文 解説（2003）『夢二と花菱・耕花の関東大震災ルポ』クレス出版

黎明社編輯部 編（1923）『震災画譜――画家の眼』黎明社

和田博文 監修・編（2007）『コレクション・モダン都市文化　第26巻――関東大震災』ゆまに書房

太田政之助（1923）『ペン画集――避難から帰還迄』天橋書房仮営業所

太田政之助（1996）『関東大震災――実況記録・ペン画集　大正一二年九月一日・報道画家太田政之助の見た大震災』あまのはしだて出版

前田興（2009）「鹿子木孟郎から見た関東大震災」『大正イマジュリィ』4号、大正イマジュリィ学会、6-17頁

府中市美術館 編（2001）『鹿子木孟郎展――師ローランスとの出会い』府中市美術館

東京都現代美術館 編（1998）『東京都現代美術館 収蔵作品図録Ⅱ１９９８』東京都現代美術館
前田興 監修・朝日新聞社 編（1998）『池田遙邨 関東大震災スケッチ展――新発見の作品を中心に』朝日新聞社
倉敷市立美術館（1994a）『倉敷市立美術館所蔵品目録』倉敷市立美術館
倉敷市立美術館（1994b）『池田遙邨 資料集』倉敷市立美術館
鎌倉国宝館 編（2023）『特別展 大正地震一〇〇年・元禄地震三二〇年――2つの関東大震災と鎌倉』鎌倉国宝館
東京ステーションギャラリー 監修・稲田威郎・袖花文 編（1998）『大正リアリズムを描く――河野通勢展』財団法人東日本鉄道文化財団
土方明司・江尻潔・瀬尾典昭・木内真由美（2008）『大正の鬼才 河野通勢――新発見作品を中心に』美術館連絡協議会
北原糸子・及部克人 編（2010）『関東大震災を描く――絵巻・漫画・子どもの絵』神奈川大学非文字資料研究センター
新井勝紘（2022）『関東大震災――描かれた朝鮮人虐殺を読み解く』新日本出版社
横浜都市発展記念館・横浜開港資料館 編（2023）『関東大震災一〇〇年 関東大震災と横浜――廃墟から復興まで』公益財団法人横浜市ふるさと歴史財団
東京市学務課 編（1924）『東京市立小学校児童 震災記念文集』培風館
村山知義（1971）『演劇的自叙伝2』東邦出版社
五十殿利治（1998）『大正期新興美術運動の研究 改訂版』スカイドア
五十殿利治（2001）『日本のアヴァンギャルド芸術――〈マヴォ〉とその時代』青土社
国民美術協会（1924a）「復興展特別号」『国民美術』1巻5号、国民美術協会
国民美術協会（1924b）「復興創案展覧会（国民美術協会）」『建築新潮』5巻6号、洪洋社、１６２-１７４頁
竹葉丈 企画・監修（1999）『新興の烽火 築地小劇場とその時代――舞台・美術・写真』名古屋市美術館
東京都現代美術館 編（2005）『開館一〇周年記念 東京府美術館の時代――１９２６-１９７０』東京都歴史文化財団東京都現代美術館
高野宏康（2010）「「震災の記憶」の変遷と展示――復興記念館および東京都慰霊堂収蔵・関東大震災関係資料を中心に」『年報 非文字資料研究』6号、神奈川大学非文字資料研究センター
岡山県立美術館 編（2013）『関東大震災から九〇年 知られざる震災画家 徳永仁臣―柳洲―』岡山県立美術館
有島生馬（1979）「備忘記」『一つの予言――有島生馬芸術論集』形象社、４６４-４７６頁（初出は、『改造』１９２３年10月）
有島暁子（1977）「蓮池の畔」神奈川県立近代美術館 編『近代洋画の先駆者の全貌――有島生馬展』日本美術館企画協議会
宮内庁書陵部図書課宮内公文書館（2013）『摂政宮と関東大震災――宮内庁の記録から 改訂版――昭和天皇記念館・宮内庁宮内公文書館共催展示図録』宮内庁書陵部図書課宮内公文書館

北九州市立美術館編（2013）『柳瀬正夢――1900-1945』読売新聞社・美術館連絡協議会
井出孫六（1996）『ねじ釘の如く――画家・柳瀬正夢の軌跡』岩波書店
柳瀬正夢（1927）「自叙伝」『ユウモア』2巻2号
山口泰二（2013a）「永田一脩とプロレタリア美術運動（1）」『美術運動史研究会ニュース』136号
山口泰二（2013b）「永田一脩とプロレタリア美術運動（2）」『美術運動史研究会ニュース』137号
本の街編集室編（1989）『追悼 永田一脩』鳥海書房
岡本唐貴・松山文雄編（1972）『日本プロレタリア美術史』造形社
神奈川県立近代美術館学芸課・水沢勉編（1998）『モボ・モガ 1910-1935展』神奈川県立近代美術館
ツァラ（2010）『ムッシュー・アンチピリンの宣言――ダダ宣言集』塚原史訳、光文社古典新訳文庫

第6章

手記集

「読む」まえに「ある」ものとして

高森順子
情報科学芸術大学院大学
産業文化研究センター研究員

1984年、兵庫県神戸市生まれ。大阪大学大学院人間科学研究科単位修得満期退学。博士（人間科学）。専門は、災害の記録・表現研究。2010年より「阪神大震災を記録しつづける会」事務局長。著書に、『10年目の手記——震災体験を書く、よむ、編みなおす』（共著、生きのびるブックス、2022年）、『震災後のエスノグラフィ——「阪神大震災を記録しつづける会」のアクションリサーチ』（明石書店、2023年）など。

第1節　開かない手記集、読まれない手記

――ご自身の手記はどこに置いてあるんですか。

すぐ読めるところに置いてある。

――どこに置いているんですか。

いつもラジオの仕事をするときに、海側の机にステレオを置いていて、山側に本棚が置いてあって、そこに並べて入れている。

――取り出さないけれども、背表紙は見えている？

カーテンをかけているけれども、カーテンを開けたら見える。

――でも、ほぼ取り出すことはない？

取らないね。読まれることを前提に書いている人もいると思うんですよ。でも私は……。

――眞治さんは読まれることが前提じゃない。

（笑）。

——ちょっと待ってください（笑）。（阪神大震災を記録しつづける会 2020: 25-26）

筆者は、阪神・淡路大震災の体験手記を集め、出版する市民団体「阪神大震災を記録しつづける会」（以下、「記録しつづける会」）に途中参加し、現在はその活動を率いる立場にいる。同会は、筆者の伯父である高森一徳を代表として、震災から約2ヶ月後の1995年3月に発足し、現在までに12冊の記録集（11冊の手記集と、1冊のインタビュー集）を出版している。

冒頭で紹介したのは、2020年に出版された記録集『筆跡をきく——手記執筆者のはなし』に掲載されている、同会の手記執筆者の1人である眞治かおりのインタビューの一部である。2018年7月に行ったインタビューで伺ったことは、震災から3年目の1998年、10年目の2005年、20年目の2015年に同会の手記集に収録された彼女の手記が、いつ、どこで、どのように書き綴られていたのかということだった。それは、20年かけて彼女が身につけた「執筆の技術」を紐解く時間となった。

インタビューが終盤に差し掛かる頃、自らの手記を読んでほしいとは必ずしも思わないと彼女が考えるに至った理由を話しはじめた。「読まれることを前提に書いている人もいると思うんですよ。でも私は……」と言葉を探す彼女に、インタビュアーである筆者は「眞治さんは読まれることが前提じゃない」と、さきほどの言葉の意味するところを確かめている。それに彼女は笑い、筆者は思わず「ちょっと待ってくださいね（笑）」と、その言葉への戸惑いをそのままに言葉として返している。自ら手記集を開くことも、また、読むことも、滅多にない。他の人に手記集を読んでほしいとも思わない。彼女は、同会の20年目の手記集の編集者であり、彼女に手記執筆を依頼した筆者に気を遣いながら、「［手記が掲載されていること自体が］ありがとうございます、なんやね」と言葉を添えた。

彼女のこのような語りは、自らの手記にたいしても、それが収録された手記集にたいしても、関心が無くなってしまったことを示す言葉に捉えられるかもしれない。または、一般に広く流通することは少なく、一部の関心のある人々にのみ届くメディアであることへの諦念のような気持ちとも捉えられるかもしれない。

断っておけば、「記録しつづける会」の執筆者がみな、手記集を読まれなくとも構わない、と言っているわけではない。「読まれなければ意味がない」と言い切る人もいるし、読まれる機会を自らつくるため、手記集を配り歩く人もいる。ただ、同会の執筆者には、多かれ少なかれ、手記集が読まれることにかんする共通した経験をもち、それによって培われた軽やかにみえる態度がある。

手記執筆者は、手記集を読むという行為をコントロールできないという経験を繰り返している。必ず読んでほしいと手渡した人が、手記集を大切にするあまりに、読まずに仏壇に飾ったままにしていたり、一向に感想を寄越さなかったりする。一方で、執筆していたときには予想もしなかった場所から感想が届いたり、手記の言葉に「救われた」とまで言われ、感謝されることもある。そういう経験の繰り返しから生まれる態度には、長年、震災手記を書いてきたという事実から想像されるような「執着」や「こだわり」といったものがほとんど前景化していないといっていい。そのあまりにあっけらかんとした態度には拍子抜けするほどである。しかし、よくよく考えれば、そのような「執着」や「こだわり」を積極的に手放さなければ、手記を書いて投稿するという行為を続けることはできないことも推察される。

本章では、このような手記執筆者と手記集のあいだの軽やかにもみえる関係がいかにして作られていったのかを、同会の活動を詳細に記述し検討することで、手記集というメディアの特性を明らかにする。そのメディア特性を検討するにあたっては、書籍というメディアが引き起こす行為としてて想定されうる「読む」ではなく、それ以前のふるまいとしての「触れる」、「置く」、「手渡す」などの、一つのまとまりとして質量をもつモノにたいする行為や、モノとして存在するということそれ自体に着目する。なぜなら、少なくとも「記録しつづける会」の手記執筆者たちは、手記集が読まれることと同様に、あるいはそれ以上に、手記が掲載され、それが手記集という「モノ」として存在することに、経験的な重みを感じているからである。冒頭に引用した彼女の言葉を借りるならば、「読む」ではなく、「すぐ読めるところに置く」という行為から、執筆者と手記集の関係を検討する。

第2節　「阪神大震災を記録しつづける会」の活動変遷

「阪神大震災を記録しつづける会」がはじめて手記集を出版したのは、地震が発生した1995年1月17日から約4ヶ月半後の同年5月30日である。そこから、同会の代表である高森一徳を編集者として、震災から10年目の2005年1月17日まで、1年に1冊のペースで手記集を出版してきた。現在では電子書籍も一般流通しているが、当時は書籍化し出版するということはすなわち「紙の本」を生み出すことを意味した。

したがって、同会の変遷は、書籍というメディアの変遷と切り離すことができない。また、筆者を含む、高森家という家族のライフヒストリー、特に、戦争と震災という災厄と切り離すことができない。そのため、メディアの変遷と、高森家というひとつの家族の変遷を織り込みながら、同会の活動がいかに展開されていったのかを記述する。

「阪神大震災を記録しつづける会」の設立

「阪神大震災を記録しつづける会」は、1995年2月15日に、当時、神戸市中央区で印刷業を営んでいた高森一徳を中心にして設立された。同会の活動の主眼は同会の名称に記されている通り「阪神大震災」という出来事に関する「記録」を「つづける」ということである[1]。そして、その「阪神大震災」の「記録」の手立てとは、人びとが執筆した手記を集め、手記集という形に編集して出版するということであった。地震の影響で水道管が破裂した影響で事務所は水浸しの状態であったが、印刷業を営むうえで必須の機材であった輪転機が無事であったことから、生業を活かして何らかの事業を立ち上げられないかと考え、閃いたのが手記集の出版事業であった。

なぜ一徳はそう思い至ったのか。一徳の父、康夫は、1945年8月6日に原子爆弾が広島に投下された数日後に、軍の命令で被爆地の調査のために足を踏み入れていた。それが被爆者として認定される条件に当てはまることは認識していたが、被爆者手帳の交付申請をしないまま晩年を迎えていた。被爆から40年近く経過した1986年に、ようやく申請手続きをした。

被爆から約40年が経過していたにもかかわらず申請が認められたのは、被爆地の状況にかんする康夫の証言が、同時期に同場所にいた人物の証言と一致したからであった。康夫は、爆心地周辺の太田川にかかる橋のたもとに「国破れて山河在り」の文字がチョークで記されていたと証言した。チョークで書かれた文字は数日で風化し、消えて無くなってしまう。同様の証言が行政所管の記録として残っていたことから、康夫の証言は、原爆投下直後に被爆地にいたことを示すものであると認められた。これが決め手となり、康夫は1986年7月2日に被爆者健康手帳を受け取ることができた。

一徳は、父の康夫が手帳を受け取るまでのその手続きに立ち会っていた。そして、父親の経験を通じて、「些細な記録こそ残すことが大切である」と理解した。それから10年経たずして、阪神・

淡路大震災に遭った。

　1995年1月当時、被災地の人びとが記録を発信する方法は限られていた。同年10月に、インターネットが一般家庭に爆発的に普及する契機となる、マイクロソフト社のOS「Microsoft Windows95」が日本リリースされていることからも、インターネット黎明期であったことがわかる。2011年の東日本大震災のメディア環境と比べるならば、facebookやtwitterなどのソーシャル・ネットワーキング・システム（SNS）を通じて、リアルタイムに自らの体験を社会に共有することを可能とするデジタルメディアが一般に普及した時代感覚とは異なる状況があった。

　そのようなメディア環境において、震災体験の手記を募集し、手記集として出版するということは、市井の人びとの個人的で詳細な記録を残すための基本に倣った合理的な手法であったと考えられる。一徳は「些細な記録こそ残すことが大切である」という理念をもち、手記集を出版することを決めた。会を立ち上げた当初から、手記集は複数冊、数年にわたって出版することを念頭に置いていた。その意志は、同会の名前を「記録する会」ではなく「記録しつづける会」としたことから

［1］　気象庁は当該の地震動を「平成7年（1995年）兵庫県南部地震」と命名、その後、被害が甚大であったことに伴い、政府は「阪神・淡路大震災」と命名している。「阪神大震災を記録しつづける会」が使用した災害名称には「淡路」が抜けているが、それは当時の新聞やテレビメディアが「阪神大震災」を頻繁に使用していたことが影響していると思われる。ただ、投稿された手記には、淡路島に関わる体験もある。

も窺い知ることができる。

手記集第1巻の出版

同会の最初の活動は、「震災にかかわったすべての人」を対象に、「原稿用紙5枚程度（用紙・字詰め不問）の自作未発表の体験記、および関係写真」を募集するプレスリリースを送ることであった。関西を中心に新聞やテレビ、ラジオ各社にファックスを送った。これが本格的な手記募集の開始時期であり、同会の実質的な発足となった。

同年2月24日、同会は手記募集を知らせるポスターを同会の活動に協力する個人や団体に送り、それらはまもなく阪神地区の避難所等に掲示された。ポスターは日本語の他に、韓国語、中国語、英語にも翻訳され、外国にルーツを持つ人びとからの手記が広く寄せられることも目指された。3月1日、2日には神戸新聞と朝日新聞（阪神版および国際衛生版）に募集広告を掲載した。

地震から約4ヶ月半後の5月30日、第1巻『阪神大震災——被災した私たちの記録』が朝日ソノラマから出版された。手記集の出版活動は、約1年に1回のペースでおよそ10年にわたって続いた[2]。第10巻の手記募集締め切りの2004年9月に至るまで、約10年間に同会に投稿された手記は1134篇にのぼる。そのうち、日本語以外の言語による投稿は約1割に相当する107篇であった。投稿された手記は、同会の呼びかけに賛同した学識者やボランティアによって構成された選考委員会によって選り分けられ、うち438篇が手記集に掲載された[3]。投稿された手記の支持体、すなわち原稿用紙やフロッピーディスクなどの記録媒体というモノは、阪神・淡路大震災に関する展示施設であり、資料収集機関である「人と防災未来センター」に寄託され、保存されている［4］。
　表は、出版された全10巻の手記集の基本情報（タイトル、出版元、締切日、発行日、頁数、手記の掲載本数）である。応募数を見ると、地震発生から約2ヶ月で240の手記が寄せられたことがわかる。代表の一徳は第1巻のまえがきでこう記している。

手記は「1995年」3月6日

	タイトル	出版元	原稿締切日	発行日	頁数	応募数	掲載数
1	阪神大震災 被災した私たちの記録	朝日ソノラマ	1995/3/15	1995/5/30	293	240	73
2	阪神大震災 もう一年、まだ一年	神戸新聞 総合出版センター	1995/10/31	1996/4/1	269	229	68
3	まだ遠い春 阪神大震災3年目の報告	神戸新聞 総合出版センター	1996/10/31	1997/6/30	297	185	54
4	今、まだ、やっと… 阪神大震災それぞれの4年目	神戸新聞 総合出版センター	1997/10/31	1998/6/15	198	134	52
5	阪神大震災 私たちが語る5年目	神戸新聞 総合出版センター	1999/1/31	1999/7/30	269	120	61
6	阪神大震災 2000日の記録	神戸新聞 総合出版センター	2000/1/31	2000/8/10	238	82	40
7	阪神大震災 7年目の真実	阪神大震災を 記録しつづける会	2001/1/31	2001/6/30	111	36	19
8	阪神大震災8年目 記憶の風化と浄化	阪神大震災を 記録しつづける会	2002/1/31	2002/9/30	29	14	8
9	阪神大震災体験手記 第9巻　記録と記憶	阪神大震災を 記録しつづける会	2003/1/31	2003/9/30	62	36	15
10	阪神大震災から10年 未来の被災者へのメッセージ	神戸新聞 総合出版センター	2004/9/30	2005/1/17	262	58	44

表　「阪神大震災を記録しつづける会が出版した手記集全10巻の基本情報

の月曜日までに31通しか集まらず、その週末の金曜日になっても累計で66通にしかならなかった。ボランティアの方々の数はかろうじて超えたので、これでよしとしなければならないのか、急作りの会に手記を投稿してくださいという企画に無理があったのかもしれないなどと考えていた。

締め切りの［1995年3月］15日の週に入った。月曜日、火曜日、締め切りの水曜日と、日を追って手記が集まり出し、木曜日には、累計で220通を越える数となった（最終累計240通）。（阪神大震災を記録しつづける会 1995: 13-14）

最初の手記募集は、一徳にとっても最後まで予測が立ちづらいものであった。結果としては、同会にとって充分であるといえる数の手記が集まった。このことが同会の活動がその後も続くことになった背景であることは間違いないだろう。

「記録しつづける会」の展開

ただ、手記の応募者数のピークはこの第1巻の募集時であり、以後、その数は徐々に減っていく。手記の応募数は第8巻まで減少の一途を辿るが、9巻目、10巻目は増加している。この理由としては、節目となる10巻の発刊が近づいているため、以前手記執筆をしていた人が投稿を再開したことや、同会が過去の投稿者に再度の執筆を呼び掛けたことが挙げられる。ただし、同会の手記集に投稿した執筆者のうち、圧倒的に多いのは一度きりの投稿者で、2回以上の投稿者は約18パーセントに留まる（2回以上の投稿者133人／全投稿者737人）。

全10巻に掲載された手記における執筆者の年齢分布（その都度の投稿の時点での年齢）においては、30代が約25％（106人）、次いで50代が約20％（86人）を占めている。10代の投稿は若干少ないものの（25人／約6％）、どの年代の投稿者も全体の1割程度を占めており、極端な年齢の偏りはないといえる。男女比においては、全438篇のうち、男性が181篇、女性が253篇であり、女性が約6割を占める。第1巻の執筆者の居住地域は、神戸市が約6割と圧倒的に多数を占めている（44篇／全73篇）。ついで、西宮市（7篇）、海外（6篇）と続いている。全10巻における執筆者の居住地域は、神戸市内が約半数（245篇／全438篇）を占めており、地震によって物理的に大きな被害を受けた場

[2] 手記の応募方法は第1巻のみ郵送・FAX・パソコン通信で受付しており、第2巻から第6巻までは郵送・FAXで受付していた。続く第6巻の手記募集（1999年7月30日開始）からEメールでの応募も受け付けている。また、手記のメディア形式は、第1巻においては原稿用紙に手書きないしはワープロでタイピングして印刷した紙を想定していたが、第2巻からはこれらに加えて、フロッピーディスクに原稿データを入れたものも受け付けている。このような募集方法やメディア形式の変遷は、当時の情報環境の変化に対応して行われていたと考えられる。

[3] 「阪神大震災を記録しつづける会」の手記集は全て絶版となっている。現在、手記集に掲載された手記全文は同会ウェブサイトに公開されている（阪神大震災を記録しつづける会ウェブサイト　http://www.npo.co.jp/hanshin/）。

[4] ただし、未採用の原稿のうち、おそらく紛失したのであろう手記原稿もあり、著者が確認できた原稿数は1007篇である（2022年10月5日現在）。

所からの投稿が多い。一方で、神戸市と西宮市以外の国内からの投稿は約3割（132篇／全438篇）を占めている。このなかには、被災後に神戸を離れた人やボランティアとして県外から被災地へ入った人や、被災地へ入ったことのない人も含まれている〔5〕。

活動から10年に差し掛かろうとする2004年12月、第10巻の手記集が発行される翌年1月17日を待たずして、一徳は亡くなる。手記集の原稿を印刷所へ入稿した直後のことであった。代表を失った同会は、そこから約5年の活動休止状態となる。2010年、本章の筆者が同会の活動を研究するという名目で参加し、それが結果的に活動再開の契機となる。代表は空席にしたまま、筆者は同会の事務局長を名乗り、10巻目の手記集に掲載された執筆者を中心に声をかけ、「手記執筆者の集い」と称した交流会を開いてきた。2015年1月には、交流会や、過去の編集プロセスにかかわる資料を通じて得られた一徳の編集手法に倣って、筆者が編集を担い、同会10年ぶりの手記集『阪神・淡路大震災――わたしたちの20年目』を出版し、そこには14篇の手記が掲載された（阪神大震災を記録しつづける会 2015）。2020年3月には、執筆者のうちの6名にインタビューをし、それぞれの過去の手記全文を掲載した記録集『筆跡をきく――手記執筆者のはなし』を出版した（阪神大震災を記録しつづける会 2020）。2023年3月には、同会のこれまでの活動変遷を、筆者の名義で『震災後のエスノグラフィ――「阪神大震災を記録しつづける会」のアクションリサーチ』という研究書として上梓した（高森 2023）。

第3節　「読む」まえに「ある」もの——手記集という存在それ自体

「阪神大震災を記録しつづける会」の12冊の記録集（手記集11冊、インタビュー集1冊）の編集方針は、ウェブでの手記全文公開や、執筆者への聞き取りなど、同会の執筆者の状況に合わせて変化した部分もあるが、基本的には、最初の手記集を出版した当時のメディア環境に応じてつくられた手続きを踏襲して積み重ねられてきた。その手続きとは、「原稿用紙5枚程度」の手記を編纂し、紙書籍として出版するということである。

紙書籍は、質量のあるモノである。モノとして存在しているがゆえに、人とのあいだに「触れる」、「持つ」、「手渡す」などの行為を生み出す。そしてそれは、書かれたテキストを「読む」という行為に先立ってあらわれる。

冒頭に紹介した手記執筆者の眞治のように、同会の手記執筆者は、手記集を「読む」行為を積極的には（ないしは、まったく）しない場合が多い。また、手記集を「読む」行為を他者に促すことをしない場合も少なくない。つまり、手記集を読まないし、読まれなくとも構わないというわけである。執筆者のこのような言葉は、一見すると、自分の体験を他者に伝えるメディアであるはずの「手記

［5］　総数438名のうち、0～9歳が2名、10～19歳が23名、20～29歳が42名、30～39歳が106名、40～49歳が61名、50～59歳が86名、60～69歳が47名、70～79歳が50名、80代以上が9名、不明が8名である。

集」にたいする態度としては矛盾しているようにも思われる。一方で、彼らは手記集と自らの関係を語ろうとするとき、手記集という存在それ自体に、つまりは、質量をともなうモノとしてそこに「ある」ということに言及する。

ここからは、執筆者が手記集をどのように取り扱っているのかを、3人の執筆者のインタビューで語られた言葉から検討し、モノとしてある手記集のメディアの性質を考える〔6〕。

「残してちょうだいって言って置いた」

同会の執筆者の一人、本《もと》妙子は62歳のときに兵庫県西宮市で地震に遭った。被災当時は、寝たきりとなった夫の介護をするために学校教員を早期退職し、一日中夫に付き添う生活をしはじめて3年ほど経った頃だった。地震によって自宅マンションは半壊の認定を受けたが、その復旧工事の分担金を巡って住民同士が揉め、裁判にまで発展する。本は夫がマンションの理事長であったことから、原告側として7年ものあいだ裁判に関わることになる。本は、その渦中の記録を手記にして残すことにしたという。

本の手記は、裁判という、利害によって対立する人びとが関係する経験を主題にしている。本の最初の手記「私の震災裁判」は、手記集第10巻に収録された。本の経験は、文字にして残したり、出版という形で公開したりすると、新たな問題を生じさせる可能性もある。そのため、本は「書くか書かないか」の判断を慎重に行う必要があった。本は、考えうるあらゆる配慮をしたうえで、手記を書き綴った。
本は、そのような慎重な判断の連続のうえでつくられた手記が掲載された手記集を家族とマンションの管理組合に渡しているという。ただ、それを読んでいるかまでは後追いしない。

——それを本にして残すというか、言葉にして残したいというのは。

私は言葉にして残しておくのが一番だと思ったの。

——それはどうしてですか。

こうして本にして残しておく。テープやなんかで残すよりも、書いたモノで残すということが、私は一番だと思います。活字にして、本の形にして残しておくというのが、私は一番大事だと思うから。それで、できるだけそうしている。だから、今までもそんな形で残してきたから。これからもそれは、そのような形で残していこうかなと思って。それで、お宅のおじさまら。

［中略］

［一徳］に出会ったときに、ご相談にあがったの。

［6］ インタビューは2018年7月から2019年4月にかけて行われた。なお、本論で引用するインタビューは、阪神大震災を記録しつづける会（2020）に掲載されている。

息子や孫たちにも1冊ずつみんなに渡して、これはおばあちゃんのあれだから。置いといてって。おばあちゃんは死んでも構わないけれども、これぐらいは置いといてよって言って、みんなに1冊ずつ渡しといたり。遺産相続、それこそ置き土産。

——渦中の裁判に関係した人たちは、これは、書かれていることというのは、ご存知なんですか。

いや、私は、お2人に差し上げました。それと管理組合にも残してちょうだいと言って置いてきた。3冊くらい置いてある。だけど、果たして読んでくれているかどうかは知らない。それと裁判関係の記録、管理組合の記録も全部残してあるんです。貴重なものだと思います。だけど、果たしてそれをどのように保管してくださっているかどうか、危ういものだと。

——託してはいるということですね。

引き継ぎしましたから。これは大事に取っといてねって引き継いだけれども、後の人が果たしてそれを。（阪神大震災を記録しつづける会 2020: 226-235）

本にとって、自らの体験を「言葉にして残しておく」、「本の形にして残しておく」方法が手記集だった。家族にたいしては「これぐらいは置いといてよ」といい、「遺産相続」、「置き土産」として手記集を渡している。裁判の当事者となったマンションの管理組合には、「残してちょうだいと言って置いてきた」という。そこでも、それが読まれるかどうかについては、「果たして読んでくれるかどうかは知らない」、「後の人が果たしてそれを」と、懐疑的ですらある。

どちらにたいしても、本は、他者に手記集を「読む」ことを積極的に促すことはせずに、まずは彼らの手元に手記集を「置く」ことが果たされればよい、という姿勢である。

「この子の存在は消えてしまわなかった」

小西眞希子は35歳の時に神戸市灘区の自宅で地震に遭った。被災当時、小西は夫、5歳と1歳の娘の4人家族で暮らしていた。地震によって倒れたピアノの下敷きとなり、5歳の長女、希が亡くなった。

小西の最初の手記「天国へ行ったのんちゃん」は、地震から1ヶ月半後に書き上げられ、「記録しつづける会」の手記集第1巻に収録された。

彼女にとって、手記を書き上げることは容易いことではなかった。書いている最中、何度も泣き、その度にペンが止まったという。そうやって、書き進めては立ち止まるを繰り返し、手記は書き上げられた。彼女は、身を寄せた弟の家で、一人きりになった時に書き進め、手記を完成させた。手記を書いていることは、誰も気が付かなかったという。

小西が手記を書くという選択をしたのは、「娘が亡くなる」ということによって、娘の身体が失われるだけでなく、行政書類から娘の名前が抹消されることに危機感を覚えたからだった。小西は、それを「娘の名前が消える」恐怖があったと述べ、手記執筆は、娘の存在を社会に刻みつけるための行為だったという。

――載った文章は、旦那さんとか弟さんとかは読まれた？

かな？　積極的には読んでとは言わなかったけれども、でも母とかは欲しいと言うから、買って送ったけれども。

――積極的に読んでねというようなことは、全然されていない？

うん。ただ意外に知らないところから聞かれるんです。「あれ、小西さんよね」とか言われることは結構、ありますね。

――自分からは言っていないけれども、これを読んだ人が「あ、小西さんが書いていらっしゃるよね」というふうに。

私がこういう経験をしているということを知らない方もいるので。学校の教材とかに使われたりすることがあると、え、そうなの、とか、あれは小西さんよね、みたいなことは言われることがあったりとか。

――それを言われたときにはどういう気持ちになります？

それを言われだしたのは、だいぶ経ってから。だから意外に冷静になっているというのか、そういう意味では書いたことで、希の存在を知ってくれる人がたくさんいるわけで、ある意味良かったなと。この子の存在は消えてしまわなかった。いろんな人が知ってくれたというのは、私にとってはすごく良かったなと。だから、書いて良かったなというのはすごくあります。

――でもそれを言われると、そのときに気持ちは戻りますよね、ということはないですか。

割とそういうときは、客観的に聞いているので。内容についてじゃなくて。

――読んだという事実とか、娘を知ってもらえたということみたいな、そういう感じ？

はい。話も「そうなんです」ぐらいで、深くは話さないので。（阪神大震災を記録しつづける会 2020:93）

小西にとって、娘の名前を社会に刻むための行為として始まった手記執筆は、誰にも知られずにはじまった。彼女は、手記を書いていることも、それが手記集に掲載されたことも、積極的に他者に伝えてはいない。

しかし、手記集というモノは、彼女の預かりしらぬところに届く。そしてそれは、「あれ、小西さんよね」と読み手から声をかけられることで、偶然に知ることとなる。ただ、その際にも、「「手記を」読んだ」、「娘を知ってもらえた」という確認をするにとどまっている。これは、手記の内容、つまりは彼女の体験の詳細を分かち合うというよりも、娘の名前が刻まれた手記集というモノ自体が、他者の手元に確かに届いていることを確認するやりとりであると捉えられる。

「大切な場所。でも、自分が読むのはちょっと勘弁」

山中隆太は35歳の時に神戸市東灘区の自宅マンションで被災した。青春時代を過ごした神戸に住みたいとの願いを叶え、震災の前年の94年に神戸に引っ越した。地震によって、自宅はガラスや食器の破片が散乱したが、自分自身、妻、4歳の娘に怪我はなく、家も倒壊することはなかった。

山中が最初に投稿した手記「日常性の断絶」は、地震から1ヶ月半後に書き上げられ、「記録しつづける会」の手記集第1巻に収録された。山中は、被災直後の地域の様子と、自身の心の動きを丁寧な筆致で描いている。

山中は、「400字詰め原稿用紙5枚以内」という「記録しつづける会」の応募要項に沿うように、そして「自分がどういう立場でものを見て感じて」いたかということを表現するため、何度も推敲を繰り返したという。その推敲作業は、彼自身がインタビューに際してあらためて手記を見て、

「びっくりするぐらい短い」と感じるほどだという。山中は、「他の方の手記と並んだときに違いをつくろう」などとは意図してはいなかったが、家族を亡くしたり、自宅が倒壊した人が書いた体験とは異なる、自分の立場からしか書けない手記を書くことを目標に、自身の表現を探究していった。山中も、多くの執筆者と同様に、手記集を開いたり、自分の手記を読み返したりすることはしていない。また、自分の手記をどんな人が読むのかについて、考えたことはないという。

——ご自身が書いた手記が誰かに読まれるということに対しては、どういう意識を持っていらっしゃいます？

読む人の気持ちとか、どんな人が読むというのは、考えたことはないです。だって、僕はたいしたことは書いていないので。ただ、もっとヘビーな体験をした人たちがいっぱいいるから、そういう思いが伝わる中で、ライトというのでもないのかもしれないけれども、立場的にそういう人がいてもいいんじゃないの、というぐらいのつもりで書いているので。手記集の中の一つに、そんなのがあってもいいんじゃないの、と思っています。読む人について特段に考えたことはないですね。よく読んでくれているなっていうのはすごく思います。いまだに買ってくれているのはうれしいなというのはありますよ。

――じゃあ、ご自身も読まないし、読まれる人のことも、書いているときには考えない。

それは考えたことないです。だから、他の方のも、その時しか読まなかったと思います。途中で読み返したりはしていないです。本を開くということさえしていない。

――でも、持ってはいる。置いてある。

ある。

――あるということ。

大切な場所。それはある。娘にも息子にも伝えているから。これは僕の一部やから何かあったら読み返してねとは、何年か前には言いました。でも、自分が読むのは、ちょっと勘弁というか。出来の良くない子だと思っているので、触れないんですよ。もうすでに恥ずかしいんですよ。だから、開いたら直したい、あ、あんなことも書いたらよかったって思うんですよね。思うじゃないですか。だから、自分自身、そういうことをわかっているから読み返さないのかもしれないですね。

山中は手記集を開くことはない。「大切な場所」にあるといって、娘にも息子にも「何かあったら読み返してね」と伝えてはいる。ただ、自分にとって手記は「出来の良くない子」で、あらためて目を通すのは「もうすでに恥ずかしい」のだという。彼も他の執筆者のように、手記集は「読む」ではなく「ある」ものとして、モノとして大切にしている様子が伺える。

第4節　目的としての「読む」を宙吊りにする、モノとしての手記集

「記録しつづける会」の執筆者たちのインタビューの言葉から、彼らにとって手記集は、「読む」という行為に紐づけられる以前に、「置く」、「送る」、「ある」といった、モノとして存在しており、そこから彼らの行為や認識が出発しているのだということがわかった。そして、そのモノとしての手記集は、彼らにとって深い意義を持っていたことが推察された。

言葉とその表現方法との関係について研究してきた文学者のウォルター・J・オングによれば、書かれたものが印刷され、テクストになり、それが本というモノとして綴じられることは、口述や手書きのものに比べて容易には変更が効かなくなることから、書き手自身にも、読み手にも「閉じられているという感覚」(sense of closure) をもたらすという (オング 1991: 250)。言い換えれば、本は「終わり」や「完成」を意識させる。そして、そのような「閉じられているという感覚」に関連して現れるのが、「距離」である。本というモノになった瞬間から、書き手にとっては、自らが書いたものであるとはいえ、自分自身と書かれた内容とのあいだに「距離」が生まれる。

手記執筆者の多くが、自らの手記を読み返さなかったり、誰かに読まれることを積極的に促したりしないのは、手記集として「綴じる」ことはすなわち、自らの体験を一旦の完了形として「閉じる」からではないか。彼らにとっては、自らの体験が誰に、どう解釈されるかについては、自らの意志が十分に効かない。それゆえに、「開く」や「読む」以前の、モノとしての手記集という存在それ自体への価値に言及するのではないか。

災害アーカイブにおいて、それがどのようなメディアであれ、アーカイブがいかに読まれるかという利活用の前に、まずもってそのアーカイブが存在すること自体に意義があることを私たちは確認しなければならない。アーカイブの成立において、記録を集め、保存することこそ必要十分条件であり、アーカイブが誰の、何の役に立つのかといったような、記録資料を利活用するという視点は、アーカイブにおいてはあくまで二次的な役割であるということである。さらにいえば、アーカイブの利活用の方向性がアーカイブの構築に先立って提示されることは、アーカイブの解釈を狭めてしまうことになりかねない。現在の日本における災害アーカイブにおいて、このような議論がほとんどなされていないことを確認し、本論を閉じることとする。

東日本大震災以降、国や大学など、主に公的機関が管理運営している災害アーカイブの多くは、そのアーカイブが誰の、何の役に立つのか、という「利活用」を「目的」として掲げている[7]。つまりそれは、災害アーカイブの利活用の道筋を示すことが、災害アーカイブそれ自体の成立に不可欠の要素として、管理運営側によって設定されていることを意味する。一方、手記執筆者をはじめ、記録を生み出す当事者たちは、アーカイブの利活用よりも、まずもって、自らの体験がアーカイブされること自体に意義を見出している。

この立ち位置の違いは、瑣末な問題ではない。災害アーカイブにおいてよくある傾向として、当事者の体験を「防災」「減災」「命の大切さ」などの「教訓」を引き出すための素材として扱うことが、利活用の典型として定着している[8]。それは、「記録しつづける会」で集められた手記も例外ではない。同会の手記は、小中学校の防災教育の副読本として掲載されており、子どもたちの防災意識を高めるという目的を達成するための素材として位置付けられている。つまりそれは、多くの災害アーカイブの実践事例が、誰の、何の役に立つのか、という「利活用」も提示したうえでしか社会的に存在することができない状況であることを示している。それは、アーカイブする(archiving)という、アーカイブの成立までの動的なプロセスに立ち会う当事者たちの言葉それ自体に意義があ

[7] 国立国会図書館と総務省は、東日本大震災に関するデジタルデータを一元的に検索・活用できるポータルサイト「国立国会図書館東日本大震災アーカイブ(愛称:ひなぎく)」は、「東日本大震災に関するあらゆる記録・教訓を次の世代へ」をコンセプトとし、被災地の復旧・復興事業、今後の防災・減災対策や学術研究・教育等に活用されることを目指している、と明記している。また、東北大学による東日本大震災アーカイブシステム「みちのく震録伝」は、「自然災害の「記録」「記憶」「事例」などあらゆる「知見」を収集します。得られた「知見」は即座に、防災・減災対策に結びつけるかたちで情報発信をしています」とし、記録を防災という目的とセットで発信することを明記している。

[8] 災害の当事者の体験が、ある「教訓」を引き出すための素材として扱われることの問題ついては、災害ミュージアムの展示において議論が続いてきた。阪神・淡路大震災に関する議論は、寺田(2015: 61-115)、および、阪本・矢守(2010: 179-188)を参照されたい。

ると提示することを消極的に放棄していることでもある。

そのように考えるならば、手記集を「読む」まえに「ある」ものとして価値を置く同会の手記執筆者は、自らの体験を限定された目的に回収されることを回避する態度をもっているとも捉えられる。また、限定された目的を呼び込む可能性のある「読む」行為を宙吊りにして、手記集というモノそれ自体に価値をみることは、結果的にあらゆる「読む」行為を引き入れることにつながるだろう。彼らの言葉は、災害アーカイブの実践においては、一見すると理にかなっていると思われたり、異を唱える者がいないように思われるような利活用のあり方が提示されていたとしても、そこに懐疑の眼差しを持つことを忘れないようにすることの重要性を示唆している。災害アーカイブにおいては、それをいかに利活用するかではなく、記録を集め残すということそれ自体が目的となる。この前提を確認することこそ、よりよい災害アーカイブのあり方を考える基礎となり、実践を賦活する力になる。

参考文献

阪神大震災を記録しつづける会 編（1995）『阪神・淡路大震災――被災した私たちの記録』朝日ソノラマ

阪神大震災を記録しつづける会 編（2015）『阪神・淡路大震災――わたしたちの20年目』阪神大震災を記録しつづける会

阪神大震災を記録しつづける会 編（2020）『筆跡をきく――手記執筆者のはなし』阪神大震災を記録しつづける会

高森順子（2023）『震災後のエスノグラフィ――「阪神大震災を記録しつづける会」のアクションリサーチ』明石書店

ウォルター・J・オング（1991）『声の文化と文字の文化』桜井直文・林正寛・糟谷啓介 訳、藤原書店

寺田匡宏（2015）「「無名の死者」の捏造――阪神・淡路大震災のメモリアル博物館における被災と復興像の演出の特徴」木部暢子 編『災害に学ぶ――文化資源の保全と再生』勉誠出版

阪本真由美・矢守克也（2010）「災害ミュージアムを通した記憶の継承に関する一考察――地震災害のミュージアムを中心に」『自然災害科学』29巻2号、日本自然災害学会、179-188頁

column 02

応答のアーカイブ

東日本大震災から「10年目の手記」

佐藤李青

アーツカウンシル東京プログラムオフィサー

１９８２年、宮城県塩竈市生まれ。都内で東京アートポイント計画を担当し、東日本大震災から10年、東京都の芸術文化による被災地支援事業（Art Support Tohoku-Tokyo）に携わる。近年は災間の社会を生き抜く術としての文化的な営みに着目する〝災間文化研究〟に取り組む。著書に『震災後、地図を片手に歩きはじめる』（アーツカウンシル東京、２０２１年）。共著に『10年目の手記——震災体験を書く、よむ、編みなおす』（生きのびるブックス、２０２２年）ほか。

２０１１年の東日本大震災から10年目を迎えた２０２０年。わたしたちは「10年目の手記」という企画に取り組んだ。災害から時間が経ったからこそ、語りうる経験があるのではないだろうか。震災から10年の間、そっと抱えこまれてきた経験を他者にひらく場をつくりたい。そう考えて、全国各地から手記を募集した。そして届いた手記を読み、声に出し、執筆者に呼びかけた。声に応えるように新たな手記が届き、ときにわたしたちの手を離れて読み返されていった。書き手と読み手の応答が生まれ、震災体験にまつわる多様な声が残されることになる。そして、そこから見えてきたのは、〝被災者〟への配慮から口をつぐんできた〝隣災者〟ともいえる人たちの姿だった。

投げかけとしての「10年目の手記」

思いがけない災禍のなかで迎えた10年目。突然の変化にうろたえ、これまでと異なる暮らしに戸惑うとき、どこかであの「震災」を思い出したり、振り返ったりする人もいるでしょう。ふと思い出したこと、忘れられないこと、忘れたくないこと。あなたのなかに、誰かに伝えるには大切すぎたり、どのように語っても足りなかったり、反対に、人に話すにはささやかすぎたりして、これまで言葉にしてこなかった「震災」にまつわるエピソードはありませんか。わたしたちは、そのなかに、そこから生まれる対話に、これからをともに生き抜くためのヒントがあるのではと感じています。いまあらためて、あなたが抱えてきた記憶を手記にしたため、わかちあう時間を持ちませんか。

２０２０年6月末、10年目の手記の募集を開始した。年のはじめから、国内では新型コロナウイルスの影響が広がっていた。手記の呼びかけは、自ずと新たな災禍の渦中を意識したものとなった。実際、10年目の手記はコロナ禍の影響により、オンラインに活動を変更したことで生まれたものでもあった。東京都の芸術文化による被災地支援事業である「Art Support Tohoku-Tokyo」の一環として、震災10年目という節目を迎えるにあたって、オンラインを軸に震災にまつわるさまざまな声を集め、これからの記録として残すことが目的だった。

プロジェクトメンバーは震災後に東北を中心に記録活動や作品制作を行ってきたアーティストの瀬尾夏美、阪神大震災を記録しつづける会の事務局長を務める高森順子、劇団・屋根裏ハイツを主宰する劇作家の中村大地で構成し、特別選考委員に50年以上にわたって東北の民話を訪ね歩いてきた民話採訪者の小野和子を迎えた。わたしは、この企画の主催であるアーツカウンシル東京という組織の事業担当としてマネジメントに携わった。

瀬尾と中村は、震災後の東北に集ったアーティストや研究者等によって2015年に仙台で設立された一般社団法人NOOKのメンバーであり、10年目の手記の企画運営を担った。瀬尾は、10年目の手記の発案において、震災後に「聞かれること」が多かった体験者たちが自らの言葉で語ることが手記ならば可能なのではないかと思ったことや、震災直後には語りえなかった人たちが語りはじめるタイミングであるという予感、そしてコロナ禍において互いの「痛みの記憶」を分かちあう場づくりが同時代を生きる想像力を育むために必要だと考えたのだという[1]。手記の呼びかけ文には、こうした震災後の経験にもとづく実感と問題意識が織り込まれていた。

高森の伯父は阪神大震災を記録しつづける会を立ち上げ、阪神・淡路大震災の直後から手記を募集し、10年をかけて10冊の手記集を発刊した。高森は、その活動を2010年に引き継ぎ、手記執筆者との交流や、新たな手記集の制作を行なっていた。高森は震災後の東北にかかわり、そのなかで瀬尾と出会い、交流をもつようになる。10年目の手記での、手記というメディアの選択や企画の手法は同会にならっていた。東日本大震災という出来事をきっかけとした、複数の経験の水脈が混じり合うようにして、10年目の手記は生まれたのだった。

応答のアーカイブ

手記の字数は1200字以内とし、手記を書いた背景を300字以内で書き添えてもらった。申込方法はオンラインと郵送で行い、名前は、ペンネームでも受け付けた。多くの手記を集めるため、出来るだけ入力する項目は減らし、応募のハードルを下げることを心がけた。ただし、現住所や連絡先に加えて、２０１１年の居住地と年齢は記載してもらった。いずれも非公開情報だったが、手記の選考で書き手を想像するために必要な情報として追加した。

届いた手記は、順番にウェブサイトで公開した。事前にプロジェクトメンバーで読みあい、一部の手記は、中村が演出した俳優の朗読音源を制作し、特別選考委員の小野がコメントを添えて、オンラインラジオ企画「10年目をきくラジオ　モノノーク」（以下、モノノーク）で配信した（朗読した手記は、ウェブサイトに音源とコメントを併せて掲載した）。10年目の手記は、モノノークという番組の1コーナー企画でもあった。二〇二〇年六月から二〇二一年一月までの約半年間の募集期間には、締め切りを

モノノークは瀬尾（左）と桃生和成（Granny Rideto、右）がパーソナリティーを務めた。

6回設定していたが、これは配信スケジュールに対応したものであった[2]。

初回の締切には8本の手記が届いた。手記の最初の読み手となったプロジェクトメンバーは、その多様さに驚くことになる。東北の沿岸部での被災体験を語る手記があれば、大阪や東京といった被災体験からは〝遠い〟ように思える場所での語りもあった。詩のかたちで書かれた手記があれば、祖母の日記を読み解くという手記もあった。手記の語り手や語り口は、その後の締切を重ねるほどにバリエーションを増していった。ある意味で狙い通りではあったものの、その想定をはるかに超える、うれしい誤算となった。

毎回の選考は、どの手記を朗読するかが議論の焦点となった。モノノークで手記を選んだ意図を語ることは、どんな手記を書いていいのかの〝幅〟を伝えることになると考えたからだ。初回の配信では被災体験の違いを示すために、東北の沿岸部で震災発生直後の出来事を語る手記と、東北の外に住み、そのかかわりを考え続けてきた執筆者の手記を朗読した。

それから、モノノークでの呼びかけに応えるように手記は届き続けた。手記に記された、執筆者一人ひとりの経験を読むことは、時間の経過とともに輪郭を固めつつあった〝東日本大震災〟という出来事を精緻に理解する手がかりとなり、ときにそのイメージを揺るがすものとなった。

たとえば、ある執筆者は手記を書いた動機を、次のように記していた[3]。

3月11日は多くの人によって語られ、知ることが多いですが、3月12日といわれると「何かあったたっけ?」とピンとこない人が多いのではないでしょうか? 福島に生まれて、地震と津波、そして原発事故を経験している者として、時が流れ、何もなかったことにされてしまっても、起きたことは消してはいけない、今と未来のために伝えないといけないと思っています。

震災当時は福島県浪江町に暮らす高校2年生だった執筆者は、3月12日の東京電力福島第一原子力発電所1号機の水素爆発をきっかけに避難をはじめたのだという。地鳴りや爆発音、その場での会話が生々しく記された手記からは、ある人たちにとっては震災のはじまりが〝3月11日〟だけではないことを突きつけられるようだった。

手記の募集を開始すると、東北のメディアを中心に反響も出てきた。ニュースで朗読音源の一部を流したい、執筆者に取材をしたいなど「震災10年」が近づくにつれて、問い合わせは増えた。3月には北海道テレビの企画で、同局のアナウンサーが手記を朗読するYouTube特番も放送された。手記の言葉や声は、わたしたちの手を離れて、別の読み手によって読み返されていった。

〝隣災地〟の声をきく

最後の締切を終えて、ウェブサイトでは合計69本の手記と12本の朗読音源を公開した。その締切から1ヶ月、水戸芸術館現代美術ギャラリーでの企画展「3・11とアーティスト――10年目の想像」で再び手記の募集が行われることになる。10年目の手記は、展覧会で作品に触れた鑑賞者の「声を集める装置」として最後の展示室に位置づけられた。会期中には6本の手記が集まり、10年目の手記は、合計75本になった[4]。

75本の手記の約半数の執筆者は、20代と30代だった。震災を〝こども〟として経験した世代からは、当時は言葉に出来なかった感情を語り出すような手記が多く届いた。

手記は全国14都府県から届いた。宮城県、東京都に次いで岩手県と同数で茨城県に住む執筆者が多かったのは特徴的だった。本数は前述の水戸芸術館での展示の影響もあるが、ある執筆者は茨城県を「微妙な位置」と語り、別の執筆者は東北に比べて被災の報道が少ないが被害が甚大であったことを知ってほしいと筆を取っていた。

茨城県は福島県の南に隣接する。被災はしたが〝東北〟ではないという「微妙な位置」にある。その被害の大きさを間近で理解するがゆえに、もっと大変な人がいるからという配慮から口をつぐむこともあっただろう。震災体験を語る人たちの中心に〝被災者〟がいるとすれば、すぐ近くには〝隣災者〟ともいえる、語りえない人たちがいる。それは被災直後に語り手の役割を担う〝大人〟の隣にいるこどもも同じだろう。10年目の手記は、そうした人たちが語りうる場を用意した。


多様な読み手がいることで、語り手は増える。語りえない人たちがいるとき、その気配を感受し、耳を傾ける人がいれば、語りは自ずと現れてくる。それは語ってもいいのだと思える場づくりと不可分でもある。10年目の手記で、わたしたちが見出したのは、手記を〝読む〟ことの可能性だった。

この実感は企画を終えて1年が経つ頃に『10年目の手記――震災体験を書く、よむ、編み直す』という1冊の本に結実した。瀬尾と高森が手記を交互に読み合うことを軸に構成された本書は、新たな語りをひらく場となった。発刊イベントでは、全国各地の人たちが震災に対して感じてきた距離を巡った議論が交わされることになる[5]。手記というメディアがそうだったように、本が間にあることで語り出す人たちがいる。10年目の手記の応答は、かたちを変えながら、いまも続いている。

［1］瀬尾の問題意識は、瀬尾夏美（2023）『声の地層——災禍と痛みを語ること』生きのびるブックスや、瀬尾夏美・高森順子・中村大地・13人の手記執筆者（2022）『10年目の手記——震災体験を書く、よむ、編み直す』生きのびるブックスに詳しい。

［2］モノノークは２０２０年６月末から２０２１年３月まで13回配信した。アーカイブはYouTubeチャンネルで視聴可能（https://www.youtube.com/@mononook）。

［3］はっぱとおつきさま「２０１１年３月12日から、現在（いま）へ」（https://asttr.jp/feature/shuki/014/）

［4］75本の手記はArt Support Tohoku-Tokyoのウェブサイトで全文公開している（https://asttr.jp/feature/shuki/）。本サイトは国立国会図書館インターネット資料収集保存事業（ＷＡＲＰ）にアーカイブもされており、ＷＡＲＰのウェブサイトからも閲覧可能。

［5］発刊イベントは都内に加えて、愛知県名古屋市、京都府京都市、岩手県盛岡市などで行われた。

column 03

展覧会というメディアの可能性(1)

「3・11とアーティスト:進行形の記録」

竹久侑
キュレーター
ロンドン大学ゴールドスミス修士課程クリエイティブキュレーティング修了。水戸芸術館現代美術センター芸術監督。展覧会及びプロジェクトの企画と実践を通して、芸術と社会の交差領域を探究。主な企画展に「アートセンターをひらく2023——地域をあそぶ」(2023年)、「3・11とアーティスト:10年目の想像」(2021年)、「中﨑透 フィクション・トラベラー」(2022-2023年)、「田中功起 共にいることの可能性、その試み」(2016年)など。

筆者は水戸芸術館現代美術センターの学芸員として、「3・11とアーティスト」というタイトルで2012年と2021年の2回にわたり、それぞれ異なる副題をつけた展覧会を企画した。「3・11とアーティスト:進行形の記録」(2012年)と「3・11とアーティスト:10年目の想像」(2021年)という二つの展覧会である[1]。

アートセンターの特性について

この二つの展覧会について話を進める前に、展覧会というメディアと筆者の関係を、まずは明らかにしたい。そのためには、同館の文化施設としての特性に触れる必要がある。水戸芸術館は音楽・演劇・美術という三つの部門から成り、専属の学芸員を有する、市立の複合文化施設である。このうち筆者が属する美術部門は水戸芸術館現代美術センターという名称をもち、主に同館現代美術ギャラリーでの展覧会等事業の企画運営を担う。当センターはその名のとおり「アートセンター」であり、つまり、美術館の中でも「クンストハレ」[2]の分類にあたるのだ。クンストハレの最たる特徴は、資料を〈収集・保管〉、〈調査・研究〉し、〈展示・教育〉に供するものとされる美術館の中でも、とりわけ展覧会等事業の自主企画に注力し、しばしば先駆的、実験的な性質を伴いながら、〈展示・教育〉の企画を通して社会に貢献しようとすることにある。そのような特性のある美術館で、筆者は過去十数年間、展覧会というメディアと向き合ってきた。

水戸という地域の固有性について

また、「3・11とアーティスト」展について語るには、茨城県水戸市という地域の、東日本大震災における固有性についても触れないわけにいかない。というのも、東日本大震災を受けたこの二つの展覧会を企画し実現することができたのは、水戸が東北沿岸部に比べれば大震災による被害が軽度で、だからこそ復旧も相対的に早かった被災地だったからである[3]。

とはいえ、急いで補足するが、東日本大震災で震度6弱の揺れに見舞われた同館は、躯体の被害こそ免れたものの、ギャラリーの大ガラスが割れ、天井パネルの一部が崩落するなど複数の被害を受けて臨時休館となり、館内事業が可能となるまで約4カ月の月日を要した[4]。また、発災直後には、交通機関が麻痺し、辺り一帯が停電する中、不安に駆られた近隣住民や帰宅する術をなくしたいわゆる帰宅困難者が、不特定多数の人が出入りする施設の性質上備えられている非常用電力によって電気の灯った同館におのずと集まった。そのため、同館は急きょ仮の避難所として人びとを迎え入れ、職員が3日間その対応にあたった。また、原発事故があってまもなく、幼い子どもを抱えた同市在住の知人たちが、放射性物質が子どもに与える影響を懸念して、遠方の実家に長期間避難するといった例が、複数あった。こうした観点からは、水戸はまぎれもなく被災地だったのだ。

一方、海から15キロメートル離れた水戸に津波による被害はなく、また、未曾有の事故が発生した東京電力福島第一原子力発電所からは150キロメートル南に位置し、原発事故による放射性物質の被害が明らかであったわけではない。水戸が被災地でありながらも、平常な生活までの回復を比較的短期間のうちに済ませることができたのはそのためである。

だが、同時に水戸は、福島に隣接する県の県庁所在地であり、仙台から福島第一原発の立地する地域を経由して東京へとつながるJR常磐線あるいは常磐道の中継地点にあたる。そうした地理的な近接さからか、原発事故後、避難者が少なからず住まう地域でもある。しかも、過去にさかのぼれば1999年、水戸から17キロメートルという近距離にある東海村のJCO東海事業所にて臨界事故が発生し、作業員が放射線被ばくにより死亡した[5]。その事故についてはその衝撃とともにこの地域の記憶にしかと刻み込まれている。さらには、その同じ東海村に、日本原子力発電の東海第二原子力発電所があり、この原発は現在、東日本大震災による津波の被害で運転を停止しているものの、再稼働に向けた政治の渦中にある[6]。そのため、水戸という地域に住む人びとは、むろん個人差はあるものの、東日本大震災や今後起こりうる災害に対して、当事者としての意識が決して低いわけではない。二つの展覧会の背景には、このように固有の地域性があった。

震災からおよそ1年半後の展覧会に託したアーカイブ性

２０１１年に企画し２０１２年に開催した「3・11とアーティスト：進行形の記録」は、副題が示すとおり、展覧会自体がそもそも、東日本大震災を受けたアーティストによるさまざまな活動を紹介するにとどまらず、〈記録〉を試みたドキュメンテーション展であった。当時、筆者が大震災を経験してまもなく参照しようと探したのは、阪神・淡路大震災におけるアーティストや公立美術館による活動の記録だった。その調査に並行するように、東日本大震災を受けて表現を生業とするアーティストたちがとった行動の情報が、ＳＮＳで流れてきた。こうした自らの記録への渇望を未来の誰かのそれに重ね、かつ多数実践されていくアーティストによる活動を「忘れ去られる前にとにかく記録し、ひろく提示すること――時と場所を超えて参照価値のある、災害後の芸術文化従事者の活動の記録を資料として残す」[7]という意識が、同展の端緒となっている。つまり、企画当初からアーカイブ性を追求した展覧会であった。そのため、会期が終われば撤収されてなくなる展覧会だけにアーカイブ性を託すことはなく、記録集の編纂に工夫を凝らすことで同展のアーカイブ性を担保しようとした。

ところで、一般的に美術館は、芸術作品を評価するという権威的な役割を拭い難く持ち備えている。だが、同展ではアーティストの選定において、彼／彼女らの活動が〈表現（作品）〉であるか否かや、その優劣ではなく、その活動がアーティストによって自主的になされたこと、展示というかたちで紹介することが可能であることに加え、展覧会全体として大震災後のアーティストらによる活動の多様性を示せることを基準とした。展示して紹介する活動が、いったい〈表現〉なのか〈記録〉なのか、あるいは〈支援〉なのかといった、当時、災害におけるアートの役割をめぐる議論の中で繰り返された問いに、性急に一つの答えを示すことを目的とはせず、判然としない活動は判然としないことを尊重し、無理に区分せず、２０１１年3月11日を起点とする年表を設えて、時間軸に沿って配置する構成とした。そして、それぞれの活動を、アーティストの葛藤も含めた経緯とともに紹介することで、互いの相違点や類似点あるいは共通点を、そのあわいから浮かび上がらせ、観る人がめいめいに感じ、考える場を設けることを試みた。展覧会というメディアが、鑑賞者にとって「考えるための装置」として機能することを目指したのだ。

同展においてもう一つ付け加えておきたいのは、その記録集についてである。先にも触れたように、会期に限りがある展覧会というメディアにアーカイブ性を託すことはそもそも無策であるため、展覧会が終了しても継続的に残る記録集に、アーカイブ性を託した。通常、展覧会場には展示作品についてなんらかのかたちで説明が添えられるものであるが、同展においては説明を壁に掲出したり資料として配布するかたちをとらなかった。かわりに、ファイリングが可能な二つ穴の開いたカードに、各活動の概要を経緯とともに印刷したものを、展示空間の諸活動のそばに配置した。つまり、鑑賞者が自らの関心に基づいて自由にカードを持って行くことができるかたちをとったわけだ。この二つ穴の開いた説明カードは、バインダー形式とした本展公式記録集と形状的に連動している。鑑賞者が選び取った、あるアーティストの活動の説明カードを自ら記録集につけ加えたり、あるいはまったく別の紙でも二つ穴を開ければ任意に追加することができる。つまり、同展の記録集は、更新可能性を示すものだった。言い換えれば、東日本大震災を受けてアーティストがとった活動の、あくまで「進行形の記録」でしかなかった同展およびその記録集を、完成形として受け止められてしまうことを極力避け、かつ、鑑賞という行為を編集という行為につなげ、あたかも一つの私的なアーカイブであるかのように鑑賞者がめいめいに東日本大震災にまつわる記録を編むことを画策した。

言うなれば、同展はアーティストの活動を介して、鑑賞者の態度を〈観る〉から〈考える〉へと発展させると同時に、〈編集する〉〈記録する〉という行動につなげることで、東日本大震災にかかわる一人の当事者として来場者を迎え入れ、鑑賞する人の主体性を呼び起こそうとしたのだ。（コラム4に続く）

［1］「3・11とアーティスト：進行形の記録」は２０１２年10月13日から12月９日まで、「3・11とアーティスト：10年目の想像」は２０２１年２月20日から５月９日まで、いずれも公益財団法人水戸市芸術振興財団の主催により、水戸芸術館現代美術ギャラリーにて開催された展覧会である。

［2］クンストハレについては、以下を参照。星野太「クンストハレ」『Artwords（アートワード）』artscape. 大日本印刷（https://artscape.jp/artword/index.php/%E3%82%AF%E3%83%B3%E3%82%B9%E3%83%88%E3%83%8F%E3%83%AC　参照：２０２３年５月５日）

［3］コラム４に後述される「10年目の手記」の投稿者の一人である水月浮太郎は自らが住まう茨城県を震災当時、被災地というくくりの中では「微妙な位置」にあったと記した。水月浮太郎「10年目の手記―思い出すざわざわ」『ART SUPPORT TOHOKU TOKYO 2011 → 2021』公益財団法人東京都歴史文化財団 アーツカウンシル東京（https://asttr.jp/feature/shuki/005/index.html　参照：２０２３年５月５日）

［4］水戸芸術館は館内事業を２０１１年７月に再開したが、復旧工事はパイプオルガンの復旧工事竣工によって１年後の３月に完了した。「水戸芸術館とは―水戸芸術館の沿革」水戸芸術館（https://www.arttowermito.or.jp/about/　参照：２０２３年11月21日）

［5］ＪＣＯ臨海事故については以下を参照。「［Newsletter］ＪＣＯ臨界事故の概要１９９９年12月27日」一般社団法人日本原子力産業協会（https://www.jaif.or.jp/ja/news/1999/1207-1.html　参照：２０２３年5月5日）

［6］政府は２０２２年8月、２０２３年夏以降に再稼働を目指す7基の原発を発表し、そのうちの一つに東海第二原発を挙げた。「原発再稼働を加速　東海第二原発　茨城・東海村など地元への波紋は」２０２２年11月7日『ＮＨＫ首都圏ナビ』（https://www.nhk.or.jp/shutoken/wr/20221107a.html　参照：２０２３年5月5日）

［7］竹久侑（2021）「本展の企画についての記録と考察」『3・11とアーティスト：進行形の記録』水戸芸術館現代美術センター、１４１-１４２頁

III

「あの日」への想起のダイナミクス

——場を創造する

「あの日」を想起する試みは、
人が場所に出向くことで成立するメディアにおいても展開される。

「**第7章　記念式典　災害を社会はいかに記憶するか**」（福田雄）は、災害の記念式典を「習慣の記憶」「身体化の実践」「遂行性」の概念から検討し、人々が集い祈る場所としての「記念式典」を現代的な問いとして考察する。

「**第8章　災害遺構　何を残し、何を伝えるのか**」（林勲男）は、東日本大震災の被災地における、遺構の保存／解体の判断プロセスの具体的事例を検討し、それらの処置をめぐる対立も含めて地域史の文脈に再配置する可能性を提示する。

「**第9章　文化施設　わすれン！アンダーグラウンド――「3がつ11にちをわすれないためにセンター」の活動に見る映像メディアの実践と倫理**」（門林岳史）は、仙台市の文化施設「せんだいメディアテーク」で展開された、市民の映像記録活動にかかわる公共事業「わすれン！」をめぐって、その担い手たちが地下水脈のように脈動し生み出した固有の映像と倫理を明らかにする。

「**第10章　映像　断片をつなぎあわせて透かし見る**」（青山太郎）は、前章でも取り上げた「わすれン！」の参加者の一人である鈴尾啓太の映像作品群と、阪神・淡路大震災にかかわる朝日放送によるウェブ映像アーカイブを横断的に検討し、災害アーカイブの鑑賞者における映像の「断片」の接続の創造性を考察する。

第7章

記念式典

災害を社会はいかに記憶するか

福田 雄
ノートルダム清心女子大学文学部准教授

1981年、兵庫県生まれ。関西学院大学大学院社会学研究科博士後期課程修了。博士(社会学)。専門は、社会学、宗教研究、災害研究。著書に、『われわれが災禍を悼むとき——慰霊祭・追悼式の社会学』(慶應義塾大学出版会、2020年)、共著に、*Handbook of Disaster Ritual: Multidisciplinary Perspectives, Cases and Themes*, Peeters Publishers, 2021、『東日本大震災からのスタート——災害を考える51のアプローチ』(東北大学出版会、2021年)など。

第1節　災害の記憶の想起と記念式典

東日本大震災以降、災害の記憶の伝承を主題として、慰霊祭や祭りといった地域行事に焦点を当てた研究が見受けられる。たとえば佐藤翔輔と今村文彦は、東日本大震災の犠牲者が「ゼロ」だった岩手県のいくつかの地区を調査し、人的被害が最小化されたその要因の1つを地域で続けられてきた「慰霊祭」に求めている（佐藤・今村 2017）。１９３３年の昭和三陸地震津波において多くの犠牲者を出した洋野町八木地区や普代村太田名部地区では、その地震が発生した3月3日ごとに毎年慰霊祭を行なってきたという。災害を記念する慰霊祭を繰り返し行うことが、世代を超えて被災の記憶を伝承させ、その結果として防災につながった可能性をこの研究は示唆する。ほかにも被災地域の「まつり」（門倉・佐藤・今村 2020）や、追悼式と石碑の複合的な役割（小山・熊原・藤本 2017）など、地域で行われる行事や式典に着目する研究がある。これらの研究で焦点があてられる行事とは、町や村、地域社会で執り行われる記念式典である［1］。公式の記念行事を執り行うことは、地域社会でどのような意味をもち、またそれは被災の記憶の伝承とどのようにかかわるのか。いくつかの実態調査はあるものの、その社会的メカニズムを考察した研究は多くない。

［1］　八木地区の慰霊祭は住民主導で行われているものの、毎年町長・副町長ほか役場職員が参加し開催される、準公式の記念行事といえよう。

このことを踏まえ、本章では記念式典と、社会的記憶との関係に焦点をあてた議論を検討し、記念式典という媒体＝メディアが、災害の記憶の想起についていかなる役割を果たすのかを考察する。具体的にはイギリスの社会理論家ポール・コナトンの『社会はいかに記憶するか』（1989=2011）をとりあげ、災害の記憶という文脈のもとに再構成する。そうすることで、災害のあとに執り行われる記念式典を分析するための可能性と課題について考察する。その際、これまで執筆者が行なってきた国内外の調査で得られたデータを適宜参照する。

第２節　記念式典と集合的記憶

記念式典はいかなる社会現象として捉えることができるのか。ポール・コナトンによれば、記念式典とは、まずもって集合的記憶という観点から捉えられる現象である。『社会はいかに記憶するか』が、１９８０年代に到来した記憶研究「ブーム」のなかで独自の位置を占め続けているのは、記念式典と記憶論を結びつけるこの点にある。コナトンによれば、これまでの記憶研究は社会学者モーリス・アルヴァックスの集合的記憶論にその理論的基礎を多く負ってきた。しかしながら、社会の記憶がいかに維持・伝承されるのかという過程は十分に明らかにされてこなかったという。アルヴァックスが主張するように、社会の記憶は単にある記憶を保持する集団——たとえば親族集団や宗教集団、あるいは階層集団——と諸個人が社会関係を持ち続けるだけでは維持・伝承されることはない。集団における記憶の共有とその伝達は、そこで「儀礼的なパフォーマンス」(Connerton 1989=2011:6) が執り行われることによって可能となるとコナトンはいう。すなわちコナトンは、記念式典 (commemorative ceremonies) や身体の実践といった行為の側面に社会の記憶を見出すのである。コナトンによれば、これまでの記憶研究では身体的な次元がほとんど検討されてこなかった。主として精神分析や実験心理学における記憶研究と対比させることで、コナトンは「習慣の記憶」という彼の記念式典論における重要なキーワードの1つをとりあげる。以下ではまず、この「習慣の記憶」という観点からコナトンの記念式典論と社会の記憶の関係を検討する。

第3節 「習慣の記憶」

コナトンによれば、それまでの研究は、記憶を、「個人の記憶」「認知の記憶」「習慣の記憶」という3つのタイプに分けて検討してきた。このうち「個人の記憶」とは「個人のライフ・ヒストリーを対象とするような記憶」(Connerton 1989=2011: 36) である。たとえば、東日本大震災の経験や被災前の思い出についての個人の語りや手記などがこれにあたる。コナトンによればフロイトに代表される精神分析の領域では、早くから個人の記憶に焦点をあてた知見が蓄積されてきた。自己のアイデンティティと深くかかわる過去の記憶は、患者の心身不調の原因を理解したり、それを克服するための重要な位置を占めると捉えられてきたのだという。

一方、「認知の記憶」とは、ある物語のあらすじや、町の地理、今後の予定などを「覚えている」というときの記憶をいう。たとえば2011年3月11日14時46分に発生した地震について、津波の第一波が沿岸部のある地域に到達したのはおよそ何分後であったか、集落のどのあたりまで津波は到達したのか、当初の復旧・復興計画がどのようなものであったのかということにかんする記憶がここに含まれる。先述した「個人の記憶」が、「わたし自身のもの」として、その経験をした当事者に特権的立場を生み出すのに対して、「認知の記憶」にはそのような側面はほとんどない。コナトンによれば記憶のこの側面は、実験心理学において「普遍的な心的能力の機能」（Connerton 1989=2011: 49）として検証されてきたという。

ではそれまでの研究で十分に検討されることがなかった「習慣の記憶」とは、どのようなものなのだろうか。コナトンによればそれは、読み書きや自転車に乗るといった、「ある特定のパフォーマンスを再生産する能力」（Connerton 1989=2011: 38）である。この種の記憶が、個人の記憶や認知の記憶と異なるのは、その知識がいつ、どこで、どうやって身についたのか思い出すことが容易ではなく、また「多くの場合、実際のパフォーマンスによってのみ、本当に覚えていることを自分で認識」（Connerton 1989=2011: 39）することができる点にある。習慣の記憶はあまりにも身体化されすぎているがゆえに、日常生活のなかで対象として認識されることがない。この特徴のゆえに、習慣の記憶はこれまで十分な関心が払われてこなかったのだとコナトンはいう。

習慣の記憶の一例として、震災の数年後に宮城県沿岸部で伺った一つのエピソードをあげてみよう。ある日、民宿の神棚の前で女将さんに話を聞いていたところ、この家の息子さんの話になった［2］。彼が仙台の大学に進学し、初めてアパートで一人暮らしを始めたときのことである。引越しの後、かかってきた最初の電話でその息子さんは、「おかあさん、どっち見て拝めばいいのや」と訊ねたという。実家の座敷に飾られている神棚を拝み、仏壇に手を合わせる両親や祖父母の後ろ姿を毎日見ながら、自然とその習慣を身につけた彼にとって、都市部の（おそらく）ワンルームでの生活における大きな違和感の一つは、「拝む」場所の不在だった。彼自身、そのような習慣が身についていることは、おそらくそのときまで気づかなかったに違いない。けれども慣れ親しんだ実家を離れ、新たな日常が始まろうとしたそのときに初めて、この習慣の記憶があったことに気づいたと思われる。習慣の記憶はこのように、その不在や喪失を通じて初めて意識される。災害という文脈

［2］東日本大震災で流されてしまったこの民宿は、数年後に高台に再び再建した際、神棚を作るかどうか迷ったという。なぜなら神様を拝んでいた人も拝んでいなかった人も、津波は「皆もってっちゃった」からである。これを目の当たりにし、「どこでどう線が引かれてという気もあって」、「震災当時はなかなか手を合わせられなかった」という。けれども「やっぱり人間というものは弱いもので」と彼女は語る。神棚も仏壇もない家で「ザワザワ」と落ち着かない気持ちにかられ、「（震災前の神棚に比べれば）ささやかだけど、自分ちのここがカミサマのいどこだよって」決めたいと思ったのだ。「自分も落ち着きたいんでしょうけど、（カミサマのいどこも）落ち着かせたい、それをすることで落ち着くってことになんだべねえ」と彼女は語る。災害以前の記憶、とりわけその生活に根ざした習慣の記憶というのは、このように災害のあとに発見され、再構築されるという側面がある。そしてこの記憶のありようは、災害前と災害後の生き方に深く関連している。

においては、被災以前に当然のものとして行っていた諸々の習慣の記憶が、被災後の生活における実践の場の不在／喪失とともに発見され、その結果として在りし日の生活が想起されるという側面が少なからずある。そしてこのような身体の記憶はこれまで十分に検討されてこなかったのだとコナトンはいう。

とはいえコナトンが問題とするのは、個人的な習慣の記憶ではない。このエピソードに明らかなように、カミサマを拝むという行為は、親がそのように行う姿を彼がみることで、さらにおそらく、そのように振る舞うことが当然なされるべきものだと彼が家族から期待されるなかで、自ずと身につけた社会的慣習である。慣習とはこのように、「共有された意味体系のコンテクスト内部で他者の慣習的な期待に向けられたかどうか」（Connerton 1989=2011: 60）が重要であって、このような社会的文脈を離れて誰も理解できないような個人の習慣をコナトンは議論の対象外とする。社会的慣習の意味はまさに、「他者の慣習的な期待に基づ」くところにあり、それゆえ習慣の記憶とは（他者からみて）「正統な（あるいは正統とされない）パフォーマンス」（Connerton 1989=2011: 61）という観点から理解することが重要だとコナトンはいう。すなわちパフォーマンスの成否は、個人ではなく社会で共有されている慣習についての「暗黙の予期の構造」（Connerton 1989=2011: 20）に依存することをここでコナトンは示唆する。

第4節　記念式典と「身体化の実践」

コナトンによれば、前節で述べたような「習慣として身についた記憶形式の多くは（中略）過去を再現」（Connerton 1989=2011: 128）し、その過去に独特な形で「説得力」を付与する。しかしながら「説得力」にかんしていえば、ある社会に共有される過去の説得力は、習慣や儀礼など身体を用いた無形のものよりも、持続性のある有形の媒体やモノのなかに、より強く宿るのではないだろうか。神話や民話で語り継がれてきた、ある国の起源や、ある民族の出自、この宇宙の真理など、その集団にとって（あるいは、所与の制度の正当化にとって）重要な記憶は、文字として書物に著されたり、絵に描かれたり、あるいは石碑や記念碑といった形あるものに刻み込まれ（inscribed）できた。このように、ある社会で残すべきとされる過去の保存を明確に意図し、文書や絵、記念碑などに残す社会的実践を、コナトンは「モノに刻み込む実践（inscribing practice）」とよぶ。

文章の執筆や記念碑の建立など、記憶をモノに埋め込む実践は、災害の記憶という文脈において目新しいものではない。たとえば、災害にかんする個人の経験や語りを文章として記録する取り組みには枚挙にいとまがないし（金菱 2012; 大槌町 2017; 第7回みやぎ民話の学校実行委員会 2012）、写真や映像記録を残そうという試み（是恒・高倉 2021 など）、また災害遺構・記念碑・復興祈念施設をつくることなどもまた、モノに記憶を埋め込む実践として捉えられる。それらは災害を記憶する当人がいなくなったとしても、後世にその記憶を残す意図を明確にもつ実践である。コナトンによれば、これまでの記憶にかんする研究は、これら「モノに刻み込む実践」をその特別な対象として取り扱ってきた。けれども社会の記憶の維持・伝達は、モノに刻み込む実践だけによって理解することはできないとコナトンはいう。むしろモノではなく、わたしたちの身体に埋め込まれた記憶の方が、より強い持続性をもつというのである。

身体を用いて過去の記憶を維持・伝達するためのこの実践をコナトンは「身体化の実践(incorporating practice)」とよぶ[3]。コナトンのいう身体化の実践とは、微笑んだり、お辞儀をしたり、言葉をかけるなど、身体的な動作によって何らかのメッセージを伝える行為である。一方の「モノに刻み込む実践」は身体的動作が伴わなくなった後においても情報を伝え続ける実践であるのに対して、身体化の実践は身体を用いて「その特定の行為を持続している時間の間だけ」(Connerton 1989=2011: 128) メッセージを伝達する。

たとえば災害を記念するために行われる記念式典は、敬意や謝意、弔意などを示すための身振りや立ち振る舞い、そして話し方や視線の向け方といった身体化の実践によって構成されている。黙とうという儀礼もその一つである。この儀礼は、所定の時間、動作をせず、音を出さず、集団が一斉に頭を垂れるという行為を通じて弔意を示す行為である。黙とうは、その歴史の浅さにもかかわらず[4]、いまやそれ以外のいかなる方法も思いつかないほどに、共同で死を悼むときの定型的行為として日本社会に浸透している。誰もこの行為を「意識して教えられたりすることはな」い

(Connerton 1989=2011:130)。それにもかかわらず、過去の出来事やそこで亡くなった人びとをともに想起するときに、わたしたちはこの実践を自然に行うことができる。黙とうは、複雑で多様な背景をもつ人々がともに過去を想起するという近代社会の要請に適合する［5］ものとして、新たに社会

［3］incorporating practiceは、2011年に出版されたConnerton（1989）の芦刈美紀子訳では「具体化の実践」と訳されている。しかし「具体化」という語のニュアンスは、身体動作という無形のものというよりは、むしろ有形のモノに記憶を刻み／埋め込む実践により適合する語のように思われる。日本語のニュアンスにかかわるこのような混乱を避ける意図のもと、本章ではincorporating practiceを「身体化の実践」と訳した。Concise Oxford English Dictionaryによれば、corporateの語源は、ラテン語の「corpus, corpor- 'body'」(Stevenson & Waite eds 2011: 721）に由来している。「身体（corpus）」に「取り込む（in-）こと」をあらわす、このincorporateという語は、身体化と訳する方がより原著の文脈に適合するように思われる。またこの「身体に取り込む」こととの対比で芦刈訳では、inscribeに「表記」という語があてられている。しかし私見では、「モノに刻み込む」ないし「モノに埋め込む」と訳する方が、とりわけ災害の記憶という文脈においては適合的と考えられた。なお、コナトンの自宅を何度も訪れた訳者の芦刈は、コナトンが「いまでもすべて手書きで原稿を執筆しており、また彼の自宅が「膨大な蔵書に埋もれて、旧式の大きなコンピュータがまるでいかがわしいものであるかのようにつねに布で覆い隠されていた」（Connerton 1989=2011: 219）と訳者あとがきで記している。いまや文章や写真、映像が紙やフィルムといったモノに物理的に「刻み込まれる」ことは少なくなったとはいえ、少なくともコナトンの身体実践の文脈に沿う限りにおいては、inscribeを「刻み込む」と訳すことの意味があると考えられる。

［4］社会学者の粟津賢太によれば、「黙祷」という言葉それ自体の初出は、唐代の韓愈の詩に認めることができる。しかし、「これは声に出して祈らなくても神に通じるという意味であり、追悼や慰霊という今日みられるものとは異なって」いるという。それは「公的な機会に人々が一斉に行う集団的な行為などではなかった」（粟津 2017: 137）。粟津によれば、近代日本に発明された黙とうという「伝統」は、裕仁親王（のちの昭和天皇）が、1921年イギリスの戦没者記念施設やそこでの行事を視察した際にみたtwo minutes' silenceがその起源だという（粟津 2017: 135-138）。皇太子が帰国したその二年後に発生した関東大震災に際し、この英国式の「二分間の黙とう」が皇室の儀礼として行われ、それ以降戦争に関連する軍隊や学校での諸行事を通じて、国民に浸透していったという

的慣習としてつくられ定着した身体化の実践なのである。

しかしこれまでの研究では、その重要性にもかかわらず身体化の実践に関心が向けられることはなかった。それは「モノに刻み込む実践」がある対象を記憶するという意志を明確に表明するのに対して、身体化の実践はそれが一旦身につけば無意識に行われ、「機械的に行われるために独立の行動と認識されない」(Connerton 1989=2011: 130)からだとコナトンはいう。けれども「身体化がもつ記憶術としての重要性と永続性を過小評価」(Connerton 1989=2011: 183)してはならないとコナトンは主張する。記念式典[6]のなかの身体化の実践を通じて、社会の記憶がどのように維持・伝達されているのか、彼が論拠としてあげた事例をみてみよう。

コナトンがとりあげる例の一つは、1933から1939年までのヒトラー政権下で行われた記念式典である。なかでもコナトンは「強烈にカルト的パワーを吹き込まれた」例としてミュンヘン一揆の記念式典を詳細に記述する。ミュンヘン一揆とは、1923年11月8日にベルリンまでの行進を行うことによって、ヴァイマール共和国を倒そうとヒトラーが企てたクーデターである。記念式典の主要なテーマは、結果として失敗したこの軍事的革命で命を落としたナチス側「殉教者」16名の追悼であった。記念式典では「殉教者」らの「犠牲」を思いながら将軍廟に向かって行進が行われた。それは1923年のクーデターにおける行進を具体的な行為で再現するものだとコナトンはいう。その「壮観さ」が「頂点に達した」1935年の式典では、墓から掘り起こされ納棺された16体が、将軍廟まで運び込まれ、その後英霊寺院に安置された。16名一人ひとりの名が読み上げられるとともに、ヒトラーによって追悼の花輪が捧げられ、16発の礼砲が発砲された。「殉教者」の死を想い出すこれらの儀礼を通じて「1923年の政治的失策」は、「敗北でも、無意味でも、無駄でもなかったと再解釈され」(Connerton 1989=2011: 74)たという。クーデターで命を失った16名の死は「無意味なものではなく犠牲として解釈された」(Connerton 1989=2011: 74)。何のための「犠牲」か——それは1933年1月30日のヒトラー内閣成立という「勝利」のための「犠牲」である。すなわち1923年のクーデター失敗は、1933年の革命成功の「予示」として再解釈されたのだとコナトンはいう。毎年11月9日に繰り返されるようになったこの「伝統的」式典においてミュンヘン一揆は「絶対的な過去形で語られることはなく、抽象的な現在形で語られた」(Connerton 1989=2011: 75)。それはこの式典が「参加者に神話的事件を思い出させる」というよりは、むしろ1923年の「神聖な事件」を、誰の目にも明らかな形で「いま・ここ」に「再現」させるからだ

[5] それがとくに「多元社会および多文化主義に適している」のは、沈黙を守るという行為が「人々の多様性を覆い隠してしまうからにほかならない」(Awazu 2016: 68)と粟津は指摘する。

[6] コナトンは記念式典に焦点をあて、社会的な記憶の維持・伝達過程に果たす重要な役割を主張する。コナトンにとって記念式典とは、「多かれ少なかれ普遍的順序をもつ、形式化した行為や発声のパフォーマンスを用いて丹念に練り上げられた方法で、過去に起こったとされる出来事の一つのナラティブを儀礼的に再現」(Connerton 1989: 79)する実践である。それは、コミュニティが自分自身に向けてその過去の出来事を思い出させる試みであり、「過去からの連続性」を「明白に」主張するという点において、その他の儀礼と区別されるという。

という。このように公式で行われる記念式典は、「記憶に働きかける力」（Connerton 1989=2011: 29）を有するのだとコナトンは主張する。

この主張に対して私たちは次のように問う誘惑にかられよう。社会の記憶を維持・伝達するという記念式典の役割を主張するにあたってあげられた論拠が、たかだか数年しか続かなかったナチスの記念式典や、フランス革命の後に一度行われた儀礼［7］というのは、あまりにも説得力を欠くのではないだろうかと。いうまでもなく、数年から数十年前の事件を当事者が思い起こすことと、自分が経験していない遠い過去を「わたしたち」の歴史として想起することとはまったく次元が異なる営みである。この疑問に対応する事例としてコナトンは、ユダヤ教、キリスト教、そしてイスラームといった「世界宗教」における礼拝をあげる。それらは記念式典の特質が「最も明らかに表現され、幾度となく繰り返される」（Connerton 1989=2011: 79）事例であるという。

たとえば「旧約聖書とユダヤ教祈禱書」（特に歴史書）は、ユダヤ人の「歴史的ナラティブによって徐々に形成されたアイデンティティ」（Connerton 1989=2011: 79）をあらわにしているとコナトンはいう。なかでも特に申命記は、「イスラエルの新しい世代がモーセの伝統とつながりをもち続けること」（Connerton 1989=2011: 80）［8］を可能とさせる「記憶の神学」であるとコナトンは評価する。これら「正典」を通じた「追想」は、過越の祭りやプリムやハヌカといった祭典のなかで共同で行われ、それによって民族共通の記憶が維持・伝達されるという。同様の指摘は、ミサを通じて最後の晩餐（そしてイエス・キリストの磔刑）を追想するキリスト教にもあてはまるという。さらにイスラームではラマダンという断食月の諸実践を通じて「人々を導くためにコーランが世に送り出された」（Connerton 1989=2011: 83）ことが想い出されるとコナトンはいう。このようにコナトンは「世界宗教」のなかに、「ある共通の特徴を備えた多種多様な儀式の存在」（Connerton 1989=2011: 84）［9］を認める。それらは「高度な形式性と普遍性によって、単に過去からの連続性を示唆するだけではなく、その連続性を記念するという明確な主張を本質的な特徴の一つとする儀式」（Connerton 1989=2011: 84）なのである。このようにコナトンは、記念式典が世代を超えて社会の記憶を維持・伝達させるという主張を、旧約聖書のアブラハムに由来する3つの「世界宗教」の儀礼によって例証する。

［7］このほかコナトンはフランス革命において行われたルイ16世の公開処刑（1793年）を儀礼として解釈する。コナトンは、この綿密に計画された記念式典が、革命以前の王政という過去を想起させつつ、その終焉と新たな秩序の始まりをつくりだす役割を果たした評価する。革命以前／以降の秩序を象徴的にあらわすために、王の公開処刑は公式の儀礼として執り行われる必要があったとコナトンはいう。かつて公式の場で載冠され即位することで、その神聖性が公式に付与されたルイ16世を、非公式に殺すことは神聖性の冒涜という感情を民衆に抱かせるかもしれないと革命家らは危惧した。公式の記念式典のなかで王を殺すことは、人びとにアンシャン・レジームの秩序を一旦想起させたうえで、新しい秩序への移行を象徴的に表したのだという。

［8］なおコナトンによれば「旧約聖書と祈禱書の両方において、「追想」という言葉は、教義を実践するユダヤ人がコミュニティの歴史を支える主要な出来事を、現在の生活に甦らせて回復しようとするプロセスを表現するための専門用語となっている」（Connerton 1989=2011: 80）という。

［9］むろんここでいう身体化の実践は、聖書（旧約・新約）やクルアーンといった「モノに刻み込む実践」と組み合わされることにより、過去の想起を可能とさせている。コナトン自身この二つのタイプを互いに独立させることができないことを暗に認めている（Connerton 1989=2011: 136-139）。しかしこれまでの記憶にかんする研究はあまりにも「書かれたこと」の解釈に重点が置かれていたという。

第5節　記念式典における儀礼の「遂行性」

なぜ記念式典はかくも強力な記憶術をその特性としてもつことができるのか。コナトンによれば、それは記念式典の儀礼が、「その遂行を習慣とする人々による批評的吟味や評価」(Connerton 1989=2011: 183) を容易には許さず、ある決まった身体動作を反復させることによって、特定の記憶を喚起させるからだという。記念式典はそれゆえ、「疑惑作用に対する一定の保護手段」を含み、「これが記憶術のシステムとしての重要性と永続性の源となっている」(Connerton 1989=2011: 183) とコナトンは指摘する。このように記念式典は、身体的実践を通じて過去を想起し、そのことにより「非常に効果的な形で過去を保存する」(Connerton 1989=2011: 128) からこそ、最も重要な記憶保持と伝達の手段なのだとコナトンはいう。

ただしコナトンは記念式典が執り行われさえすれば、記憶が維持・伝達されると考えてはいなかった。「もしも、社会の記憶というものが存在するとすれば、多くの場合、それは記念式典のなかに見いだせる」と述べたうえで、コナトンは次のようにいう。「記念式典は遂行的である限りにおいてのみ、記念となる」(Connerton 1989=2011: 7)。記念式典が遂行的であるとは、どのようなことをいうのだろうか。コナトンの記念式典論の3つ目のキーワードとして、最後にこの点をみていこう。

前節にみたとおり、これまでの記憶研究では記念式典などの身体化の実践が十分に検討されることはなかった。儀礼などの身体的な行為が取り扱われることがあったとしても、それは神話や世界観といった、その社会の本質的な「内容」をよみとるための、単なる「形式」とみなされたとコナトンはいう。たとえば人類学や民族学において未開部族の儀礼は、それを実践する当の本人ですら十分に理解していない社会の構造を解読するための「テキスト」あるいは「規則」や「コード」――言語に準ずるもの――として分析されてきたという。すなわちこれまでの研究は、「水面下にあるとされている儀礼の「本当の」目的や意味」（Connerton 1989=2011: 92）や、儀礼の「裏」に隠された真理を探し求めてきたのだ。しかしながらコナトンは、儀礼の裏にあるその「内容」に注意を払うのではなく、むしろその表面にある「形式」に着目することで、社会の記憶がいかに伝達されるのかを探求するべきだと主張する。

コナトンのいう「形式」とは何か。それは儀礼で用いられる言葉の独特な使い方に関連する。オースティンの言語行為論に依拠しつつ、コナトンは述べる。「たとえば約束や誓約などの行為は、規定された言葉の発話によってのみ遂行され」（Connerton 1989=2011: 102）る。約束や誓いの言葉のほかにも、儀礼のなかで典型的にみられる「願う」「祈る」「感謝する」といった言葉は、発話されるという行為そのものによって遂行され、その効力を発生させる。儀礼のなかで発話が遂行されることは、神話や世界観といった「内容」を描写・陳述するための「意味のある音が発せられる」だけの行為ではないと、コナトンはいう。これらの遂行的言語が発話されるとき、そこでは「信頼や尊敬、服従や悔悛や感謝といった心の姿勢が前提」（Connerton 1989=2011: 103）とされ、この発話そのものによって、これらの心の姿勢が「現実のもの」となるのだ。

儀礼にみられる発話は、このように「典型的な動詞」だけでなく、「人称代名詞の特殊な使い方」によっても特徴づけられるとコナトンはいう。儀礼でよく用いられるweやusといった一人称複数形の主語は、多くの人々がそこにいるにもかかわらず、彼らがあたかも「一種の合体した人格であるかのように」行為していることを遂行的に示す。「われわれ」というこの発話を通じて、儀礼が執り行われるコミュニティのメンバーのあいだに「基本の心構えがある明確な形式を与えられ構成される」(Connerton 1989=2011: 104)とコナトンはいう。「「われわれ」と発音する際に、参加者は外部との境界のはっきりした空間だというだけでなく、それらの言語行為によって規定される一種の想像上の空間に集うことになる」。すなわち「遂行的発話とはいわばコミュニティが構成され、かつその構成の事実を思い出させる」(Connerton 1989=2011: 104)行為なのである。コナトンによれば記念式典は遂行的な発話によってコミュニティを成り立たせ、かつ共通の過去を想起させる身体化の実践であるがゆえに、記憶を共有し伝達するメディアとなりうるのだという。

コナトンのいう遂行性を、災害の文脈において理解するために、執筆者が以前検討した東日本大震災をめぐる石巻市の慰霊祭・追悼式の語り(福田 2020, 第4章)をみてみよう。東日本大震災を記念する式典の式次第は、津波の犠牲者に向けられた儀礼によって構成されている。式典会場では「東日本大震災犠牲者之霊」と書かれた白い標柱が、会場前方に設えられた祭壇の中央に立てられる。式典内のほぼすべての儀礼が、この標柱に向けられる。そして、どのような自治体でも必ず行われるのは、黙とう、献花、そして式辞（「犠牲者」への発話）である。

式典では、市民の代表者として市長が「犠牲者」と向きあい、「式辞」や「慰霊の言葉」を捧げる。このほか議会の代表者や遺族の代表者もそれぞれ語る機会が与えられる。語られる発話の形式はきわめて似通っている。まずはじめに「追悼の言葉」や「哀悼の誠」が捧げられ、一連の発話の目的が宣べられる。その後、津波が襲ったあの日が回想されるとともに、現在の語り手の心情（「いまだに信じることができない」など）や無念の思いが吐露される。続いて震災後の支援への感謝が述べられたのちに、最後は市民（あるいは議会、遺族）の代表者として、復興への取り組みが誓われ、死後の冥福が祈られる。

このように東日本大震災を記念する式典における発話は、まずもって死者に向けられる点に特徴がある。またそこでは過去への回想とともに、死者への誓いや約束［10］といった遂行的言語が発話される。これら「口にすることで自動的に有効になる力をもつ言葉」（Connerton 1989=2011: 58）が発話されることによって、語り手の「心の姿勢」が遂行的にあらわれる。すなわち語り手が「決して無駄にしない」とか「復興を誓う」といった言葉を発することによって、その言葉が現実のものとして力をもつこととなる。この発話は決して個人的な語りではない。彼らは市民や議会、遺族といっ

［10］ 支援への「感謝」も同様に多くの語りにみられる。

た集団を代表して、「われわれ」の一員として、死者に語り、誓い、約束する。そうして儀礼を通じて「われわれ」というコミュニティがたちあらわれ――このコミュニティは「発話が遂行される時にのみ生じるのだ」(Connerton 1989=2011: 58)――、過去が共有される。コナトンであれば、これら慰霊祭にみられる儀礼をもって、社会の記憶を伝承するための典型的な事例だと主張するに違いない。まさにこの記念式典における語りの「遂行性」という特質〔11〕のなかにコナトンは身体を伴う実践の「記憶術のシステムとしての有効性」(Connerton 1989=2011: 105)を見い出すのだ。

第6節　コナトンの記憶論とその射程

これまでコナトンの記念式典論を「習慣の記憶」、「身体化の実践」、そして「遂行性」というキーワードをあげつつ、災害の文脈のもとに捉え返すことを試みた。その結果、災害のあとに執り行われる記念式典は、コナトンの記憶論を例証する一つの理想的な事象として捉えうる側面があることが示唆された。これらの議論を踏まえたうえで、以下ではコナトンの記念式典論に向けられた批判を検討し、災害のあとに行われる記念式典を考察する際の可能性と課題を吟味する。

１９８９年に出版された『社会はいかに記憶するか』は、人類学や社会学など、フィールドの身体実践を考察する研究を中心に多く参照されるようになった。人類学者のデイビッド・サットンは、この研究を記憶の人類学的研究の「試金石(a touchstone)」と評したうえで、近年の人類学的な記憶研究で参照される「唯一の」文献となっていると指摘する（Sutton 2004: 95）。もちろん伝統や歴史といった過去をめぐるテーマのもとに人々の身体的な側面を取り扱った研究はコナトンが初めてではなかったし、人類学や歴史学においてすでに指摘されてきた個別の論点も少なからず含まれている。しかしながらこれら諸々の論点をアルヴァックスの集合的記憶論をベースとして、より一般的な議論としてまとめあげたこの研究は、集合的記憶という研究領域において無視できない影響力をもつにいたった[12]。

一方、コナトンの議論に対しては、いくつかの看過できない批判もよせられている。以下ではコナトンに寄せられた批判を3点確認するとともに、それぞれの論点を災害の記念式典という事例研究で検討するべき課題として捉え直すことを試みる。

[11] コナトンは、「遂行性」に加えてもう一つ、「形式性」という儀礼の発話の特性に言及する。儀礼の言語は「計画的に構成され、その選択範囲に制限が加えられ」る（Connerton 1989=2011: 105）。そこでは「それまでに遂行されてきた言葉や行為の連続」が参照されることにより、言葉の順序や、限定された語彙、対となるべき言葉の組み合わせ、イントネーションなどの柔軟性に制限がかけられ、儀礼における言語行為を「ある一つの方向へと向かわせ（中略）予測可能」（Connerton 1989=2011: 107）なものとさせる。このように儀礼における言語の形式性という特性は、ある発話から次の発話への予期と反復を可能なものとさせる。この点については、前例を踏襲しながら定型的内容が語られる慰霊祭や追悼式の式辞を思い起こすだけで事足りよう。結果として、儀礼の言語は日常的な言語と比べ、「型にはめられ紋切り型」（Connerton 1989=2011: 102）となり、記憶の不変性を担保するという。

[12] たとえば2011年に出版されたThe Collective Memory Readerにおいては、「現代の社会的記憶研究における画期的なテキスト（a landmark text）」（Olick & Vinitzky-Seroussi & Levy 2011: 338）として紹介されている。

まず第一の論点として、コナトンのいう記憶という概念があまりにも一般的すぎるという批判がある（Gellner 1992; Urry 1995）。人類学者のデイビッド・ベルリーナは、「記憶の濫用」という論文のなかで、コナトンを含めた集合的記憶論の問題について次のように指摘し、より明晰な議論の必要性を強調する。

記憶が全てである（あるいは全てが記憶である）と主張することによって、そして社会それ自身が記憶を構成するということによって、彼らは明らかに記憶という問題を、文化の一般的プロセスへと拡散させ、人類学者のなかで「文化の社会的記憶」という関心を更新したのだ。（Berlinar 2005: 206）

この指摘を踏まえれば、次のような問いを設定し、検討することは不可避と思われる。災害にかかわる社会の記憶が伝承されているというとき、それは災害のどのような記憶を指しているのか。そこで問題とされる記憶とは、数十年前にこの場所で災害が起こったという認知的記憶以上のものであるに違いない。だとすれば、そこでいう社会の記憶とは、災害にかんして集団で共有された慣習や生存戦略〔13〕などの「災害文化」とどこまでが重なり、どの程度異なるのだろうか。あるいはコナトンならば、災害の記念式典では、死者の無念や「決して繰り返してはならない」といった、「価値や意味」（Connerton 1989=2011: 78）が伝承されていると言うかもしれない。しかしそれは儀礼によってあらわれる記憶の「内容」と、どの程度区別可能といえるのだろうか。コナトンのいうように災害にかかわる記憶の「内容」ではなく、その「形式」が問題だというとき、記憶の「形式」とその「内容」とは、どの程度分析のうえで重なり、またどの程度切り分けられるものなのだろうか。これらの問いを具体的な事例に即する形でより明晰に論じる必要がある。

また第2の論点として、コナトンの議論の機能主義的な側面（Gable 1992）も批判的に検討する必要がある。前節にみたようにコナトンは、「われわれ」という主体が儀礼のなかで構成されることで、社会の記憶が共有され維持・伝達されると述べた。公式の記念式典における支配的な語りに社会の記憶をみてとる――「多分にデュルケミアン（so Durkhemian）」（Kumar 1990: 568）な――このコナトンの視点は、周縁化されるオルタナティブな記憶に沈黙を強制し、そのことを正当化するという問題を含んでいる（Urry 1995: 50）。先にみたナチスの記念式典の例においては、その式典がナチスを正当化する記憶のみを現前させる一方で、ナチスによって弾圧され迫害された人びとの苦しみが、あたかもそれがなかったかのように不在とされているのは明白である［14］。記念式典にあらわれる災害の社会的記憶が、一体誰のものであり、そこでは誰の記憶が排除されていたり、不可視化され

［13］ 社会学者の植田今日子は、東日本大震災後の気仙沼の集落にみられた実践――地震後、船を沖に出して津波から船を守る、親子で船に乗らないなど――をあげている（植田 2012）。

［14］ この点はインドネシア・アチェの津波記念式典における救いの両義性として拙著で指摘した点と関連する（福田 2020）。

ているのかを慎重に検討することが求められる。この点はとりわけ近代的な「国民国家」や「民族」、また「世界宗教」といったコンセプトを無批判に前提とすることができない現代社会の複雑かつ多元的なリアリティを分析するにあたって看過できない問題である。

そして第3番目の論点は、社会の記憶が維持・伝達されていくとコナトンが主張するときに、そこで取り上げられる事例が、ユダヤ教・キリスト教・イスラームといった宗教に限られているという指摘（Gellner 1992）である。記念式典という実践が世代を超えて社会の記憶を維持・伝承すると主張するならば、アブラハムに由来する諸宗教と対比させることが可能なほどに世代を超えて執り行われ続ける実践と対象にかんする想起のあり方が吟味されなければならない。そこでは単に式典が続けられていることや、その式典を主催する集団が存続し続けること［15］以上に、その式典における儀礼の身体的実践がどのように記憶の持続あるいは変化に寄与しているのかを詳細に明らかにすることが求められる。

しかし実際には、災害を記念するために長期にわたって続けられている記念式典は決して多くなく、もしあったとしても各回の式次第や儀礼の詳細が記録として残っている場合はほとんどない。なぜ記念式典で行われる儀礼の記録は残らないのか。その原因の一つは、「前例を踏襲する」という慰霊祭や追悼式の特徴に求められる。これらの記念式典の遂行にあたっては、前例を踏襲するための前年に行われた儀礼のメモ書きがあれば事足り、数年後数十年後を見据えて公式に詳細な記録を残す必要はほとんど感じられることがない。慰霊や追悼は、死者に向かって当然なされるべきものという、社会的慣習に基礎づけられた動機によって行われ、また習慣として身体化された実践によってその式次第が構成される。慰霊や追悼は前例が踏襲され続けることそれ自体が主要な目的とされる営みであり、式次第の変更は決して望ましくない。式次第の変更はあったとしてもきわめて緩やかであり、それは慣習の許容範囲内で行われるため記録されることもほとんどない。これらの理由により、災害のあとに行われる記念式典の通時的な変遷は記録されにくく、あとづけることが極めて困難である。

しかしながら、いわゆる自然災害とは異なるものの、原爆という災禍をめぐる記念式典が戦後70年以上続けられるなかで、どのように変化したのかという研究はある（福田 2020）。執筆者が以前検討した長崎市の原爆慰霊行事は、被曝者や遺族をとりまく様々な社会的状況の変化に伴い、その儀礼を少しずつ変化させてきたことが事例のなかで明らかにされている。毎年8月9日に長崎市が主催する原爆慰霊平和祈念式典では、１９４５年の惨事や人々の苦しみを忘れてはならないというメッセージが繰り返される。そこでは「われわれ」という主体が絶えず登場して、平和宣言という

［15］　社会学者の三木英は、近代日本の災害の記念行事の調査をもとに、被災をめぐる集合的記憶を論じている。三木は主としてアルヴァックスの集合的記憶論に依拠しつつ、その担い手が存続することで、慰霊祭などの記念行事が続けられ、被災の記憶が継承されると主張する（三木 2020）。そこでは集団の持続性と記憶の持続性とが同一視されている。しかしながら記念行事で行われる儀礼そのものについての詳細なデータは十分に検討されているとはいえない。

スピーチが語られる。悲惨な過去を想起するために半世紀を超えて続けられている記念式典の持続性とともに、その儀礼の形式が時代ごとの被爆者や遺族を取り巻く経済や政治、メディア環境に応答する形でゆるやかに変化してきたという動態性もまた確認することができる。平和祈念式典は、「世界平和」や「核廃絶」といった理念を未来に実現させることで、突然の死と長期にわたる耐えがたい苦しみを与えた災禍を意味づけるという目的のもとに執り行われている。それは「過去の再現」以上の、未来に向けた実践であるという側面がある[16]。コナトンは記念式典のなかに、「現存のいかなる正統な学説にも適切に説明されない慣性」(Connerton 1989=2011: 7) をみるが、それと同時に様々な社会状況との関連において、その「動態性」をも視野に入れつつ、具体的事例のなかに検討することが求められる。

このように現代社会の災害にかんする記念式典を分析する際の枠組みとしてコナトンの議論を用いるにあたって、検討すべき論点は少なくない。これらの課題を踏まえたうえで、具体的な事例を解釈することで、記念式典と想起のダイナミズムを捉え返す豊かな可能性が明確になると思われる。

[16] この点について執筆者が記憶ではなく、「苦難へのコーピング」(福田 2020: 11) という観点から考察を試みたのは、そうすることによって記念式典に参加する人びとの災禍と向き合い続ける動因に接近可能と思われたからである。この「未来へと開かれる側面」に焦点をあて、宗教学者の西村明は「パフォーマティブな記憶」(西村 2010: 99) という概念を提示している。

参考文献

Awazu, K. (2016), "The Cultural Aspects of Disaster in Japan: Silent Tributes to the Dead and Memorial Rocks," in: *Asian Journal of Religion and Society*, vol. 4, no. 1, pp. 53-77.

Berlinar, D. (2005), "The Abuse of Memory: Reflections on the Memory Boom in Anthropology," in: *Anthropological Quarterly*, vol. 78, no. 1, pp. 197-211.

Connerton, P. (1989), *How Societies Remember*, Cambridge University Press, Cambridge England; New York.〔芦刈美紀子 訳（2011）『社会はいかに記憶するか――個人と社会の関係』新曜社〕

Gable, E. (1992), "Book Reviews: How Societies Remember (Themes in the Social Sciences) by Paul Connerton," in: *American Ethnologist*, vol. 19, no. 2, pp. 385-386.

Gellner, D. N. (1992), "Book Reviews: How Societies Remember by Paul Connerton," in: *Journal of the Anthropological Society of Oxford*, vol. 23, no. 3, pp. 185-186.

Kumar, K. (1990), "Book Reviews: How Societies Remember by Paul Connerton," in: *Sociology: the Journal of the British Sociological Association*, vol. 24, no. 3, pp. 568-569.

Olick, J. K., Vinitzky-Seroussi, V., Levy, D., eds., (2011), *The Collective Memory Reader*, Oxford University Press.

Stevenson, A., Waite, M., eds. (2011), *Concise Oxford English Dictionary* (twelfth edition), Oxford University Press.

Sutton, D. (2004), "Ritual, Continuity and Change: Greek Reflection," in: *History and Anthropology*, vol. 15, no. 2, pp. 91-105.

Urry, J. (1995), "How Societies Remember the Past," in: *The Sociological Review*, vol. 43, pp. 45-65.

粟津賢太（2017）『記憶と追悼の宗教社会学――戦没者祭祀の成立と変容』北海道大学出版会

植田今日子（2012）「なぜ被災者が津波常襲地へと帰るのか」『環境社会学研究』18号、60‒80頁

大槌町（2017）『平成28年度　生きた証――岩手県大槌町東日本大震災「生きた証プロジェクト」回顧録』大槌町

小山耕平・熊原康博・藤本理志（2017）「広島県内の洪水・土砂災害に関する石碑の特徴と防災上の意義」『地理科学』17号、１１８頁

門倉七海・佐藤翔輔・今村文彦（2020）「発災から50年経過した水害被災地の記憶と備えの実態分析――１９６７年羽越水害をまつりで伝承する新潟県関川村」『地域安全学会論文集』37号、１１７‒１２３頁

金菱清 編・東北学院大学震災の記録プロジェクト（2012）『３・１１慟哭の記録――71人が体感した大津波・原発・巨大地震』新曜社

是恒さくら・高倉浩樹 編（2012）『災害ドキュメンタリー映画の扉――東日本大震災の記憶と記録の共有をめぐって』新泉社
佐藤翔輔・今村文彦（2017）「東日本大震災における「津波による犠牲者ゼロ」の地域を対象にした探索的調査」『地域安全学会梗概集』40号、181‐182頁
第七回みやぎ民話の学校実行委員会 編（2012）『「みやぎ民話の会叢書第十三集「第七回みやぎ民話の学校」の記録 2011・3・11大地震大津波を語り継ぐために――声なきものの声を聴き 形なきものの形を刻む』みやぎ民話の会
西村明（2010）「記憶のパフォーマティヴィティ――犠牲的死がひらく未来」池澤優・アンヌブッシィ 編『非業の死の記憶――大量の死者をめぐる表象のポリティックス』秋山書店、91‐103頁
福田雄（2020）『われわれが災禍を悼むとき――慰霊祭・追悼式の社会学』慶應義塾大学出版会
三木英 編（2020）『被災記憶と心の復興の宗教社会学――日本と世界の事例に見る』明石書店

第8章

災害遺構
何を残し、何を伝えるのか

林 勲男
人間文化研究機構 国立民族学博物館名誉教授
総合研究大学院大学名誉教授

専門は、オセアニア社会と災害に関する人類学研究。特定非営利活動法人防災デザイン研究会理事長。阪神・淡路大震災記念人と防災未来センター震災資料研究主幹。編著書に、『災害文化の継承と創造』（臨川書店、2016年）、『アジア太平洋諸国の災害復興』（明石書店、2015年）、『自然災害と復興支援』（明石書店、2010年）、共著に、『しなやかな社会の挑戦―― CBRNE、サイバー攻撃、自然災害に立ち向かう』（日経BPコンサルティング、2016年）など。

第1節　記録としての遺構

2011年3月11日に東日本大震災が発生すると、平安時代前期の貞観年間にも同規模の地震が起きていたことが広く知られるようになった。それは『日本三代実録』という公式記録に残されていた。この事実は、私たちに2つのことを教えている。一つは、マグニチュード9クラスの地震が以前にも東北地方太平洋沿岸沖を震源として発生し、巨大津波を引き起こしていたという歴史上の事実。もう一つは、この事が公式の記録に残されていたにもかかわらず、限られた研究者以外には、およそ1150年もの長い間ほとんど知られておらず、そのため巨大地震災害への備えには活かされてこなかったということである。

本章では、東日本大震災発生後に注目されるようになった「災害遺構」について、あらためて考えてみたい。『世界大百科事典』によると、遺構とは遺物とともに遺跡を構成するものであり、動産的な性格をもつ遺物に対して、遺構は過去の人間活動の所産で、特定の土地に結びついた不動産的な性格を備えたもので、本来備えていた機能を失い、その一部あるいは大部分が破壊あるいは消滅していることが多い、と説明されている。防災・減災を含めた災害研究の分野では、校舎や庁舎、商用施設などの建物、橋梁や船舶などで、被災によって本来持っていた機能を果たせなくなった大型建造物を「災害遺構」とする場合が多い［1］。

東日本大震災被災地では、災害遺構は過去の悲劇を想起させ、災害リスクの存在を知らしめ、その低減への意識を高める防災教育に役立つものとして保存が検討された。さらには、被災地外からの観光客をもたらす可能性も期待された。しかし、そうした将来の防災啓発や地域経済へ貢献する役割への期待の一方で、災害を思い出させる遺構が身近にあることによる疲弊を訴える住民や、破壊された建造物の保存よりも、復旧・復興事業にこそ予算を使うべきであると主張する人びともいた。被災自治体の中には、公共事業として遺構を保存するか、解体し瓦礫として処分するかの結論に達するのに長期間を要したところや、遺構の解体か保存かをめぐって住民間で意見が分かれたケースもあった。そうした状況に対して、防災に関わる研究者の多くが、将来の防災・減災への利活用を念頭に、例えば「3・11震災伝承研

岩手県

明戸海岸防波堤	下閉伊郡田野畑村明戸海岸
たろう観光ホテル	宮古市田老
田老防潮堤	宮古市田老
震災メモリアルパーク中の浜	宮古市崎山
タピック45〈旧道の駅高田松原〉	陸前高田市高田町
下宿定住促進住宅	陸前高田市高田町
奇跡の一本松・陸前高田ユースホステル	陸前高田市気仙町
陸前高田市立気仙中学校	陸前高田市気仙町

宮城県

気仙沼向洋高等学校	気仙沼市波路上瀬向、気仙沼市東日本大震災遺構・伝承館内
高野会館	南三陸町志津川
防災対策庁舎	南三陸町志津川
石巻市立大川小学校	石巻市釜谷
石巻市立門脇小学校	石巻市門脇町
野蒜駅プラットホーム	東松島市野蒜、東松島市震災復興伝承館内
仙台市立荒浜小学校	仙台市若林区荒浜
山元町立中浜小学校	亘理郡山元町

福島県

浪江町立請戸小学校	双葉郡浪江町請戸

表1　東日本大震災被災地に保存されている主な遺構

究会」のように、遺構の保存を支持する立場を取った。「東日本大震災復興構想会議」が発表した復興構想7原則の原則1として、この震災の伝承を極めて重視していることが示されたことを拠りどころとしてのことであった［2］。

先ずは、遺構保存の意義として重視される、災害という出来事とその経験から学んだ教訓の継承について見てみよう。はじめにインドネシアの事例、そして次に東日本大震災が発生する以前の東北太平洋沿岸地域の状況に目を向けたい。その後で、東日本大震災の災害遺構の保存をめぐる問題を、さらには災害被災地で残し、伝えるべきことについて考えてみたい。

［1］ 自然環境に残された災害の痕跡や、災害に関する人間による記録まで幅広く含める例もある（内閣府 2016）。また、2015年5月に有志によって自主的に立ち上げられた「3・11震災伝承研究会」は、遺構保存の意義を次の4項目としている。〇大津波の脅威を伝える 〇慰霊の場として 〇そこにあった生活の記憶 〇震災に負けなかった、希望のしるしとして（木村 2015）。一般財団法人3・11伝承ロード推進機構は、東日本大震災の被災地にある災害遺構や震災伝承施設をネットワーク化し、ホームページならびに地図・冊子にて各施設の紹介をおこなっている（https://www.311densho.or.jp/ 参照：2023年3月20日）。また、復興庁とJTBが2023年3月に発行した『るるぶ特別編集「東日本大震災伝承施設ガイド」』でも災害遺構についての情報を掲載している（https://www.ewtohoku.org/denshou/docs/densyo-guide.pdf 参照：2023年4月10日）。

［2］ 東日本大震災被災地の遺構の保存をめぐる状況については、（石本・安武 2019）、（木村 2015）、（西坂・古谷 2019）、（Hayashi 2017）、（平松 2015）などがある。特に平松は、発災から2015年7月までではあるが、国、岩手・宮城・福島の3県および各市町村の災害遺構めぐる動きについて、また、西坂・古谷は宮城県内の被災市町村における保存候補となった遺構の検討プロセスについて2018年8月までの状況を、それぞれに時系列に整理しておりわかりやすい。

第2節　災害を伝える

過去の災害については、古文書や絵図などの史料、時代が下るにつれて写真や動画などがその惨状を後世に伝えてきた。災害経験の記憶が、記録として外在化・実体化され、その記録を介して被災地の経験を間接的に知ることで、次の災害への事前及び緊急時の対応準備が可能となる。過去の災害を伝え、将来の災害に備える「災害文化」である。

災害文化

２００４年12月末、インドネシアのスマトラ島北西沖を震源とするマグニチュード９・１の地震が発生し、アフリカ大陸の東岸部まで含めたインド洋沿岸のほぼ全域を津波が襲い、23万人から28万人もの犠牲者を伴う大惨事となった。そうした中で、一つの小さな島が注目された。それは、スマトラ島の西側、震源にほど近いシムル島である。人口約8万５００人のうちの8割近くが沿岸部に住んでいたにもかかわらず、ほとんどの住民は地震の直後に安全な高台に避難したため、津波による犠牲者は7名だけであった。このシムル島には、漁業や農業の仕事の合間や、さまざまな行事の際に太鼓のリズムに合わせて歌う「ナンドン（Nandong）」という民謡がある。一種の余興として歌われるものである。その中に、島民の7割が死亡したと言われている１９０7年の津波災害とそこからの教訓を綴った歌「スモン（smong＝津波）」がある。歌詞は、大地震が起きたら高台に避難するようにと伝えている。一連が4行という短さと脚韻を踏むという覚えやすさから、ほとんどの島民はこの歌を知っており、そのため、2004年の地震後に迅速な高台避難ができたわけである（Gaillard et al. 2008）。

このシムル島のケースは、継承されていた正確な知識を人びとは正しく理解し、そして正しい行動を取ったために、人的被害が大幅に軽減されたというものであった。一方、同じ1907年の津波災害を経験していながらも、バンダアチェ市やシムル島の南東隣のニアス島などでは教訓は伝えられておらず、2004年の大津波によって甚大な被害が生じる結果となってしまった。そして、知識や教訓が伝承されていても、災害のリスクが高まった際に、その知識を正確に理解し、助かるための的確な行動に結び付けることができるかどうかは、情報の受け手の能力にかかっているということも重要な点である。そのことは、東日本大震災の、太平洋沿岸部の被災地での人びとの行動からも窺える。

近年、特に開発途上国において、先住民などの先人たちの知識と自然災害との関係に注目し、それを防災教育や早期警報システムに組み込むことで、災害リスクを軽減する可能性が探究されている。例えば、国連国際防災戦略（ＵＮＩＳＤＲ）は、アジア太平洋地域における災害リスク軽減に関連した18の先住民の知識をまとめている（ＵＮＩＳＤＲ 2008）。そうした「在来知」は長い時間経過の中で形成されてきたものである。しかしながら、こうした知識への関心は、被害を回避もしくは軽減するための、ある地域特有の知識として注目されてきたが、それは災害への対応策という機能的な知識に対してだけであり、その知識の背景である地域社会に暮らす人びとの中で、どのように伝えられ、使われ、変化してきたのか、つまりはその知識を生み、継承してきた文化や社会に対して、関心が向けられることはほとんどなかった。そうした点からしても、シムル島の「ナンドン」が、２００４年のインド洋津波災害発生に際して、文化としてその伝承形態と共に、防災における在来知のあり方と実際の効果について世界的に知られるようになったことは注目に値する。

これは過去の災害の事実と教訓を継承する文化である。すなわち、人びとの生活の一部を成す在来知である。こうした在来知のあり方は、他の文化にとっては参考にはなるものの、そのままの移転は基本的には不可能なものと言わざるを得ない。言い換えれば、重要かつ必要なのは、災害経験とそこから学んだ教訓を伝えていく文化をいかに育てていくかを考えることである。

経験・教訓を伝える

日本では、災害を経験した人びとの多くが自らの体験を手記にしたり、インタビューに答えたりして、これまで数多くの体験記が出版されてきた。２００４年の新潟県中越地震被災地では、中山間地域の小さな集落でも外部資金を得て震災体験記が冊子にまとめられている。東日本大震災の被災地では、これまでにも増して、自らが体験した災害の様子やその後の暮らしについて語る「災害語り部」の活動が盛んである。

また、災害という状況下で被災者や対応者はどのような体験をするのかを知るための方法として、エスノグラフィーが注目されている。インタビューは、一般市民、災害対応の専門家である消防士や行政職員、被災地の企業の担当者、中央省庁の担当者などに対して行われている。質問票を用いた構造化されたインタビューとは異なり、それぞれの体験を時系列に自由に語ってもらう。例えば、災害現場で職務に従事した消防士の内面的な葛藤をまとめた書籍は、新人消防士の研修テキストや補助教材として使用され、災害現場で対峙するリアリティを認識させる（神戸市消防局 2012）。神戸大学の研究グループは、阪神・淡路大震災で亡くなった人びとの背景を、遺族や関係者への聞き取り調査によって把握し、回避可能な死を今後減らすことに生かそうとしている（ひょうご震災記念21世紀研究機構 2008）。

エスノグラフィーは、文化・社会人類学が、特定の社会における人びとの生活を記述することで異文化理解を推進するためのものだが、「災害エスノグラフィー」は、被災者や災害対応の専門家による状況観察とそれに基づく判断や行動、その後の振り返りなどを、災害経験の無い人びとに伝えるものである。また、予測不可能な災害現場で発生した事象を、どう理解するかを考えさせるものでもある。災害状況という「異文化」を理解するためのものとも言えよう。「災害語り部」のように自分の災害体験を直接語ることのできる人がいない場合でも、災害に遭遇した人の戸惑いや葛藤を伴う意思決定のプロセスを知ることで、災害現場の実情を理解することにつながる。そうすることで、災害が発生した際の状況を想定する能力が身につくと同時に、災害に対する個人や社会の対応力を高めることにもつながる（林ほか 2009）。災害語り部は、東日本大震災の被災地で活発な活動を展開しているが、それに先行して、阪神・淡路大震災や新潟県中越地震の被災地などでも活動してきている。災害エスノグラフィーや災害語り部は、災害という状況を被災者として、あるいは救援・支援する者としての個別具体的な経験を、未経験者に伝える実践的手段である［3］。

第3節　東北地方太平洋沖地震

巨大地震と、それに伴う大津波が東北地方を中心とした東日本太平洋沿岸を襲い、死者・行方不明者は震災関連死を含めると約2万2000人にのぼった。日本政府はその被害額を約17兆円と見積もっている。しかし、福島第一原子力発電所の事故を考慮すると、実際の被害は、これらの数字では計り知れないものがある。地震、津波、原子力発電所のメルトダウン（炉心溶融）という、それまで人類が経験したことのない三重の要因によって引き起こされた巨大複合災害である。関連する書籍や論文は、政治、経済、社会福祉、政策立案、文化遺産、教育、宗教などの広範にわたっている。被害の地理的範囲も広域に及ぶ。本章では、災害の経験の継承とモノとの関係について、災害発生前にまで視野を広げてみることから始めたい。「瓦礫」と化した個人所有物とその所有者については、「思い出」や記憶に焦点を当てた論考が発表されてきたが（Nakamura 2012; 葉上 2013; 山内 2014 など）、本章では被災した公共の空間や構造物について考えてみたい。

過去の津波災害の記録

東北地方太平洋沿岸地域は、貞観地震津波以来、幾度も壊滅的な津波に襲われてきた。そして津波を経験した人びとは、災害の事実、自らの経験、その経験から学んだ教訓を後世に伝えようとしてきた。その伝達の仕方は時代や地域よって異なる。古文書、絵図や絵画・スケッチ、日記、石碑などの歴史的記録以外にも、災害にまつわる民話や伝説などもある［4］。写真やビデオ動画などの新たな記録媒体が加わると、情報量と記憶の喚起力が大幅に増強された。東日本大震災の発生から復興までの様々な場面が大量の写真や動画、そして文章で記録され、それらを収集・整理し保管する取り組みも始まった［5］。

［3］仙台市では職員間で災害の経験・教訓を継承していくため、東日本大震災で災害対応にあたった職員の証言記録をテキストとして用いている。

［4］柳田國男は『遠野物語』の第99話として、明治三陸津波で妻を亡くした男が、ある月夜に、海岸でその妻に出会った話を紹介している。（柳田 1997）

［5］地震発生直後から、被災地で撮影された膨大な数のビデオ映像がYouTubeにアップされた。また、テレビも津波襲来の様子をくり返し映し出した。そうした映像を含め、国立国会図書館は東日本大震災の記録のアーカイブのポータルサイト「ひなぎく」を立ち上げ、「NHK東日本大震災アーカイブス」や東北大学防災科学国際研究所の「みちのく震録伝」などもデジタル・アーカイブの機能を果たしている。

東日本大震災では、自然界から放出された圧倒的なエネルギーと、それによって破壊された建造物や景観、人びとの生活、支援活動、生活再建の過程などが記録されてきた。そして、毎年3月11日の祈念式典や追悼式では、「記憶を伝える」「教訓を伝える」といった言葉が繰り返し発せられ、被災状況や遺族の悲しみ、生活再建の努力を記録した体験記や写真集が出版され続けている。それらには、壊滅的な状況や経験を記録して後世に伝え、同様の被害を2度と起こさないための対策に活かすことの願いが込められている。また、被災した地域の人びとの連帯や、被災地以外の人びとによる支援の様子も記録されてきた。しかし、発災からの状況を記録に残すだけでは死蔵の懸念もあり、そうした記録をどう将来にむけて活用するかが重要な課題である。そして、これらの記録は、津波常襲地域である東北沿岸部に暮らす人びとにとってだけでなく、各地の今後の防災に向けて重要なものとなる。特に日本では、近い将来の南海トラフ地震や首都直下地震など、大規模な地震の発生が予測されている〔6〕。規模や複雑さなど災害の様相はそれぞれに異なるとしても、過去の災害から学ぶべき事は何か、それを誰に対して、どのように伝えるべきなのだろうかと問い続けることが大切である。

津波碑

東日本大震災の被災地となった東北地方太平洋沿岸で注目されるようになったのが、過去の津波災害を記録した「津波碑」と呼ばれる石碑である。これまでの研究によると、明治三陸津波（1896

年）に関する津波碑には、慰霊や鎮魂の意味合いが強く、多くが7回忌、13回忌、33回忌の年忌供養に建立されている。それに対して、昭和三陸津波（1933年）の津波碑は、発災から3年間に建てられたものが多い。後者の際には、朝日新聞社が被災者への義援金を募り、その一部を青森、岩手、宮城の被災3県に配分し、将来の津波に対して住民が適切な避難行動がとれるような文言を刻むよう求めた［7］。これは、津波碑による教育効果を地震学者が認めていたためである。昭和三陸津波災害が発生したのが関東大震災（1923年）から10年の節目の年であったことが、人びとの防災意識を高め、多くの義援金が集まったとも推測される（Good 2016; 川島 2012; 北原 2001; 2011; 2014; 北原他 2012; 目時 2013）。

東北地方沿岸部の人びとの暮らしを長年研究してきた川島は、こうした津波碑を2つに分類している。一つは、明治三陸津波後に犠牲者を追悼するために立てられた「鎮魂の石碑」で、もう一つは昭和三陸津波後に、将来再び津波が襲来した際の安全確保を人びとに警告する目的で建てられた

［6］政府の地震調査委員会は、南海トラフ沿いでマグニチュード8～9クラスの巨大地震が、30年以内に発生する確率が70～80パーセント程度に高まったと発表した（2023年1月）。また首都直下地震は、マグニチュード7程度の地震が30年以内に発生する確率を70パーセント程度と予測している（2020年1月）。

［7］朝日新聞社の募金に対して21万9997円が集まり、そのうち16万円が救済金として、5万円余りが「災害記念碑」建立資金に充てられた。青森県の場合は、建立された記念碑のすべての碑には「地震海鳴りほら津浪」という同一の警句が彫られたが、岩手県と宮城県の場合は、各自治体に警句の決定をゆだねたようである。

「安全の石碑」である（川島 2012）。川島は、前者は津波で亡くなった人びとのためのものであり、後者は未来の住民へのメッセージを伝えるものであると指摘している。さらには、過去から現在そして未来へと流れる時間の中で、追悼式は繰り返される再帰的なものと考えられているとの指摘も興味深い。津波は一度だけではなく、過去から未来にわたって繰り返し発生する自然の脅威である。追悼式は、過去の津波の犠牲者を追悼するために開催されるが、自然災害のリスクと共存している参列者には、生活に潜むリスクとしてその存在に常に意識を向けることが求められている。リスクとの共生である。重要なのは、慰霊碑は死者のために建てられたものではあるが、津波災害の記憶は記念碑そのものよりは、慰霊祭が繰り返しその場所で開催されることによって将来へと継承され、そしていつか「その時」に人びとのとっさの正しい行動を誘導することが期待されていることである〔8〕。

ここまでは、東日本大震災の被災地となった東北地方太平洋岸における過去の津波災害の記録と記憶の伝承・継承について、先行研究を参考にしながら振り返った。２０１１年3月の発災以降、それまでの津波災害では存在しなかったものが、災害の事実と教訓を伝える媒体としての期待と共に注目された。「災害遺構」あるいは「震災遺構」と呼ばれるものである。

第4節　災害遺構

保存された遺構

災害被災地で保存された遺構の例としては、阪神・淡路大震災（1995年）で被災した岸壁約60メートルが神戸港震災メモリアルパークにあり、淡路島の北淡震災記念公園には、神戸市長田区の市場にあった防火壁「神戸の壁」が移設・展示されている。新潟県中越地震（2004年）の被災地には、4台の自動車が土砂崩れに巻き込まれ、2名が亡くなった場所と、斜面が崩落して土砂で川がせき止められて水位が上昇して水没した家屋が保存されている場所は、共にメモリアルパークとなっている［9］。長崎県南島原市では、雲仙普賢岳噴火（1990年〜1995年）の際に火砕流で焼けた大野木場《おおのこば》小学校の旧校舎や、土石流に埋もれた住宅を保存した公園がある。しかし中越と南島原では、被災した住宅の経年劣化は進み、中越では当初、水没住宅はそのまま残しておく「存置」の

［8］岩手県洋野町の八木集落、普代村の普代集落と太田名部集落では、毎年、昭和三陸津波が襲来した3月3日には慰霊祭をおこなっている（八木地区では参加者の都合により2008年からは3月第1日曜日に変更）。これらの集落では、2011年の東日本大震災で亡くなった人はいなかった（平川ほか 2016）。

［9］中越地震の被災地では、年月が経過しても被災経験の記憶を留めるように、中越メモリアル回廊を整備した。この回廊は4つの施設と3つの公園からなり、訪問者は巡ることによって中越地震についてその被害の特徴や復旧・復興、人びと暮らしなどを知ることができる。妙見メモリアルパークはそのうちの一つの公園である（Hayashi 2016）。

方針であったが修理の手を入れ、南島原市の野外保存の8棟のうちの2棟は2022年に撤去された。保存対象の老朽化や経費確保など、遺構の維持管理の難しさを伺わせる。

海外の事例では、インド洋津波災害（2004年）で甚大な被害を受けたインドネシアのバンダアチェで、住宅の屋根に打ち上げられた漁船が住宅と共に保存され、内陸2・4キロメートルまで津波で運ばれてきた2500トンの発電用船舶も、現在では内部が展示施設に改装されて保存されている。イタリアのシチリア島西部は、マグニチュード6・1のベリーチェ地震（1968年）に襲われ、400人を超す人びとが犠牲となった。壊滅的被害を受けた街の一つであるジベリーナは、約20キロメートル西に移転して新しい街が建設された。そして、現代美術作家に依頼して旧市街を白いコンクリートで覆い、巨大な造形作品「クレット（亀裂）」をつくりあげた。同じ地震による被害でやはり移転したポッジョレアーレは、旧市街地をそのまま残して（放置して）いるのに対して、ランドスケープ作品となった旧ジベリーナの例は興味深い（椎原 2015）。

東日本大震災被災地については、佐藤と今村が、発災から5年後の時点で岩手・宮城・福島三県の災害遺構に関する定量分析をおこなっている（佐藤・今村 2016）。彼らは5つの新聞社のオンラインデータベースから80の保存候補である遺構を取り上げている。そのうち、記事に30回以上取り上げられた遺構が16件ある。保存候補に上がった遺構のうち、女川町の鉄筋コンクリート造の建物のように、その耐震性や津波の破壊力を研究する上での保存の意義が専門家によって示され、また地元の中学生からも保存の要望があり、早くも町の復興計画の中で保存が提唱された例（2011年9月）

もあれば、その建造物内や近辺で多くの命が失われた場合には、保存か否かをめぐって行政側と住民側、あるいは住民の間で意見が分かれたケースもある。

宮城県気仙沼市の市街に打ち上げられた大型漁船第18共徳丸について、市は災害の記憶を残し伝えるために保存を考えたが、住民へのアンケート結果と船主の意向のため断念せざるを得なかった。岩手県陸前高田市では、市長の強いリーダーシップによって、多くの犠牲者が出た被災建造物の解体・撤去が早々と決定された。大槌町では、町長はじめ町の幹部職員ら40名が犠牲となった役場庁舎をめぐって、町長選の争点ともなり、町は遺族や遺族以外の町民からアンケートや懇談会などを通じて、また研究者にも意見を聞いたりしたが、保存と解体それぞれの意見が拮抗し、長期にわたって平行線をたどった。町長の解体判断に対する差し止め訴訟が盛岡地裁で退けられたのを受けて、２０１９年1月に解体工事が始まった。

紙面の制約から保存候補に挙がった遺構のすべてを取り上げることはできないが、保存か解体かの合意形成を図るプロセスで紛糾した例をいくつか見ることにする。

残されたメッセージ——鵜住居防災センターと陸前高田市中央公民館

岩手県釜石市の鵜住居《うのすまい》地区にあった防災センターでは、津波は2階天井付近まで達し、引いた後、建物内から34名の生存者が救出されたが、69名が遺体で収容された。調査委員会がまとめた最終報告書では、同センターへの避難者数を241名と推計している〔10〕。津波の勢いによって、建物の外に押し流された人びとがかなりいたと考えられる。ここで亡くなった人の遺族を含めた住民から、センターの建物の保存を希望する声もあったが、2013年8月に釜石市は解体処分を決定した。2階の避難室（ホール）であった場所の一角には、遺族の会による慰霊のための祭壇が、解体工事が始まった2013年12月初旬まで設置されていた。そしてその祭壇の壁には、隣接していた市立鵜住居幼稚園で臨時教諭として働いていて、2名の園児と共にこのセンターに逃げ込んで亡くなった片桐理香子さん（当時31歳）の両親によるメッセージが張り出されていた（2名の園児は無事に救出された）。メッセージの主旨は、防災センターの解体決定が事前の相談もなく一方的になされたことに対して、その決定に至る経過を明らかにすることを求めると同時に、建物を保存し、将来の防災に活用すべきと訴えるものであった。

この両親は、釜石市は正しい避難場所を周知させる義務を怠ったとして、2014年9月に市を提訴したが、二審の仙台高裁の所見を受けて、3年10ヶ月後に和解が成立した。そして、釜石市は鵜住居地区防災センター跡地に「釜石祈りの

写真1　鵜住居防災センター内に設けられた祭壇
2013年10月20日　筆者撮影

パーク」を整備し、犠牲者の芳名版と献花台、津波の高さを示すモニュメント、釜石市防災市民憲章を刻んだ碑を設置している。

陸前高田市の中央公民館とそれに隣接した市民体育館は、一次避難所に指定されており、100名から300名が避難したとも言われている。しかし、津波が引いた後にここで救出された生存者はわずか3名だけであった。建物は、市の判断で早期に解体が決定されたが、内壁の一部に、公民館嘱託職員として働いていた小松博子さん（当時58歳）をここで亡くした2人の娘たちが、母親へ贈ったメッセージが書かれていた。

2012年6月、岡山理科大学の富岡直人氏が保存を求める請願書の署名集めを開始し、同年7月、国立科学博物館の真鍋真研究主幹が1723名の署名と共に「壁面メッセージ」保存の請願書を提出した。これを受けて、陸前高田市は協議の結果、保存を決定している。切り出した壁の一部（縦1メートル50センチ、横1メートル5センチ、厚さ15センチ、重さ約560キログラム）は、市内の旧生出《おいで》小学校に一時保管されている。

[10] 釜石市は鵜住居地区防災センターを「拠点避難所」と位置づけ、避難者が避難生活を送るための施設とし、市の防災計画では、津波が予想される場合は高台などの一次避難所へ逃れ、津波が引いた後に被災者が中長期的に生活する拠点と考えていた。しかし、大震災発生前に市が実施していた津波避難訓練では、事実上の避難施設として使用され、住民の多くはこの施設を津波避難所と認識していたという。調査委員会の最終報告書は釜石市のホームページからダウンロード可能（https://www.city.kamaishi.iwate.jp/docs/2014031200016/）。

突発的な事件や事故、災害などによって、人が突然の死を迎えたその場所こそ、生から死への移行の場であり、生と死を結節する場であるため、近親者にとっては特別な意味を持ち、死者となったその人と言葉を交わす場所となる。このことは、鵜住居地区防災センターと陸前高田市中央公民館に残された遺族によるメッセージから確認できる。書き記されたメッセージはなくとも、多くの人びとが亡くなった建造物が、災害遺構として保存すべきか、解体すべきかの議論を呼び、遺族の中ですら見解が分かれる例は、他にも存在した。

遅れた避難——石巻市立大川小学校

児童74名と教師10名が犠牲となった石巻市の大川小学校校舎の保存をめぐっては、市内外から多くの要望が寄せられた。地震発生後に校庭に集合した生徒と教師は、約50分もの間、取るべき行動について逡巡した。速やかに行動すれば、学校の裏山の安全な場所にたどり着くことができたにもかかわらず、反対側の川に架かる橋のたもとの高台に移動する途中で、川を遡上し堤防を越えてきた津波に流されてしまった。なぜ彼らは校庭に長い時間留まっていたのかが不明であった。

校舎の保存については、遺族から強い反対意見があり、結

写真2　旧大川小学校校舎
2019年2月9日　筆者撮影

論が出ないまま時は経過した。やがて、一部の卒業生が署名活動をおこない、災害遺構としての校舎の保存を訴えた。2016年2月13日に市は公聴会を開催し、約70人の市民が参加し、卒業生たちは悲劇の記憶を後世に伝える媒体として校舎の保存に賛成する意見を述べた。生き残った生徒の一人は、教育のために保存して欲しいとの録音メッセージをこの公聴会へ届けた。亡くなった児童の遺族による解体を望む気持ちを理解しながらも、この悲劇の記憶を語り継ぎ、将来の災害時に一人でも多くの命を救うためには校舎は無くてはならないものであると訴えた。彼を含めた数名の卒業生たちは、校舎の処遇をめぐってはもっと時間をかけるべきであるとも主張した。その月の終わりに、石巻市は、災害時に大川小学校に通う児童であった市民を対象に実施したアンケート調査の結果を公表した。回答したのは32人のうちわずか6人だけで、保存が4人、解体が2人であったが、翌月の2016年3月に石巻市は校舎の保存を決定した。

2014年3月、亡くなった23名の児童の家族は、石巻市と宮城県を相手に責任を追及するために裁判を起こした。最高裁は2019年10月11日までに、市と県の上告を退ける決定をした。これで、震災前の学校の防災体制に不備があったとして、市と県に約14億3600万円の支払いを命じた二審・仙台高裁判決が確定した。遺族が、勝訴判決を勝ち取るまでのドキュメンタリー映画『生きる～大川小学校津波裁判を闘った人たち～』（監督　寺田和宏）が2022年に制作されている。

延長された合意形成過程——南三陸町防災対策庁舎

佐藤・今村（2016）に示されているように、東日本大震災被災地の災害遺構の中で、調査時点において新聞記事として最も多く取り上げられたのが宮城県南三陸町の旧防災対策庁舎であった。この旧防災対策庁舎については、当初は町長の意向を受けて保存が検討されたが、町職員と訪問者を含めた43名が死亡・行方不明となり、その遺族からは「つらい記憶がよみがえる」との訴えが相次ぎ、２０１１年9月に方針を転換し、解体・撤去が決定された。しかしその後、この庁舎には町内外から多くの人びとが訪れ、手を合わせる慰霊の場となり、遺族の中にも保存の必要性を認めるようになったり、解体を延期して遺族以外の町民も含めた議論の場を求める意見なども現れ始めた［11］。

職員遺族のうち約20名は、２０１２年6月から会合を続け、旧庁舎の保存か解体かの結論を出すための議論の場を設けるよう、町長と町議会に求めた。これを伝える『河北新報』の記事は、町職員であった父親を亡くした息子（30歳）の言葉を伝えている。「庁舎の保存は遺族だけの問題ではない。解体にしろ、保存にしろ議論を尽く

写真3　南三陸町旧防災対策庁舎
2012年7月7日　筆者撮影

してほしい」「亡くなった町民にとって祈りをささげる場になっている」［12］。この時までに南三陸町内では、この旧庁舎を含めた数か所を回り、震災被害と復興の様子を町外から訪れた人びとに伝える語り部活動が始まっており、町民有志6名が「防災庁舎を保存する会」を結成し、2012年8月22日に2078名（町内740名、他は神戸市などの町外）の署名付き陳情書［13］を町長に提出した。それに対してその2日後に、職員遺族11名が役場を訪れ、防災対策庁舎の解体を求めることを改めて伝えている。

町議会特別委員会は、保存・延期・解体の3つの陳情を審議し、2012年9月24日に早期解体を求める陳情だけを採択し、保存と延期を不採択とした。しかしこの早期解体の陳情を巡っても、13名の委員のうち採択7名、不採択6名と拮抗した状況での決定であった。それを受けて、町議会最終日の9月25日に、町議会本体も「早期取り壊し」を採択したが、それは法的拘束力を伴うものではなかった。

当初、保存の意向を表明した町長ではあったが、保存経費の目途が立たなかったことや、小さな

［11］この建物は、1995年に旧志津川町庁舎として、チリ沖地震津波（1960年）を想定して海岸線から約500メートルの地点に建設された。その10年後の2005年、旧志津川町は東に隣接する旧歌津町と合併して南三陸町となった。
［12］父親（56歳）を亡くしたこの人は、当初は保存に反対だったが、考えが変わったとのことも伝えている。「河北新報」2012年8月10日。
［13］神戸市長田区大正筋商店街の振興組合理事長に協力を求め、神戸においても署名活動を実施した。

町をこれ以上分断することを懸念し、２０１３年１０月に町長選を控えていたこともあり、9月末に記者会見を開き、旧庁舎の解体・撤去方針を正式に表明した。それによると、11月までに慰霊祭を行い、年内に撤去まで完了する予定であった。町長選挙を前にして、遺族らに対して旧庁舎の解体方針の説明会が開催された。その席でも、「庁舎がなくなると、震災への関心が薄れてしまうのではないか」との不安の声や、「いまだ行方不明の夫と会話する場所がなくなってしまう」と懸念を訴える声があがった。

町長選挙の結果は、現職町長の勝利となったが、投開票が行われた10月27日、宮城県の村井知事は、国による財源確保を前提に、災害遺構の保存を検討する有識者会議を設置する考えを表明した。そしてその2日後、南三陸町では住民の1人が発起人となり、「南三陸防災対策庁舎を考える町民運動」が設立された。同じ日には、根本匠（当時）復興相が、震災遺構の保存に向けた国の支援策を11月中に打ち出す方針を明らかにした。

宮城県や国による災害遺構を巡る動きに大きな進展があったわけだが、南三陸町では、11月2日に旧防災対策庁舎前で予定通りに慰霊祭が行なわれ、約３００人が参列した。そして11日には、町長自らが県の災害廃棄物対策課を訪れ、委託契約に基づいて２０１３年度中に解体を終えるように求め、鉄骨などの主要部分の引き取りも同時に求めた。

旧防災対策庁舎の解体に向けて、南三陸町が大きく動き始めたこの時期に、復興庁は、震災遺構の保存費用を政府が負担することを11月15日に発表した。その骨子は次の3点である。

①住民の合意を条件に保存の初期費用を復興交付金から支出
②解体するかどうかの結論までの補修・修復費用も負担
③結果的に解体となっても費用を援助

ただし、1被災自治体につき1か所という方針である。

宮城県はこれを受け、11月22日に沿岸15市町の首長らを集めて、保存対象となる遺構の選定を県が一括しておこなうことを提案し、了承を得た。南三陸町は、旧防災対策庁舎の保存費用の目途が立たないとして、解体・撤去を決定していたわけであるが、国がその費用を負担し、県も保存対象の選定に関わるとの方針を打ち出したことになる。町長は、解体の一時凍結を決定した。

南三陸町の旧防災対策庁舎を巡る動きについて詳細に見てきたが、この旧庁舎で亡くなった人の遺族の中でも、保存か解体かの意見は分かれており、個人の中でも気持ちは揺れ動き、時間の経過の中で考えは変化していっている。「当初保存には反対だったが、遺族だけの問題ではない。他の町民と共に考える時間が必要だ」と述べた、父親を亡くした30代男性の意見以外にも、「この建物は今や亡くなった者への慰霊の場だ。遺族にとってだけの場ではない」(30歳、男性)、「墓に埋葬し、仏壇には位牌も整えたが、この場所には何か特別なものを感じる。恐ろしくもあるが、向き合わなければならないのかも知れない」（40代、女性）。などの声もあった。そして、旧庁舎前には祭壇が設けられ、仏像が置かれ、多くの卒塔婆が立ち、供えられた花々に埋もれかけていた。ここで命を落とした個人を思って訪れる人もあれば、生前の関わりは一切ないが、死者の慰霊のために手を合わせる大勢の人びともいた。

旧防災対策庁舎内から防災無線で避難を呼びかけ続けた遠藤美希さんの母親は、娘に語りかける言葉を日記に綴っている。町長が旧防災対策庁舎の解体方針を表明した後、その日記には「あの場所がなくなるとやっぱしあなたと話す場所がなくなるようで　でも防災庁舎を見ればつらくなるのも事実です」[14]と記している。鉄骨以外はすべて津波に押し流されてしまった旧庁舎には、故人へのメッセージを書き記す壁はない。それでも多くの献花や卒塔婆の数に、遺族による死者への語りかけが続いていることが窺えた。震災復興祈念公園の建設工事期間中は、八幡川を挟んだ東側の南三陸さんさん商店街の近くに仮設献花台が設けられ、旧防災対策庁舎との距離を感じたが、公園の整備が完了し、２０１９年12月末に、仮設献花台は旧庁舎近くに設置された。祈念公園は２０２０年10月に全体が開園し、それに伴って献花台も対策庁舎を囲むフェンスの外ではあるが正面に設置された。公園内には旧防災対策庁舎のほか、南三陸町での犠牲者８３１名の名簿を納めた「祈りの丘」がある。

第5節　災害遺構をめぐる動態の記録化

二者択一

復興庁は、災害遺構の保存を支援する条件として、住民の合意をあげているが、これまで見てきた例でもわかるように、各自治体がアンケートや公聴会などを実施しても住民間の合意に至るのは容易ではなかった。災害遺構を用いた防災教育や観光資源としての可能性は理解しながらも、家族や親戚・友人が災害の犠牲になっていたりすれば、遺構のもつ喚起力に感情的に耐えられないと訴える人びとの存在を、多数決で押しやることはできない。さらには、そうした感情や考えは揺れ動き、時間の経過とともに変化することもある。西坂・古谷は、宮城県内の遺構整備プロセスへの市民参加に関する研究の中で、各自治体は遺構保存についての意見聴取に始まり、ワークショップ等を通じてその利活用方法の提案の段階、そして有識者会議等で当該遺構の価値の指摘を受けながら、遺構の処置を決定する根拠づけをおこなったことを明らかにしている（西坂・古谷 2019）。

また、保存に必要な初期費用は国からの支援が受けられるとしても、半永久的に生じる維持管理費は各自治体の負担となると考えられる。検討対象が学校の校舎の場合に、在校生や卒業生にも意

［14］この日記は2014年8月末に出版された（遠藤 2014）。また、その前の月には旧防災対策庁舎を見下ろす高台に、両親が作った民宿「未希の家」がオープンした。

見聴取を実施したケースもあり、校舎以外の遺構であっても、市町村の将来を担う若者に広く意見を聞くということは、遺構を維持管理していく経費の未来の負担者へのアプローチとも言える。学校の校舎で犠牲者が出なかった場合ならば、「1被災自治体につき1か所」の原則に沿っている限りは、住民からも保存の支持を得たようである。その一方で、前節で注目したケースのように、対象となる建造物内もしくは近辺で死者が出ていた場合には、その遺族を中心として保存に反対する声が上がった。それは学校に限らず、大槌町旧役場庁舎、第18共徳丸、南三陸町旧防災対策庁舎などの建造物の場合も同様である。

身近にあった建造物を災害遺構として保存するか解体・撤去するかのどちらの立場を取るかは、個々人の被災以前のその建造物との関わりや記憶、災害時の経験、これからの復興まちづくりに対して抱くヴィジョンや期待など、様々な理由があろう。そうした多様な経験や記憶、将来像を持つ人びとが、二者択一の選択をしなければならないことは、彼らにとっても行政にとっても辛いものである。ましてや被災という状況下で、先の見えない復旧・復興の中では、市町村やその住民に選択を委ねることは双方にとっての過重負担と言わざるを得ない。災害の経験を伝え、将来の防災教育のための教材として、あるいは一種の観光資源としての集客力とそれに伴う経済効果を期待できることを踏まえたとしても、当事者にとっては非常に難しい選択である。

南三陸町の旧防災対策庁舎の場合は、保存か解体かのいずれかの選択の合意に未だ到達していない。新型コロナ感染症の流行が、合意形成のための話し合いの場を設けることへの大きな障壁ともなってしまった。現町長は、２０２３年３月６日の定例記者会見で、自分の任期中に結論を出したいとの発言をしている。それに先だって町民有志による「防災庁舎を考える会」が発足し、２０２０年２月の初会合には、19歳から71歳までの町民25名が出席したが（『河北新報』２０２０年２月9日）、やはりコロナ禍のため３ヶ月に1回の開催という当初の計画通りにはいっていないのが実情である。それでも、旧防災対策庁舎の保存か解体かという二者択一の議論ではなく、「災害の経験と教訓」の内容の検討を重視しつつ、少しずつではあるが前進しているようである。会合への関心はあるが参加に躊躇を示す町民に対して、敷居を低くするためにオンラインによる匿名参加など特に若者の参加を促す方法も検討されている（『河北新報』２０２１年２月19日）。

記憶を支える記録

近年の社会科学では、記憶はコンピュータのハードディスクに保存されたデータのように不変のものでは決してなく、時間の経過の中で絶えず変化し続ける、という前提で研究が進められている（Olick 2007）。さらには、特定の地域（地理的に捉えた地域コミュニティ、市町村、都道府県、国など）の住民によって共有された集合的記憶といった場合でも、その記憶の内容はかなり多様である。オリックとレヴィはさらに積極的に、「集合的記憶は［中略］時間軸の中での意味を形成していく能動的プロセスと理解されるべきである」（Olick & Levy 1997: 922）とも述べている。そうした多様で可変的な記憶を、忘れることなく、伝えるべきものと被災地では様々な機会に声高に言われる。この災害の記憶には被害状況だけでなく、救援・支援活動、復旧・復興事業の様子、生活再建の長い道のりなども当然含まれる。

本章では、東日本大震災被災地での災害遺構を保存するか解体処分するかの非常に難しい判断のプロセスを見てきたわけであるが、データは全国紙・地方紙のデジタル版やデータベース、地方自治体の広報誌やウェブサイト、アーカイブなどから収集したものを、現地調査によるインタビューで補足している（Hayashi 2017: Note 15）。ＳＮＳなどで発信されたものまで含めれば、膨大な情報量となる。しかし当然のことながら、サイバースペース上の情報のほとんどは、「識別・選別して組織化し、長期的な保存環境を整え、利用を維持」し、「重要な記録を守るだけで無く、次の生産活動へ受け渡して、知的資源の循環を促す」（松山 2023: 112）アーキビストの仕事の結果として存在しているわけではないし、データの永続性の保障もない。さらには遺構を保存するか解体・撤去するかをめぐる対立は、結果はいずれにしても、当事者にとっては消し去れないまでも、思い出したくない出来事なのかも知れない。

災害遺構の扱いをめぐっては、結果がいかなるものになったかに関わらず、紛れもなく災害がもたらした地域史の一部である。保存か解体かの最終判断を２０３１年までの猶予を得た南三陸町の旧防災対策庁舎については、自主的な市民グループによって、重要なのは遺構保存の是非よりも、災害被災地として将来どのような発信をしていくべきか、との認識に立っての検討が始まっている。保存あるいは解体・撤去の判断が目的化されていないことが光明である。他の自治体においても、災害遺構をめぐって、合意形成に向けてのアンケートや公聴会、座談会などを通じての意見の集約を行政が実施したり、住民による自主的グループが組織され、陳情や提案という形で意見が発せられてきた。結論に達したからと言っても検討のプロセスに関する記録が不要になったわけではない。発災に始まり、地域の復興や生活再建に至る「困難な歴史」（Rose 2016）の一部として、遺構の処置をめぐる対立も含めて、正確かつ詳細に記録に残し、災害の復興に関する集合的記憶の生成の基盤とすること、そして、将来の地域を担う人びとにとって新たな文脈の中でその意味を考え続けられるようにすることが重要だと考える。東日本大震災の被災地には、災害の経験と教訓を伝承する施設が数多く設置されているが、アーカイブ機能をさらに拡充させることと、来館者がそれぞれの「現在」との関連で「困難な歴史」の意味を考える事を促す活動が求められている。

参考文献

Gaillard, J-C., Clavé, E., et al. (2008), "Ethnic Groups Response to the 26 December 2004 Earthquake and Tsunami in Aceh, Indonesia（インドネシア、アチェにおける２００４年12月26日の地震・津波への民族集団の対応）," in: *Natural Hazards*, vol. 47, pp. 17-38.

Good, M. (2016), "Shaping Japan's Disaster Heritage（日本の災害遺産の形成）," in: Matsuda, A., Mengoni, L. E., eds. *Reconsidering Cultural Heritage in East Asia*（東アジアにおける文化遺産の再考）, Ubiquity Press, London, pp. 139-161.

Hayashi, I. (2016), "Museums as Hubs for Disaster Recovery and Rebuilding Communities（災害復興とコミュニティ再建のためのハブとしてのミュージアム）," in: Sonoda, N. ed., *New Horizons for Asian Museums and Museology*（アジアの博物館と博物館学のための新たな地

平）, Springer, http://link.springer.com/book/10.1007%2F978-981-10-0886-3, accessed 2023-3-18.
———(2017), "Materializing Memories of Disasters: Individual Experiences in Conflict Concerning Disaster Remains in the Affected Regions of the Great East Japan Earthquake and Tsunami（災害の記憶を物質化する——東日本大震災被災地の災害遺構をめぐる葛藤）," in: *Bulletin of the National Museum of Ethnology*（国立民族学博物館研究報告）, vol. 41, no. 4, pp. 337-391.
Nakamura, F. (2012), "Memory in the Debris: the 3/11 Great East Japan Earthquake and Tsunami(瓦礫の中の記憶——東日本大地震と津波)," in: *Anthropology Today*（現代人類学）, vol. 28, no. 3, pp. 20-23.
Olick, J., Levi, D. (1997), "Collective Memory and Cultural Constraint: Holocaust Myth and Rationality in German Politics（集合的記憶と文化的制約——ドイツ政治におけるホロコースト神話と合理性）," in: *American Sociological Review*, vol. 62, pp. 921-936.
Olick, J. (2007), *The Politics of Regret: On Collective Memory and Historical Responsibility*（後悔の政治学——集合的記憶と歴史上の責任）, Routledge, London.
Rose, J. (2016), *Interpreting Difficult Histories at Museums and Historic Sites*（ミュージアムと史跡で困難な歴史を解釈する）, Rowman & Littlefield, Lanham.
UNISDR (The United Nations International Strategy for Disaster Reduction) (2008), "Indigenous Knowledge for Disaster Risk Reduction: Good Practices and Lessons Learned from Experiences in the Asia-Pacific Region（災害リスク軽減のための在来知——アジア・太平洋地域における経験からの優れた事例と教訓）," http://www.unisdr.org/files/3646_IndigenousKnowledgeDRR.pdf, accessed 2023-3-20.

石本隆之介・安武敦子（2019）「わが国における災害遺構の保存に関する研究——東日本大震災の事例から」『長崎大学大学院工学研究科研究報告』43巻93号、22-27頁
遠藤美恵子（2014）『虹の向こうの未希へ』文芸春秋
釜石市（2014）「釜石市鵜住居地区防災センターにおける東日本大震災津波調査委員会」（https://www.city.kamaishi.iwate.jp/docs/2014031200016/　参照：２０２３年３月18日）
川島秀一（2012）「浸水線に祀られるもの——被災漁村を歩く」『東北学』29巻、東北芸術工科大学東北文化研究センター、27-37頁
北原糸子（2001）「東北三県における津波碑」『津波工学研究報告』18巻、東北大学災害科学国際研究所、85-92頁
———（2011）「蘇らせよう、津波碑の教訓」『建築雑誌』１２６号、34-35頁
———（2014）『津波災害と近代日本』吉川弘文館

北原糸子・卯花政孝・大邑潤三（2012）「津波碑は生き続けているか――宮城県津波碑調査報告」『災害復興研究』4号、関西学院大学災害復興制度研究所、25-42頁
木村拓郎（2015）「東日本大震災における震災遺構の現状――宮城県内の動向を中心に」『復興』7巻1号、日本災害復興学会、11-19頁
神戸市消防局「雪」編集部・川井龍介 編（2012）『阪神淡路大震災　消防隊員死闘の記』旬報社
佐藤翔輔・今村文彦（2016）「東日本大震災の被災地における震災遺構の保存・解体の議論に関する分析――震災発生から5年の新聞記事データを用いて」『日本災害復興学会論文集』9号、11-19頁
椎原伸博（2015）「大震災モニュメントと記憶――アルベルト・ブッリ《クレット（亀裂）》を巡って」『地域政策研究』18巻1号、高崎経済大学地域政策学会、58-78頁
内閣府（2016）「「災害遺構」の収集及び活用に関する検討委員会報告書」（https://www.bousai.go.jp/kaigirep/past/pdf/houkoku.pdf　参照：２０２３年3月20日）
西坂涼・古谷勝則（2019）「震災遺構の整備プロセスにおける市民への意見聴取――東日本大震災により発生した宮城県の震災遺構を対象として」『日本建築学会計画系論文集』84巻７５９号、１１７７-１１８７頁
葉上太郎（2013）『瓦礫にあらず――石巻「津波拾得物」の物語』岩波書店
林春男・重川希志依・田中聡（2009）『防災の決め手「災害エスノグラフィー」――阪神・淡路大震災　秘められた証言』ＮＨＫ出版
ひょうご震災記念21世紀研究機構（2008）「オーラル・ヒストリーの記録に基づく災害時対応の教訓の活用化報告書――特別研究」（https://www.hemri21.jp/contents/images/2019/06/ouraru_5003.pdf　参照：２０２３年12月23日）
平川雄太・佐藤翔輔・川島秀一・今村文彦（2016）「津波碑前で行われる慰霊祭の実態調査とその効果に関する基礎研究」『地域安全学会梗概集』39号、１２５-１２９頁
平松早苗（2015）「震災遺構の経緯と状況」『デザイン学研究』23巻1号、日本デザイン学会、6-13頁
松山ひとみ（2023）「ミュージアム・アーカイブズ」水谷長志 編『ミュージアム・ライブラリとミュージアム・アーカイブズ――博物館情報学シリーズ８』樹村房、１０８-１７０頁
目時和哉（2013）「石に刻まれた明治29年・昭和8年の三陸沖地震津波」『岩手県立博物館研究報告』30号、岩手県文化振興事業団、33-45頁
柳田國男（1997）「遠野物語」『柳田国男全集２』筑摩書房
山内宏泰（2014）『リアス・アーク美術館常設展示図録――東日本大震災の記録と津波の災害史』リアス・アーク美術館

第9章

文化施設

わすれン！アンダーグラウンド
──「3がつ11にちをわすれないためにセンター」の活動に見る映像メディアの実践と倫理

門林岳史
関西大学文学部教授

関西大学文学部映像文化専修教授。専門はメディアの哲学、映像理論。主な著書に『ホワッチャドゥーイン、マーシャル・マクルーハン?』（NTT出版、2009年）、『クリティカル・ワード　メディア論』（共編著、フィルムアート社、2021年）、訳書にマクルーハン、フィオーレ『メディアはマッサージである』（河出文庫、2015年）、ブライドッティ『ポストヒューマン』（監訳、フィルムアート社、2019年）など。

第1節　はじめに

仙台市の公共施設せんだいメディアテークは、東日本大震災後の2011年5月に「3がつ11にちをわすれないためにセンター（略称：わすれン！）」という新しい市民協働型プロジェクトを発足させた。本プロジェクトの趣旨は、公式ウェブサイトによれば次のようなものである。

市民、専門家、アーティスト、スタッフが協働し、復旧・復興のプロセスを独自に発信、記録していくプラットフォームとなるこのセンターでは、映像、写真、音声、テキストなどさまざまなメディアの活用を通じ、情報共有、復興推進に努めるとともに、収録されたデータを「震災の記録・市民協働アーカイブ」として記録保存しています。［1］

市民や専門家などわすれン！での活動を希望する者は、わすれン！に参加者として登録することでせんだいメディアテーク内のスタジオを利用したり機材を借り出したりすることができる。そして、映像や写真など参加者が作成し、わすれン！に提出された記録は、アーカイブされ、わすれン！

［1］「3がつ11にちをわすれないためにセンター」ウェブサイトより引用（https://recorder311.smt.jp/aboutus/）。以下、参照するURLの最終閲覧日はすべて2023年12月7日。

ウェブサイトでの公開、メディアテーク内のライブラリーへの配架、展示や上映会の開催などのかたちで利活用される、という枠組である。

わすれン!の活動は、公式の報告書といった位置づけの『コミュニティ・アーカイブをつくろう!――せんだいメディアテーク「3がつ11にちをわすれないためにセンター」奮闘記』(佐藤・甲斐・北野 2018)で詳しく紹介されているし、それ以外にも様々な記事や論文などで取り上げられてきた[2]。そのなかでしばしば注目されてきたのは、わすれン!が、公立の文化施設が担う市民協働型の公共事業という性質を持つと同時に、東日本大震災後の東北で映像制作を行う映像作家たちにとっても活動や交流の場を与えたことである[3]。事実、隔年で開催される山形国際ドキュメンタリー映画祭においても、2011年以降継続されている震災関連の上映プログラム「ともにある Cinema with Us」で、わすれン!参加者やわすれン!と関係をもちながら制作してきた映像作家によるドキュメンタリー映画が数多く上映されている。しかしながら、そのようにしてわすれン!を拠点とした作家たちの作品や活動に注目が集まる一方で、作家たちによる表現も含めた創造行為を産出させる場としてのわすれン!自体の性質――市民協働型の公共事業という位置づけからはやや逸脱する性質である――に目が向けられることは比較的少なかったといってよい。本章では、公共事業としてのわすれン!の活動成果と、わすれン!が生み出した映像作品の両者にまたがって、そして、その両者の背景で地下水脈のように脈動し、両者を活性化してきたわすれン!固有の映像メディアとの関わり方に光をあててみたい。そのために私自身が2人のわすれン!関係者に実施したインタビュー記録を紐解き、彼らの語りからわすれン！に固有の映像の実践と倫理を浮かび上がらせるのが本章の目的である［4］。

第2節　「リテラシーをすりあわせる」——長崎由幹の場合

「remo仙台。ありえないかなぁ～。誰かしたくないかなぁ～?. #sendai_restoration」

「そもそも、仙台にはremoなんて知られてないもんなぁ。いま映像の出番やのになぁ。それもTVモードじゃなくね。おーい、誰かー！（笑）」


2011年5月20日、Twitter上に右の2つの発言が投稿された。発言の主は甲斐賢治（@kai_

［2］とりわけ、せんだいメディアテークの甲斐賢治への以下のインタビューは、わすれン！発足の過程や初期の活動についての貴重な資料となっている（甲斐・竹久 2012）。また、わすれン！に提出された映像記録をドキュメンタリー映画研究の視座から分析する研究に北浦（2019）がある。

［3］わすれン！が生み出した映像表現の性質を「中動態」として概念化した重要な研究として青山（2022）がある。また、谷津（2011）も参照。

［4］筆者は2021年3月から11月にかけて、わすれン！のスタッフや関係者10名にオンラインでインタビューを実施した。本章はそのうち長崎由幹氏（2021年11月5日実施）および福原悠介氏（2021年11月5日実施）に対するインタビュー記録を中心として構成される。

sendai）、彼は２０１０年より企画活動・支援室長としてせんだいメディアテークで働き始めていた。せんだいメディアテーク内でわすれン！のプロジェクトを構想した中心人物である。そして、甲斐がツイートで言及している「remo 仙台」の remo とは、大阪のＮＰＯ法人「記録と表現とメディアのための組織（record, expression and medium - organization）」の略称である。甲斐は仙台にやってくる前は大阪を拠点に活動しており、２００２年の創立以来、remo の代表理事を務めてきた。

remo の活動内容を一言で要約することは難しいが、remo のウェブサイトは、自らの活動を次のように定義している。「メディアを通じて「知る・語らう・表現する」３つの視点から、メディア・アートなどの表現行為のほか、文房具としての映像の普及、映像をかこむ場づくりなどを実施しています［5］」。少し噛み砕いて敷衍するならば、映像の撮影や編集機材が安価で簡便なものになり始めていた時代、映像が巨大な資本を持つマスメディアが専有する媒体ではなくなりつつあった時代において、映像を一市民の表現手段として活用すること、映像を「文房具として」用いることを促進することが、remo の理念であるといってよいだろう［6］。

さて、冒頭のツイートをその前後の甲斐やその周辺のアカウントのツイートと照らしあわせると、発言内で「remo 仙台」として言及されている活動は、その当時始動したばかりのわすれン！を指していることが分かる。甲斐は震災後の3月14日に自身の Twitter アカウントを開設し、3月22日以降、いくつかのツイートにおいて、その後「3がつ11にちをわすれないためにセンター」と呼ばれることになるプロジェクトの構想について書きとめていた。せんだいメディアテークは震災以降、建物の損壊のため閉館していたが、2011年5月3日に全7階中、1階から4階までを部分開館し、それと同時にわすれン!を正式に始動させる。わすれン!の公式アカウント(@recorder311)は2011年5月11日より稼働しており、甲斐の2つ目のツイートを即座に引用リツイートした。

さて、この甲斐のツイートに反応し、行動に移した人物がいた。本章が紡ぐ物語の主人公のひとり、長崎由幹である。彼は家業であるロックカフェ ピーターパンのアカウント(@rockPETERPAN)から、翌日の5月21日に甲斐の発言に反応するツイートを投稿し、それがきっかけとなって6月からわすれン!のスタッフとして働き始めることになる[7]。

長崎は仙台出身だが、高校卒業後、京都の専門学校で映像制作やデザインを学び、そのまましばらく関西でデザイン関連の仕事をしていた。そのときから remo の存在は知っていたという。その後、震災の1年ほど前に仙台に戻ってきて、地方のテレビ局のカメラ・アシスタントなどをしていた。テレビの仕事に先はないなと感じて、テレビ局の仕事を辞めたのがたまたま発災直前だった。長崎は、震災後にウェブ・メディアで今までになかったすごいことが起きるだろう、と思ってい

[5] 「NPO法人 記録と表現とメディアのための組織」ウェブサイトより引用(https://www.remo.or.jp/ja/)。
[6] remo の活動については佐藤・甲斐・北野(2018)の第1章第2節「remo[記録と表現とメディアのための組織]」が詳しい。また、甲斐(2012)も参照。
[7] 「@kai_sendai 以前、remo の新世界の企画を少しだけ、お手伝いさせていただきました。ぜひ remo 仙台実現したいです。」(@rockPETERPAN、2011年5月21日)。

たという。その当時の日本における一般的なメディア環境としても、震災直後は一般市民が撮影した被災状況を伝える映像が次々とYouTube上に投稿され、テレビ報道もそれを活用するという状況があった。また、その頃日本で普及し始めていたTwitter上でも震災関連の情報共有が盛んになされていた。とりわけ長崎の場合、被災した直後は電気が復旧していなかったため、テレビなどの生放送のニュース・メディアへのアクセスがなく、震災の情報をウェブで事後的に確認するような状況だった。また、生活に関わる情報発信はTwitterで盛んになされていて、長崎もそうした情報収集のために比較的頻繁にTwitterを見ていた。

長崎が甲斐のツイートを読んだのはそういう状況下である。そして、ウェブ・メディアを市民が作るという構想に関心をもち、Twitter上で反応したところ、甲斐が会いに来てくれて、「映像の技術を持っている人を探しているから手伝ってほしい」と頼まれた。それがきっかけとなって、彼は正規の面接などを経てわすれン！で働き始めるようになる。

長崎は2011年6月から2012年12月頃までわすれン！のスタッフを務めた（それ以降もフリーランスの立場で撮影や展覧会設営など、せんだいメディアテークの仕事を請け負い続けている）。彼のわすれン！での主な仕事は、Ustream［8］による生放送の配信業務とわすれン！が独自に制作する映像コンテンツの取材撮影だった。ここで補足しておくと、わすれン！発足時は映像や写真などのかたちで提出される記録のアーカイブよりも、Ustreamを用いて震災の経験や支援活動などについて生放送で配信する「わすれンTV311」のほうにどちらかというと主軸が置かれていた。また、わすれン！

の本来のあり方は市民や専門家など参加者による記録を収集・保存することであるが、とりわけ初期はスタッフも自ら宮城県内の様々な場所で取材してコンテンツを制作していた。その理由のひとつは、わすれン！発足後、参加者による記録が集まるまでには時間がかかることが予想されたため、２０１１年６月末頃に予定されていたわすれン！ウェブサイト開設にあたって何もコンテンツがない状況を回避したかったからである［９］。

それでは長崎にとって、わすれン！での経験はどのようなものだっただろうか。まず、取材撮影については、宮城県内の様々な地域を訪ねること自体が彼にとって初めての経験であり、わすれン！を介して東北のことをきちんと知るようになったという。例えば石巻市雄勝地区には、地域に伝承されている神楽の舞台再建を記録するためにたびたび通ったが、そのようにして初めて行く場所とそこで出会う人々に圧倒されることの連続であったと彼は語る。取材の体制としては、聞き手とカメラマンの２人で現地に行き、業務用ビデオカメラと外付けマイクで記録した（後には１人で行くこともあった）。同行する人数は少ないものの、長崎によれば取材のスタイル自体はテレビとあまり変わ

［８］ ２００７年よりサービスを開始したライブ動画配信プラットフォーム。２０１０年代前半頃は最も主流のライブ動画配信サービスだったが、２０１６年にＩＢＭに買収され、２０１８年にUstreamという名称でのサービスを終了した。
［９］ 北野央、甲斐賢治への聞き取り調査に基づく。また、佐藤・甲斐・北野（2018）所収の「コラム　放送局「わすれンＴＶ３１１」」（161-162）および「コラム　わすれン！ストーリーズ」（254-256）も参照。

らず、テレビ局で仕事をしていた経験も役に立った。
他方、スタッフとしてのわすれン！参加者との関わり方はどのようなものだっただろうか。長崎は次のように語る。

わすれン！で一番面白いと思っていたのは、プロジェクトルームに人がやってきて、塾のチューターさんみたいな感じで僕らはいるわけですよね。制作する場が開かれているのが面白いと思っていた。それ以前は漠然と映像って面白いなと思っていただけだったんですよ。でも、誰かと何かを共同で作ることが面白いと思うようになって……。映像のことをあまり知らないけれど何かやりたい、という人に対して、その人たちのリテラシーと自分のリテラシーをすりあわせるのが面白いと思っていて、メディアテークをやめた後も映像の仕事は続けていますが、それはいまも変わっていないです。

せんだいメディアテークが2011年5月に部分開館した後、2012年1月に全館開館するまでのあいだ、本来職員たちのオフィスがあった7階は損壊していたため、わすれン！スタッフを含め職員たちは情報ライブラリーがある2階フロアの一角に机を並べて、来館者の目にさらされる環境で仕事をしていた。そのこともおそらく長崎の言葉が伝える開放的な雰囲気を手伝っていただろう。彼はさらにこう語る。

市民活動をキュレーションするというコンセプトが多分メディアテークの一番大事なところなんですけれど……専門性をお互い交換しあって、農家なら農家のリテラシーとアートにかかわるリテラシーをぶつけあうことで、何かアーカイブしていく価値が蓄積する。

ここで詳述できないが、せんだいメディアテークは2001年の開設に向けた設計協議段階から、自らの目的を「従来型のサービスだけではなく、参加型、自己表現型の活動を支援する新しい時代に即した芸術文化、生涯学習推進を目的とする市民施設」（せんだいメディアテーク・プロジェクトチーム 2001: 29）と定義していた。そのことを長崎を含め多くのせんだいメディアテーク関係者は「市民活動のキュレーション」と言い換える。だが、この言葉が長崎にとって意味することは、映像制作を含めた表現にかかわる知識や技術を有する専門家や専門機関が、そうした知識や技術を持たない市民の表現活動を支援する、というような非対称的な関係性ではない。むしろ、市民のひとりひとりはそれぞれの専門性、それぞれのリテラシーを持っていて、その点でわすれン！参加者とわすれン！スタッフは対等な関係にあるのである。

同じことはわすれン！スタッフが制作する映像コンテンツについても言えるだろう。

当事者は動けない時期だったので……地元の人が直接記録するのは当時難しい状況にあったなかで、撮影の対象者も協働者として捉えていいんじゃないかと思っていたんですね。カメラがなくても話したいことはみんなあって、じゃあ一緒に作ればいいじゃないか。インタビューを受ける人にも能動性があるはずなので、ある意味ではそこに頼ってもいいんじゃないか。一方的な関係ではないはずなので、対象となる人の主体性に賭ける……そして、当時は主体性が生まれている時期だった。

厳密に言うと長崎のこの言葉は、震災後に仙台に滞在し、わすれン！と密接な関係をもちながらドキュメンタリー映画を制作していた濱口竜介と酒井耕の撮影アプローチに言及した発言である。けれども、同じ考えをわすれン！スタッフが制作する記録映像に当てはめても差し支えないだろう。わすれン！のスタッフと参加者がそれぞれに固有のリテラシーを持っているのと同様に、取材の対象者も固有のリテラシーを持っている。それを右の発言で長崎は「能動性」ないし「主体性」と言い換えている、というように了解可能なのである。ここには被写体の主体性に対する信頼に基づいた映像制作の倫理がある。

右に引用した長崎の言葉は、「カメラの暴力性」をめぐる一連の対話のなかで発言された。東日本大震災を主題とする映像に限らず、この概念はドキュメンタリー映像について論じる際にしばしば引き合いに出される。一定の現実を映像に記録し後世に残すことは、被写体に対する搾取ないし略奪的な行為になりうるし、場合によっては被写体の身を危険にさらすことにもなりかねないからだ。長崎によれば、濱口と酒井を含めわすれン！周辺の人たちのあいだでは、カメラの暴力性について丁寧に話しあい考えを深めていたので、その点での懸念はあまりなかった。他方ではその当時、撮影現場に土足で踏み入るような態度について見聞きすることもしばしばあったという。被写体の主体性への信頼にもとづく映像の倫理は、どのドキュメンタリー映像にも適用可能な説明原理ではない。長崎は同じ会話の文脈で次のようにも述べている。

当時カメラを使う人はみんな、責任を取るってすごい言っていたんですよね。責任は我々にあると言っていたんだけど、それは僕にはよく分からなくて……。責任ってどうやって取るのかなとずっと思っていて。たとえばいまの濱口さんは責任を取っている気がするんですよ。当時と同じことをやり続けて、一種返答し続ける態度が責任を取ることにつながっているのかなと思っていて……。みんな簡単に責任取るって言っていたけれど、どうなのかなと思っていた。

たしかにまだ被害から立ち直っていない被災地に、責任を感じることなくカメラを持って入ることは難しいだろう。そのかぎりで自分が責任を取るという態度は了解可能である。したがって、この長崎の発言を、責任を取るなんて軽々しくいう人間は信用できない、というような表層的な次元のみにおいて理解するべきではない。おそらくこういうことではないだろうか。自分が撮影する映像に対して自分が責任を取る、ということは、主体性は自分の側にある、ということを意味している。そうした態度は、撮影する行為の能動性に対して、撮影される側を受動的な立場に追いやることになってしまわないか。それは、被写体から主体性を剝奪することにもつながりかねないのではないか。

過度な解釈かもしれない。いずれにせよ、長崎はそれとは別の責任の取り方を示唆している。すなわち、当時と同じことをやり続けることであり、返答し続ける態度である（英語の「responsibility」ないし仏語の「responsabilité」は字義上「応答可能であること」という意味であることが想起される）。そして、濱口竜介は、それをやり続けているのだという。それでは濱口が返答し続けていることによって責任を取っているとはどういうことだろうか。ここで会話の元の文脈に立ち返って長崎の考えを詳しく紹介することは紙幅の都合上できないが、最低限の概略は書き記しておくべきだろう。

濱口竜介は、出身校の東京藝術大学から派遣されて2011年5月に仙台にやってきて、わすれン！を拠点にして映像作品を制作した作家である。彼はその後、2011年7月に酒井耕を共同監督として迎え入れ、『なみのおと』（2011年）、『なみのこえ』（2013年）、『うたうひと』（2013年）の3本の（広義の）ドキュメンタリー映画を制作した（東北記録映画3部作と称される）。いずれの作品も、ほぼ全編、東北の人たちの会話のみで構成される特異な作品であり、濱口と酒井は研ぎ澄まされた方法論によってそうした映像を優れた映画作品として成立させた［10］。さて、3作品のうち、第1作『なみのおと』と第2作『なみのこえ』は、東日本大震災のことを直接の主題としているが、第3作『うたうひと』はそれらと異なり、東北各地に語り継がれた民話を主題としている。より具体的に述べると本作品は、「みやぎ民話の会」を主催する小野和子が、各地を訪れて語り手たちから民話を聞く様子を記録した映画である。小野和子は、東日本大震災よりはるかに先駆けて1970年代より東北各地を訪れて民話を採集してきた人物である[11]。濱口は2011年8月頃に小野と出会っており、繰り返し各地に通って民話を聞き続けてきた小野の仕事は、本質的に人々の語りを聞くことのみで構成される濱口と酒井の3部作にも大きな影響を与えている。それだけでなく、濱口はその後に監督した『ハッピーアワー』(2015年)、『ドライブ・マイ・カー』(2021年)などの映画作品について語るにあたってもしばしば、小野から受け継いだものについて言及している[12]。

長崎が述べるような、返答をし続ける態度とは、直接的にはこのようにして濱口が小野から受け継いだものを自分の表現にし続けていることを意味している。その長崎の言葉の重みを正面から受けとめるには、右に記した概略では不十分であることは認めなければならない。だが、その作業は

[10] 酒井と濱口の東北記録映画三部作については青山(2022: 205-226)が詳しい。また、門林(2016)および門林(2017)でも言及した。
[11] 小野和子の活動については小野(2019)が詳しい。また、門林(2022)も参照のこと。
[12] 例えば濱口・野原・高橋(2015: 30-40)を参照。

別の機会に託し、長崎が述べているわすれン！に固有の映像とのかかわり方に別の角度から光をあてるために、次に本章のもうひとりの主人公、福原悠介の言葉を聞いてみたい。福原もまた、濱口との出会い、そしてみやぎ民話の会とのかかわりのなかで自らの人生の軌道を大きく変えてきた人物である。

第3節　「撮る側と見る側の問題」——福原悠介の場合

福原悠介も長崎と同じく仙台出身で、東京でテレビや映画の仕事をしながら自主制作の映画を撮っていたが、２０１０年に仙台に戻ってきた。２０１１年3月11日はせんだいメディアテーク3階の図書館で本を読んでいて、電話がかかってきたので2階に降りてきたところに地震が起きたという。福原がせんだいメディアテークと仕事のうえでのかかわりを持つようになるのは比較的遅い。せんだいメディアテークは２０１２年から機材貸し借りを担当する業者を一新し、メディア・ストラータという新規に立ち上がったＬＬＰ（有限責任事業組合）に業務委託するようになる。福原はこのメディア・ストラータに誘われて、業者としてせんだいメディアテークで勤務するようになった。その後、フリーランスの立場でせんだいメディアテーク内のイベントの記録撮影なども請け負っており、２０１０年代末頃から自身の名義でも映像作品を発表し始めた。

福原はメディア・ストラータとしてせんだいメディアテークの業務を請け負うようになる前、

2011年6月頃にせんだいメディアテークが美術家のタノタイガとともに開催した被災地ボランティア支援プログラムであるタノンティアバスツアーに参加している［13］。バスをチャーターしてせんだいメディアテークから石巻などの被災地にボランティア活動に向かうこのツアーには濱口竜介が記録担当として同行しており、そこで福原は濱口と知りあった。濱口は仙台に来る前に、東京藝術大学大学院の修了作品として制作した『PASSION』（2008年）などの作品ですでに自主映画界隈で頭角を現しており、福原も濱口の名前を知っていたという。そういうわけで、福原はわすれン！のプロジェクトに直接かかわっていたわけではないが、わすれン！スタッフやわすれン！周辺に集まっていた作家たちと一定の交流関係があった。事実、濱口と酒井の東北記録映画3部作のうち、『うたうひと』では撮影を手伝っている。ただし、福原自身はもともと、仙台に戻ってきてからも映像の仕事を続ける意志はなく、震災の記録を撮りに東北にやってくる作家たちのことも、やや距離を置いてみていた。「震災を記録したいという人がいっぱい仙台に来て何かやっている状況は、最初は若干胡散臭いものとして見えていた」とすら、福原は語っている。すなわち、長崎と福原は、いったん仙台を離れて映像制作を学んだ後、震災の1年ほど前に仙台に戻ってきたという点では共通しているが、その後に彼らの人生が描いた軌道は対照的であった。

［13］　タノンティアバスツアーについてはせんだいメディアテークウェブサイト内の「タノンティアの支援」（http://table.smt.jp/?p=4093）を参照。

そんな福原が映像制作に再び積極的にかかわり始めるのは2015年頃のことだという。その頃から福原は、せんだいメディアテークが2012年よりみやぎ民話の会と共同で始めた「民話声の図書室」で、民話の語りの記録撮影を酒井耕らと担当し始めた[14]。それが縁となって福原は、みやぎ民話の会の島津信子とともに『飯舘村に帰る』(2019年)という映像作品を制作している。福島県飯舘村は福島第一原子力発電所の事故により避難指示区域に指定された。本作品は、2017年に避難指示が解除された後に村に戻ってきた人々の語りを記録した映像であり、以前より飯舘村の人たちと信頼関係を構築してきた島津が聞き手を務めている[15]。

『飯舘村に帰る』は2019年の山形国際ドキュメンタリー映画祭のプログラム「ともにある Cinema with Us 2019」で上映されている。山形国際ドキュメンタリー映画祭では作品の前後で監督や出演者の挨拶や質疑応答の時間が設けられることが多い。本作品の上映の際にも福原との質疑応答があり、私もそこに立ち会っているが、忘れられない強い印象を残したことがひとつある。福原は挨拶の際に、自らを「監督」と名乗ることを慎重に避けた。すなわち、彼は自らが撮影・編集した映像を、「作家」による「作品」というカテゴリーでは捉えていないということである。

福原によれば、彼は被災地の記録を作品として作るという意識に対してある時期までは抵抗があった。『飯舘村に帰る』も最初は作品にしようという意図はなく、わすれン!の記録にしようと思っていたという(彼はこのとき初めてわすれン!に参加者として登録した)。もちろん、そのようにして制作された映像も、映画祭で上映されれば「監督」による「作品」という扱いを受けることになる。けれどもわすれン！には作品と単なる記録を区別しないで考える発想が当たり前のものとしてあった。それは福原によれば「見る側の問題」だという。

当時、わすれン！の周辺で活動していた人たちには、作品と記録をはっきりと区別しないような空気がありました。それは見る側の問題として、記録が作品になる手前でもっと考えることがあるのではないか、あるいは映像が作品然としていなくても、わたしたちが見ようと思えばそれを「作品」として見ることも可能なのではないか、というような感覚でした。震災と直接関係あるわけではない「民話 声の図書室」の記録もそうですが、何よりもまず見ることによってそこに何かが生まれるという実感が、自分だけでなく当たり前のようにみんなのなかにあったので、映像の見られ方自体が、震災を経てそのように変化をしたのだと思っていました。しかし、山形国際ドキュメンタリー映画祭で『飯舘村に帰る』を上映したときには、その映像は今までどおり「監督の作品」として受け取られたので、それは必ずしも一般的な感覚ではなかっ

［14］「民話　声の図書室」についてはせんだいメディアテークウェブサイト内の「民話　声の図書室」（https://www.smt.jp/projects/minwa/）を参照。

［15］『飯舘村に帰る』はわすれン！プロジェクトの一環として制作され、『わすれン！DVD84　飯舘村に帰る』（2020年）および『わすれン！DVD87　飯舘村に帰る（バリアフリー対応版）』（2021年）としてせんだいメディアテーク内の映像音響ライブラリー／視聴覚教材ライブラリーに配架されている。

たのだと気が付かされました。

すでに述べたように、仙台に戻ってきた当初、映像の仕事を続ける意志がなかった福原は、震災の記録を撮影しにやってくる作家たちに対して一定の心理的距離を保っていた。震災後の多くの被災者が苦しんでいる状況でカメラをまわすことに胡散臭さややましさのような感情を抱くことは、福原のような個人史的背景を持っていない者にも十分に理解できるだろう。それから時を経て、『飯舘村に帰る』を一応は「作品」として発表しつつも（映画祭で上映されるとはそういう意味である）、「監督」として振る舞うことを排する彼の姿勢の前提となっているのはそうした背景であろう。逆の角度から見ると、そのような背景を持ちつつも福原が『飯舘村に帰る』を制作しえたのは、「作品」か「記録」かというカテゴリー分けの手前で映像にまなざしを向ける態度、「作品になる手前で考える」態度を発見したからである。そして、そのような態度を福原に見出させたのは、わすれン！の経験であり、また、わすれン！から派生した「民話　声の図書室」の経験であった。

震災後は、いわゆる「素材」と呼ばれる映像をどう見るか、あらためて考え直すような機会が多かったです。撮らざるを得ずに撮ったけれども撮った人もそれをどう受け取っていけばいいのか分からないもの、みたいな映像がたくさん生まれたからです。それまではそもそも何か狙いがあって撮影するのが普通だったと思うので、撮れてしまったものをどう解釈していくかという発想自体、震災前にはあまりなかったのではないでしょうか。震災後は、そんなふうに素材と呼ばれている映像の存在感が大きくなった、あるいは素材という言葉の持つ意味自体が変わってしまったような気すらします。それをどうかたちにしていくか考えていくことと、結果的にそれが作品になるかどうかは必ずしも同じ問題ではない……。

この福原の発言に2つの観点から注釈をつけることが可能だろう。一方で、東日本大震災後の2011年頃の段階で、YouTube（2005年〜）やニコニコ動画（2006年〜）のような動画共有プラットフォームで映像を視聴することは、ごく当たり前の日常的な映像経験になっていた。事実、すでに言及したとおり、東日本大震災時にはYouTubeなどに一般市民が撮影した被害情報を伝える映像が多数投稿された。そうした映像の多くは、明確な意図をもって計画的に撮影されたものというよりは「撮れてしまったもの」という性質を持つ。ネット動画の時代は、作品でもジャーナリズムでもないような映像のあり方、福原が「素材」と呼んでいるような映像の質を顕在化させた。そのこと自体は東日本大震災という出来事にもわすれン！というプロジェクトにも直接起因しない一般的な社会的状況である。そして、思い出しておくと、わすれン！にひとつのモデルを与えたremoの「文房具としての映像」という理念も、映像の撮影・編集・公開が簡便になったそのような映像メディアの状況を背景としていた。また、わすれン！のウェブサイト上に公開されている映像が、プラットフォームとしてはYouTubeを用いていることにも注意を促しておこう。したがって、それらの映像はわすれン！ウェブサイト上の埋め込み動画としても視聴できるが、それと同時にYouTube上でも（一部の例外を除いて）わすれン！のYouTubeチャンネル「recorder311」に投稿された動画として視聴可能である。わすれン！のプロジェクト自体が、ネット動画が社会に浸透した映像メディアの状況をほとんど必須の前提条件としているのである。

しかし他方で、「素材」と呼ばれるものにどのようにまなざしを向けるか、という福原の問題意識は、わすれン！に固有の経験に根ざしたものでもある。そして、とりわけ素材を「どうかたちにしていくか考えていくことと、結果的にそれが作品になるかどうかは必ずしも同じ問題ではない」という彼の言葉は注目に値する。福原にとって、素材をかたちにすることは、必ずしも作品にすること、すなわち作家による自己表現を意味していない。ここには異なるリテラシーをすりあわせることとしての映像制作、そして、被写体の主体性への信頼にもとづく映像の倫理という長崎の問題意識と共通するものが見られる。長崎の言葉を借りて解釈するならば、『飯舘村に帰る』の制作過程は、聞き手である民話の会の島津信子とリテラシーをすりあわせる過程であり、その映像にはかつての村での生活や長期にわたる仮設住宅暮らしなどについて語る村人たちの主体性や能動性が立ち上がっている、と述べることが可能であろう。そこでは福原自身は島津と村人たちの会話を映像として記録に収める慎ましい立場に引き下がっている。福原が語る「作品になる手前で考える」態度を、そのように長崎の問題意識に引き寄せて理解しても大きな間違いはないと思われる。

本節冒頭で述べたように、福原は２０１２年よりメディア・ストラータのメンバーとしてせんだいメディアテークでの機材貸し借り業務を担当していた。そうした立場からわすれン！参加者と接してきた経験について彼は次のように語っている。

僕はせんだいメディアテークという現場で機材の貸し借りを担当していたので、誰がどんなふうに苦戦苦闘してその映像が生まれたのかをある程度知っていて、そういう試行錯誤の過程を含めて見る、という経験をしたことが大きかったです。できあがったものはいわゆる作品には見えないし、実際、記録としても捉えどころがないけれども、記録する行為と結果をセットで考えれば、そこにあるひとつの意味が見いだせるのではないか……脇で見ていてそう感じていました。なので、わすれン！の記録をみんなで見て、撮った人の話を聞く「こえシネマ」[16]というイベントなどは、特に意義のある取り組みだと思っていました。〔中略〕わすれン！をきっかけにして、撮ることと見ることのトータルで映像を考えるというやり方が当たり前になったような気がします。震災前は、撮る側と見る側、制作者と観客の問題は完全に別のものだった

[16] こえシネマはわすれン！参加者などで構成される市民グループ「映像サーベイヤーズ」とせんだいメディアテークが共催し、２０１２年から２０１５年まで計14回開催された。主催者のブログ「こえシネマ～映像で話す場所～」(http://koecinema.blogspot.com) および、せんだいメディアテークウェブサイト内の「こえシネマ」(http://table.smt.jp/?p=4119) を参照。

と思うのですが、震災後はそれが区別されなくなり、その区別されなくなったという実感それ自体が、わすれン！というプラットフォームで可視化された……。

わすれン！参加者が制作した映像は、せんだいメディアテークに提出された後、ウェブサイトやＤＶＤに格納されてアーカイブされるだけでなく、ここで福原が言及している「こえシネマ」を含め、上映と対話の場が様々に設けられてきた（佐藤・甲斐・北野 2018: 234-246 第5章第4節「映像を囲む場をつくる」）。そのことは、わすれン！のプロジェクト全体にとってきわめて重要な意味を持つが、それについて詳しく論じることは別の機会に譲りたい。ともかく、そうしたイベントも手伝って、また、福原個人の経験としては機材貸し借り業務でのわすれン！参加者との交流にも媒介されて、「撮ることと見ることのトータルで映像を考える」態度、撮る側と見る側を区別しない態度が顕著なものとして現れた。そして、そのことを可視化したものこそがわすれン！のプラットフォームであった、というのである。

さて、ここで福原が述べる撮る側と見る側を区別しない態度は、福原との会話の文脈では、先に言及した作品と記録を区別しない態度、「作品になる手前で考える」態度とほぼ同等のことに別の表現を与えた言葉である。どういうことだろうか。さらに福原の言葉を聞いてみよう。

自主映画を撮っていた頃は、映画を撮る側と見る側を、それぞれ全く別のものとして捉えていました。しかし震災をきっかけに、記録という行為やわすれン！という場にかかわるうち、見ることも撮ることも、突き詰めれば同じ一個の問題なのではないかと考えるようになりました。そして、そんなふうに見ることと撮ることを区別しないようなやり方であれば、もう一度自分自身でも何かを作ることができるかもしれないと思うようになりました。

つまりこういうことだろう。映画やテレビに代表されるようなマスメディアとしての映像をめぐる従来の産業構造においては、映像を撮る側は、原則的に専門的な知識や技術、そして多くの場合は潤沢な資金を有する立場であった。映像制作者とは、そうした背景に裏づけられて表現や記録、報道など、明確な目的をもって映像を撮る能動的な存在である。そのようにして制作された映像は、見る側には完成された作品や番組として差し出される。すなわち、映像を見る側は、制作された映像を一方的に享受する受動的な立場に立たされている。見る側に映像を読み解く能動性が認められ、あるいは求められることがあっても（メディア・リテラシー）、それは撮る側の能動性に比べれば限定的なものにとどまる。

そのような撮る側の能動性と見る側の受動性の分離は、誰もがその気になれば映像を制作してYouTubeなどの動画共有プラットフォームに投稿できる時代になって、明確なものではなくなった。そのときに浮上したのが、作品になる手前の「素材」と呼ばれるような質を持つ映像群である。

したがって、撮る側と見る側の区別の溶解と、「素材」と呼ばれるような映像の質の顕在化はともに、震災前後に進行していた映像メディアをめぐる一般的社会状況に起因しており、表裏一体の関係にある。しかし、それが「わすれン！というプラットフォームで可視化された」という福原の言葉は、そうした一般的状況に完全には還元できないわすれン！固有の映像のあり方に触れている。そこで最後に結論にかえて、わすれン！の固有性を映像メディアをめぐるより広い社会的・歴史的な状況に差し向けることで本章の結びとしたい。そのために、これまでにも言及してきた２０１０年代初頭の映像メディアの状況を、もう少し長い時間軸のなかに位置づけてみよう。

例えば２０１０年代初頭、YouTube のパートナープログラムによって広告収入の一部を得るYouTuberと呼ばれる存在は、まだ十分に社会的に認知されていなかった。その頃ライブ配信プラットフォームの代名詞だったUstream は２０１０年代後半には後景に退き、そのかわりにYouTube、Instagram、TikTok など、利用者の多い動画プラットフォームやソーシャルメディアすべてがライブ配信サービスを提供し、盛んに利用されるようになった。２０１０年代初頭にはスマートフォンはすでに日本社会に普及し始めていたが、動画の撮影と視聴のためのデバイスとして一般化していくのは早く見積もっても２０１０年代中頃以降のことである。たとえばiPhone の画面が大型化し始めるのはiPhone6 Plus（２０１４年）以降、iPhone が複数のカメラレンズを備えるようになったのはiPhone7/iPhone7 Plus（２０１６年）以降である。それ以降、各社のスマートフォンが内蔵カメラの性能を競い合うようになり、安価なビデオカメラよりもむしろスマートフォンのほうがいい画を撮れる時代がやってくる。また、動画視聴に関しても、2010年代初頭の段階ではスマートフォンやタブレット型PCよりもパーソナルコンピュータで視聴する方がどちらかというと一般的だったはずだ。自由国民社が主催するユーキャン新語・流行語大賞では2017年に「インスタ映え」が大賞を獲得し、2018年には「TikTok」がノミネートされる。パソコンよりもむしろスマートフォンに特化したプラットフォームが一般化していくのはこの時期である。要するに、小学生が将来YouTuberになることを夢見る時代、高校生がTikTokに自撮りを投稿する時代、芸能人がカジュアルに自宅からインスタライブをする時代は、2010年代初頭にはまだ到来していなかった。

2020年の新型コロナウイルス感染症の流行と、それにともなうオンラインでのコミュニケーションの活性化は、こうした映像メディアをめぐる状況をあまりにも明白なものとして顕在化させたと言えるだろう。そして、このような映像メディア環境を可能にする条件は、2010年代初頭にはほぼすべて出揃っていたが、それと同時にいまだ萌芽期ないし過渡期にあった。それではわすれン!の活動に技術的前提を与えた映像メディア環境の進展がさらに激化し、社会に飽和した2020年代前半の現在、わすれン!的な映像との関わり方はさらに実り豊かなものになっていくと想定してよいのだろうか。あるいはむしろ、わすれン!的な映像とは、新しいメディア環境と古いメディア環境がせめぎあう過渡期の可塑的な状況に固有の映像の質なのだろうか。すなわち、萌芽期にあった新しいメディア環境、東日本大震災後の東北という歴史的にも地域的にも固有の状況、そして、「市民活動をキュレーションする」という理念を持った市民協働型の文化施設としてのせんだいメディアテークという条件が重なることで可能になった映像のあり方なのだろうか。安易に答えを出すことのできない問いである。だが、わすれン！的な映像との関わり方について長崎と福原の言葉を聞き取ってきた私たちは、少なくともこの問いを立てる準備が整ったと言えるだろう。

参考文献

青山太郎（2022）『中動態の映像学——東日本大震災を記録する作家たちの生成変化』堀之内出版
小野和子（2019）『あいたくて　ききたくて　旅にでる』PUMPQUAKES
甲斐賢治（2012）「それがアートと呼ばれなくても全然いいんです。」細谷修平 編『メディアと活性』インパクト出版会、１１０-１１７頁
甲斐賢治・竹久侑（2012）「震災、文化装置、当事者性をめぐって——「3がつ11にちをわすれないためにセンター」の設立過程と未来像を聞く」artscape（https://artscape.jp/focus/10024379_1635.html　参照：２０２３年12月20日）
門林岳史（2016）「ええ、ええ、うん、うん——物語を聴くことをめぐる断章」『ミルフイユ』8号、１０９-１１７頁
門林岳史（2017）「東日本大震災とドキュメンタリー映画」谷島貫太・松本健太郎 編『記録と記憶のメディア論』ナカニシヤ出版、19-37頁
門林岳史（2022）「ナラティブの可塑性、あるいは現代の民話——テレビドラマ『おかえりモネ』と小野和子『あいたくて　ききたくて　旅にでる』」『ナラティブの修復』左右社
北浦寛之（2019）「市民の記録映像に見る被災の差異——せんだいメディアテークの映像アーカイブより」ミツヨ・ワダ・マルシアーノ 編『〈ポスト3・11メディア言説再考〉』法政大学出版局、35-57頁
佐藤知久・甲斐賢治・北野央（2018）『コミュニティ・アーカイブをつくろう！——せんだいメディアテーク「3がつ１１にちをわすれないためにセンター」奮闘記』晶文社
せんだいメディアテーク・プロジェクトチーム 編（2001）『せんだいメディアテーク　コンセプトブック』ＮＴＴ出版
谷津智里（2011）「アーティストによる震災の「記録」とそれを支えたプラットフォーム」橋本誠・影山裕樹 編『危機の時代を生き延びるアートプロジェクト』千十一編集室、8-29頁
濱口竜介・野原位・高橋知由（2015）『カメラの前で演じること——映画『ハッピーアワー』テキスト集成』左右社

第10章

映像

断片をつなぎあわせて透かし見る

青山太郎
名古屋文理大学情報メディア学部准教授

1987年、愛知県生まれ。京都工芸繊維大学大学院工芸科学研究科博士後期課程単位修得退学。博士（学術）。今日のメディア環境における映像制作の美学と倫理学のあり方を探求している。著書に、『中動態の映像学——東日本大震災を記録する作家たちの生成変化』（堀之内出版、2022年）など。

第1節　映像と想像力の関係

2005年に設立されたYouTubeはいまや動画共有サイトの代名詞的存在であるが、その発想のきっかけのひとつは2004年12月のスマトラ島沖地震であったと言われている。プーケットなどを訪れていた観光客が家族の姿を撮影するために回していたビデオカメラによって、津波襲来の瞬間が多数収録された。当時、それらの映像はテレビ局を通じて世界中に発信されたが、インターネット上で視聴することは容易でなく、その体験が動画共有サイトというアイデアのきっかけのひとつになったとされている。そのような現代の「ホーム・ムービー」がもつインパクトについて、社会学者の長谷正人は次のように述べている。

> 私たちはそこに、何気ない日常的な風景のなかに突然津波が現れ、それを見た撮影者が驚きの声をあげ、カメラを揺らしながら逃げていくのを彼らの主観的視点から見ることができる。それは、プロのカメラマンが客観的に捉えた報道映像では決してわからなかったであろう、津波の主観的体験を迫真性をもって伝えていた。（長谷 2016: 135）

このような主観的映像はいまや家族や友人といった親密な私的空間を飛び越えて、社会のイメージを構築する重要なファクターとなっている。ビデオカメラやスマートフォンの普及、インターネットの発達、そしてプラットフォームの構築が相まって、動画を撮影し、発信することのハードルは技術的にも経済的にも低くなっている。それにつれて、個人の手による私的映像の社会的地位は年々高まり、ジャーナリズムやドキュメンタリーのかたちにも大きな変化を与えている。いまや私たちは検索さえすれば世界中のあらゆる出来事の決定的瞬間を見逃すことなく、いつでもどこでもそれらを手元のデバイスで再生できるかのような感覚さえ持っているかもしれない。

しかし——きわめて当たり前のことであるが——ある象徴的瞬間を撮影することが必ずしもその出来事を十全に記録することになるわけではない。２０１１年に発生した東日本大震災についていえば、地震や津波に襲われている時間や、原子炉建屋の爆発の瞬間だけが「震災」ではない。さまざまな喪失や困難に人々が向き合うのは、むしろ、そこから続く長い時間のなかにおいてである。さらにいえば、そのような災厄の時間を理解する、あるいは受けとめるためには、発災以前の人々の生の営みや土地の記憶に思いを馳せることもしばしば必要になる。

そうした観点からすれば、「震災」を映像に撮るということは決して容易でない。カメラはあくまで「いまここ」にあるイメージのごく一部をフレーミングすることによって断片化する機械である。映像記録には空間的にも時間的にも「見えない領域」がともなう。さらに、編集によって一意的なメッセージや物語を整理して伝えようとすることは、それ以外の領域を見えにくくすることと表裏一体である。とりわけマスメディアによる報道映像はそうした副次的機能を含み持つ傾向にある。

しかし、異なる文脈から切り出されたイメージをつなぎあわせることで、「見えない領域」に追いやられた事柄や、それまで見えなかった何か新しいイメージを想像しなおす力が生み出されることがある。『阿賀に生きる』（1992）などの作品で知られる映画監督の佐藤真曰く「編集台の上で、何度やっても本物にならなかった素材が、ある時一気につながって、急に作品になり始める」のであって、現実とかけ離れたようにさえ感じられる断片的な映像素材が編集を通じて「リアリティ」をもつにいたる瞬間が訪れるという（佐藤 2007: 10）。そのような「リアリティ」によって引き出される想像力は、人が未知の出来事との対話を始めるために欠かすことのできないものであろう。

本章では、災害をめぐる映像記録の試みのなかで、受け手の想像力を賦活すると思われるふたつの事例を検討する。ひとつは東日本大震災をめぐって映像編集者の鈴尾啓太が自主制作した映像作品『沿岸部の風景』であり、ひとつは朝日放送テレビが公開した阪神・淡路大震災に関する報道映像のアーカイブサイト「取材映像アーカイブ」である。前者においては、個人が撮影と編集という映像制作行為を介して新しいイメージを見出す方法について考察し、後者においては、視聴者が自ら複数の映像を組み合わせることができる集合的イメージの性質を検討する。

この両者は記録対象とする災害とその時代が異なるだけでなく、記録主体が個人か組織かという点でも、また、その活動が記録生成そのものであるか、残された既存の記録の活用であるかという点でも異なっており、並置して議論することは必ずしも妥当でないと思われる読者もあるかもしれない。しかし、映像メディアが私たちの情報環境の基盤のひとつとして機能している今日的状況において、断片的かつ有限でしかありえない視聴覚イメージからいかにして災害なるものを想像しなおすことができるかという課題を考えるうえで、両者を並行して検討することは私たちに重要な示唆をもたらすはずである。

第2節　記録すること、断片を拾うということ

災害をいかに記録するかというのが本書を通じてのテーマであるわけだが、当然それは何を記録する（べき）かという問いと直結している。そして、この問いはいまや私たちひとりひとりの個人に差し向けられていると言ってもいい。あらためてその点を検討しよう。

特定の学問分野を専門とする科学者であれば何を記録対象の中心に据えればよいかは、完全に明晰にではないにせよ、明らかにすべき課題にそって自ずと分かってくる。たとえば建造物の破損状況であるとか、津波の動きの痕跡であるとか、ある場所における放射線量の数値の推移であるとか、そういったものが考えられる。

一方、多くの人々が関心を寄せ、記録しようと試みてきた「人が震災という時間をどう生きてい

るか」という問いは――あえて言うなれば人類学的と呼べるかもしれないが――、自然科学の諸対象に比べれば、具体的に何を撮るべきかは依然として曖昧模糊としており、その問題意識だけで撮影者に何か明確な指針が与えられるというわけではない。

「人がどう生きているか」を映像に記録することの難しさにはそのような対象の不明確さに加えて、物語化＝規格化の誘惑という問題がある。いわゆる悲劇や美談というのは何らかの出来事を理解するための一種の型であるが、実在の他者の生に安易にそれを当てはめることは不健全な自己満足を作者に与えるだけで、それによってもたらされるイメージが担う機能は欺瞞でなければ搾取でしかない。今日のメディア論的問題として重大なことは、多くの人々――映像を撮る者とそれを見る者――がそうした事柄に薄々気づいている（あるいは熟知している）にもかかわらず、そのような物語化はしばしば人々の意図や理解を裏切って生じるということである。とりわけ、眼前のイメージから何かしら有益な教訓を得ようとするときほど、そのような紋切り型に人々は囚われてしまうように思われる。

そのなかで、仙台市の生涯学習施設であるせんだいメディアテークは東日本大震災における復興の記録と情報発信のためのプラットフォームを作るべく、「3がつ11にちをわすれないためにセンター」（通称「わすれン！」）を開設した。市民協働を活動指針とする「わすれン！」は震災の様子や復興過程を記録しようとする人々を募集し、彼らの記録を支援し、DVD化やオンライン配信によってそうした記録映像の発信を行ってきた。２０１１年5月の開設以来、そこには、はじめてビデオカメラを触るという高校生から、小森はるか、酒井耕、濱口竜介、藤井光といったアーティストまでが日本各地から参加してきた。２０２１年7月末時点で参加者は２０２人となっており、さまざまな背景をもつ人々による「わすれン！」のアーカイブは他に類を見ない特徴的な記録群となっている。また、そうした記録活動を基軸にしながら、映画や美術といった芸術的文脈に位置づけられる作品を再構成していく動きも展開されてきており、そうした動きもまた注目に値する。とはいえ、「わすれン！」の活動の根底にはあくまで「多様な視点からの記録を残す」という理念があり、安易な表現に対しては禁欲的な態度がとられてきた。以下で考察する鈴尾の『沿岸部の風景』もそのなかに登録されている記録映像である。

鈴尾は東京を拠点に活動するプロフェッショナルの映像編集者であり、近作に『ＦＡＫＥ』（森達也監督、２０１６年）、『沖縄スパイ戦史』（三上智恵、大矢英代監督、２０１８年）、『人と仕事』（森ガキ侑大監督、２０２１年）などがあるが、『沿岸部の風景』では鈴尾自らがカメラを回し、制作をしている［1］。次節で詳述するが、同作には２０１２年版、２０１３年版、山形国際ドキュメンタリー映画祭版といった複数のヴァージョンが存在しており、その点も鈴尾の映像記録の特徴である。

鈴尾は同作を通じて、被災地において何らかの作業をしている人々の姿を記録してきた。筆者が２０１４年におこなった聞き取りによれば、その背景には、瓦礫のある風景をめぐって「本当に、何をどう撮っていいか」分からない感覚があったという。一口に瓦礫といっても、それは単に巨大津波の痕跡であるというだけでなく、見知らぬ誰かにとっての大切な思い出につながるモノの部分であったり、場所であったりするかもしれない。そうしたさまざまな可能性があるなかで、その風景をただ一つの視点で十全に切り取ることの不可能性を鈴尾は感じていた。

風景は撮れないいし、できるだけ編集でも入れないけど、でも彼らの姿を含めた風景が沿岸部にはたくさあるっていう。彼らも風景の一部だし、彼らを通して風景も見えてくるっていうことなら、自分は風景と向き合える。（青山 2022: 239）

そのように自身の制作を語る鈴尾は、2011年から2012年にかけて大船渡、南三陸、石巻、名取、南相馬、大槌、陸前高田、女川を訪れ、それぞれの土地で撮影を試みている。以下、『沿岸部の風景（2013年版）』に収録された記録イメージについて記述してみよう。

冒頭、車窓からの沿岸部の風景に始まり、2011年6月ごろの南相馬の避難所の様子を映し出す。横になっている人やカレンダーをじっと見つめている人などがいるなかに、撮影するカメラのレンズに向き合う老人の姿もある。次いで映像はそれぞれの津波被災地で作業をしている人々をと

［1］　本章では鈴尾の作品にみられるイメージに注目し、分析的に記述を行うが、拙著『中動態の映像学』（青山 2022）では、鈴尾の制作手法の特性や考え方、および「わすれン！」の設置の経緯についての分析と考察を行っている。あわせて参照されたい。

らえる。ヘドロの掻き出しをおこなう人、公民館で写真を探す人、店舗のシャッターにペイントをする人、墓地に流れ着いた瓦礫の片付けをする人、飼っていた猫を探す人など。

テロップで8月の撮影であることが示されると、空き地のような場所で何かを探す2人の女性が現れる。どうやらそこは元々は墓地で、彼女たちは墓石を探していたらしい。「あー、あったあった」「頭がない」「頭が大事なのに」などと口にしながら作業をしている。学校の体育館に設置された避難所に場面が変わると、人々はテレビを見ている。「浪江には住めない」「除染すれば」「したって……」といった原発事故をめぐるやりとりがなされている。それと同時に、口論する男性たちの脇でそれにはまったく加わろうとしない女性たちの姿もとらえられている。

9月になると「何かやってねば身体もたないよな」と話しながら畑を耕す男性が映し出されるが、画面の奥には窓ガラスが割れたままの建物があり、その周囲はすっかり荒廃しているように見える。また、嵩上げ工事のための土砂を運ぶトラックが行き交っている。そのなかで男性は何かの種を蒔いている。その後も何人かの作業をしている人々の様子を写したショットが続く。

すると、夕方に国道沿いで何かを待っている男性が登場する。「友人が車で迎えにくるのを待っている」という男性は震災の津波で失ったさまざまなものの話をカメラの前で語る。しかし、夕闇のなかでその表情は見えない。そして「友人」は結局現れないまま、その男性も「ゲームオーバーだな、よし、やめ」と言ってその場を去り、場面は次へと切り替わる。２０１２年という新しい年を迎えようとする夜、「元旦の警察をナメていたい」という少年たちが道端にたむろしている。寒さのなかで、彼らは自分たちを捕まえようとする警官の登場を期待するが、現れない。「まっぽ来ねえな」「もう帰ろうぜ」と口にする彼らはどこかへと移動していく。

終盤では、南相馬で屋敷の解体を見届ける男性と、かつて家があったらしい場所で花の手入れをしている陸前高田の女性の姿が順に現れる。女性は「これから先どうやって生きていくんだろう」と口にしながら、「ここに来るのはいいね」と言い、また「海は憎まない、津波は憎むけど」とつぶやく。彼女の作業する姿と、それを通した花畑のある風景を映し出す。

以上が『沿岸部の風景』の概要である。ひとつひとつのシーンをみていくと、作業をしている人物がどのような環境にいるかが分かるようなロングショットが基本となっており、その人物の動作が中心に捉えられている。被写体の人物の表情を捉えたアップショットもしばしば見られるが、特定の感情が読み取れるというものは少なく、安直な情動的イメージにならないように工夫されている。

一見すると、ある程度の距離を保った静的なカメラワークに感じられるショットが多いが、映し出されるイメージは必ずしもその場の状況を事細かく説明するようなものではない。多くの登場人物は何者であるのかもよく分からない。たとえば、年越しに警察を挑発しようとして失敗する少年たちが実際にはどの程度の「ワル」なのか、彼らの生い立ちや家庭環境、普段学校に通っているのかどうか、あるいはどんな被災体験をしたのかということは映像を見る限りではまったく窺い知ることができない。まして、彼らにとってあの日あの場所で警察を挑発するという行為がどんな意味をもっているのかは、映像を見る者が推測するほかない。それでも、彼らが何かを抱えて苦しんでいるのであろうことはひしひしと伝わってくる。

　鈴尾によれば、被写体になっているのは道すがら偶然に見かけた人々なのだという。それゆえか、長回しを多用するその映像には、何か意味らしきものを探索しつつも、あくまで「断片」の記録に留まろうとする鈴尾の姿勢が垣間見える。言い換えれば、鈴尾のカメラは眼前のイメージにそなわるさまざまな意味を取りこぼさないように細心の注意を払いながら、一方で、それに対する解釈が成り立つ一歩手前の境界線上でフレーミングを選択しているようにみえる。

　念のため書き添えておけば、そのように「一歩手前の境界線上」に留まる撮影は決して容易ではない。たしかに映像史的にはダイレクト・シネマと呼ばれる１９６０年代のドキュメンタリー映画の革新運動以来、あらかじめ企図された情報伝達よりも、現場での観察に重きを置く撮影スタイルが採用されることは増えてきた。とはいえ、撮影者が被写体に近づきすぎれば、説明過剰で特定の意味だけが前景化されるような近視眼的な映像になり、逆に被写体との距離をとりすぎれば、そこから何かを読み取ることさえ難しい記録になりかねない。それは物理的距離だけのことをいうのではない。何かを「見せる」ないし「語る」ことへの欲求に囚われてしまえば、「見る」ために適切な心理的距離は保てなくなる。そうした距離に対する感覚なしには、震災によって開かれた生をめぐる断片のイメージはすぐさま見失われることになる。

第3節　怠慢な想像力からの逃避

第1節で佐藤真の言葉を引用したように、撮影されたままの記録映像にそなわる「リアリティ」――迫真性と言い換えてもよいかもしれない――がそのまま立ち現れてくるということはきわめて稀である。ドキュメンタリーであっても、撮影された映像がさらに選別され、切り取られ、ほかの映像と組み合わせられることで、はじめて作品として何かが表現されうる。

それは作り手の理解にとっても重要なプロセスである。単純化していえば、映像編集とは、記録者が撮影時に見出していた「何か」が、鑑賞者に伝わるようにイメージを整理する作業であるわけだが、しかし、その過程においてこそ、記録者は自らが直観していた「何か」を分析し、明晰に把捉し直すことができる。

そうした意味において『沿岸部の風景』という作品には鈴尾の思索の変化が如実に現れている。鈴尾は同作を2012年に発表した翌年に、追加撮影と再編集を施した「2013年版」と「山形国際ドキュメンタリー映画祭版」を制作する。それらは前作に対する続編というわけではなく、アップデート版であると鈴尾は位置づけている。同時代を生きている制作者からすれば、状況が変化すれば同じ記録映像に対する見え方も変わってくる。それゆえに、残すべき映像や、見せる順序の「正解」もその都度更新されると鈴尾はいう。したがって、鑑賞者もまた同じ記録映像の断片を見ているにもかかわらず、そこにまったく異なる生の位相をみることがありうる。

　なかでも象徴的なのは、夕方の国道で「友人」を待っている男性の姿である。２０１２年版では作品の終盤に登場する格好になっており、鑑賞者からすれば、現れることのなかった「友人」の安否が気にかかる。そして、男性の孤独を思い、震災の影響を感じずにはいられない。「友人」は無事なのか、男性に帰る場所はあるのだろうか。ところが、２０１３年版ではそのあとに警察を挑発しようとする少年たちが登場し、そして年が明けてからの南相馬と陸前高田の風景が映し出される。視覚イメージとしてはさらに闇が深まった後に、夜が明け、風景は光と色彩を取り戻すのである。悲しみが拭い去られるわけではないが、しかし死よりも生の――あるいは「再生」の――位相が前景化してくるのを感じるだろう。

　ひるがえって「友人」について、こんな思いがよぎる。その「友人」とは一体何者であろう。もちろん実在の人物であるかもしれないが、そうでないかもしれない。もしかしたら震災よりもずっと昔に亡くなった人かもしれない。男性はその「友人」が現れないことを知っていて、それでもあの日あの場所で待っていなければならなかったのかもしれない。もちろんこれは一鑑賞者としての私の憶測に過ぎない。しかし、警察に捕まりそこねた少年たちの映像が続くことで、ゴドーを待つエストラゴンとウラジミールのイメージがその男性や少年たちに重なってくる。彼らは、本当は一体何を待っているのだろうか。サミュエル・ベケットの戯曲において「ゴドー」という言葉がひとつの記号でしかないように、「友人」や「警察」のイメージに仮託しているところの、何か別のものの訪れを彼らは待っていたのではないか。そのようにさえ思われる。

再編集された映像に見いだされるのは、必ずしも「震災」に集約されるイメージではなく、むしろ、被災地と呼ばれる場所で人が生きていることそのものの哀しみである。

ここでいう哀しみとは、解決すべき課題ではなく、ただそこにあるひとつのイメージである。古典的なリアリズムの物語世界であれば、そうした「負の感情」は登場人物たちの「正しい行動」によって克服されるものであり、受け手はその成否を固唾を飲んで見守る。

しかし、いまや私たちはこの現実を、有機的に連関した世界であるなどとは信じていない。私たちが「正しい行動」をすることで自分たちを取り囲む状況や世界が改善されるという信念が単なる「神話」にすぎないことを私たちはすでに知っている。戦後に登場した不条理演劇やヌーヴェル・ヴァーグの映画作品がそうであるように、それぞれの出来事は因果論的に接続されて一つの物語に集約されるのではなく、相互に並置される絶対的なもので、世界は多元性あるいは多数性からなるものとして理解される。そこでは、出来事同士のあいだの関係性の定義や意味付けは留保される。もちろん、それはあらゆる真理や価値を否定するニヒリズムとも異なる。『沿岸部の風景』についていえば、それぞれの登場人物は他人同士であり、それぞれの出来事のあいだに因果関係はない。しかし、それは無秩序にイメージが連なっているということではなく、この世界の中で隣り合わせに存在しているイメージの絶対性を示しているのである。私たちの理解や解釈によってそこにある哀しみが癒やされるわけではない。友人を待つ男性の、警官を挑発する少年たちの、花畑の手入れをする女性たちの哀しみはただそこにある。鈴尾の映像はそれを解釈するのではなく、むしろその解釈できなさを提示している。ひとつひとつの哀しみはどれも異なるかたちをしており、比較されることも、解釈不可能という言葉に回収されることも拒絶する。それらのイメージは連帯することによって、別様に想像することを受け手に求めはじめる。イメージの連帯は紋切り型の神話との接続を遮断し、より相応しい物語を仮構し続けることを必要とする。

もちろん、震災をめぐって現実に解決すべき／されるべき課題は無数にある。そのなかには世間に広く認知されていないがゆえに覆い隠されようとしている深刻な問題もあるだろう。それらを告発することは社会的に意義のある仕事であり、そうしたドキュメンタリー映画を強力に機能させるために、物語構造は重要な役割を果たす。原発事故をめぐる補償やコミュニティの再生といった問題はその最たる例のひとつである。あるいは、たとえば仮設住宅や復興住宅における人々の孤立という問題は建築の工夫などによって解決されうる問題であって、そうした場合には、より効果的で効率的な改善方法を探求し続けるためにも、明解なロジックに基づいた記録映像が残されるべきである。

そのような映像では、問題の本質が何であるかを明らかにし、解決の方途を提示することが重要である。そうした運動としての映像表現を機能させるために、誠実な記録映像が求められるということを否定する理由はもちろんない。

しかし、イメージそれ自体の力を私たちは過小評価するべきではない。イメージを何かの目的のために利用することができるとしても、イメージそれ自体は必ずしも合目的的な存在ではない。美術史家であり哲学者であるジョルジュ・ディディ＝ユベルマンは『すべてに抗するイメージ』（*Images Malgré Tout*）のなかで、アウシュヴィッツのゾンダーコマンドのメンバーが残したとされる4枚の写真に対峙する人々の姿勢について、フィリップ・ミュラー――彼自身が数少ないアウシュヴィッツのゾンダーコマンドの生存者のひとりである――の証言を引用しつつ、次のように論じている。

> 耐えがたく、不可能、そのとおり。しかし、それでもなお「想像しなければならない」とフィリップ・ミュラーはいう。すべてに抗して想像すること、それにはイメージについての厳しい倫理が求められる。それは不可視の並外れた卓越性（耽美主義者の怠慢）でもなければ、恐怖についての偶像（信仰者の怠慢）でもなく、単なる資料（知識人の怠慢）でもない。ひとつの単なるイメージ。それは十分ではないが必要であり、正確ではないが真実である。（Didi-Huberman 2003: 56、傍点は原文強調箇所）

現実にあるイメージから世界についてのすべての真実を知ることは私たちにはできない。その点において私たちは自らの想像力を過大評価してはならない。しかし、そうであるからといって、ある特定の感情を恣意的に扇動するための象徴としてそうしたイメージを読み解くべきではないし、科学的言説を証拠づけるためだけの補足の地位に貶めて、イメージの読解をすっかり諦めるべきでもない。どれほどの困難があろうとも、私たちはそのイメージを手がかりに、それがまさしくあったということを想像し、信じることから始めなければならない。その意味において、ディディ＝ユベルマンの指摘は歴史的出来事をめぐるあらゆるイメージについて当てはまる。

ここでいう想像力とは、端的にいえば、異なるイメージや概念を関係づける力である。映像編集とはまさしく想像力の働きを機械的に具現化したものであるといえるが、とりわけ『沿岸部の風景』はさまざまな不完全なイメージを並列かつ無機的につなげることで、次の二つのことを私たちに思い起こさせる。ひとつは、目にしているイメージのそれぞれに、異なる固有のコンテクストが存在しているのだということ。したがって、私たちは自身の想像力の行使が妥当なものであるかを繰り返し省みなければならない。その一方で、それらのコンテクストは不可視の領域において何らかのつながりを必ず有している。鈴尾の編集によってつなげられたイメージはありうる関係のひとつの表現であって、言ってしまえば、そのあいだに絶対的な因果関係や論理的な主従関係があるわけではない。しかし、それらのイメージはいずれもこの世界に属している同時代のイメージであって、まったく無関係であるはずもない。私たちはそこにさらに未知の関係が存在していると考えることができるのである。

その点で『沿岸部の風景』は、内容的にというより、むしろ方法論的にマスメディアに対するオルタナティヴな映像実践の成果である。すなわち、鈴尾が結びあげたイメージの連なりは、既存のマスメディア的な言説との一時的な絶縁を試みながら、その新しい仮設的な関係において、それぞれのイメージを見つめ直す契機を提供している。

第4節　かつての出来事をパッチワークする

別の視角から「震災」を見る、ということを考えてみよう。インターネットの発達にともなって映像体験が多様化しているというとき、デジタルアーカイブはそれを考察する切り口の代表格である。とりわけ一般にオンライン公開されているビジュアル・アーカイブはそれぞれのサイトの方針とアルゴリズムに沿って資料を整理し関連づけているが、先に挙げた「わすれン！」もまたそうであるように、必ずしも視聴環境の理想的条件を一つに限定するわけでもなく、規範となる視聴順序を明確に規定するわけでもない。私たちは自宅のソファに座ってテレビモニターとスピーカーでぼんやりと眺めることも、移動中の電車のなかでスマートフォンとイヤホンで集中して視聴することもできる。そのどちらが優れた方法であるかと議論することはそれほど有意義ではないだろう。そうした曖昧な条件において、ユーザーは再生クリップを選ぶという行為を通じて、自らのメディア体験としてパッチワーク的に独自の映像の布置を編成して読解することになる。

そのように考えるならば、オンラインのビジュアル・アーカイブは単にアクセス可能なテクストの保管庫であるだけでなく、それ自体がひとつの小さな映像生態系をなしており、多様な接続の仕方に開かれた、潜在的なテクストの編集台でありうる。それは制作者の意図にもとづいて構成された「1本の映画」を没入的に見る経験とは異なり、本質的につねに「誤ったつなぎ」の連続によるテクストの編集であると言える〔2〕。アーキビストであり、アーカイブ学の研究者であるテリー・クックは、2001年に創刊された『アーカイバル・サイエンス』（*Archival Science*）誌において、より動的なプロセスとしてアーカイブという営みを理解し直すべきであると指摘している。

新しいパラダイムの核心にあるのは、諸々の記録を静的で物理的な対象としてみなすのではなく、動的で潜在的な概念として理解することへの変化である。それは人類のあるいは行政的な活動についての受動的な証拠物としてではなく、人類や組織の記憶の形成における動的なエージェントそのものとして記録というものを考えるということであり、固定的で階層的な組織のなかにある記録生成のコンテクストに注目するのではなく、生産的な機能の流動的かつ水平的なネットワークのなかに記録を置くという変化である。(Cook 2000: 4)

そのように考えるならば、今日のアーカイブの創造性とは、ユーザーによる編集という動的なふるまいを触発することに求められる。朝日放送が阪神・淡路大震災25年にあわせて公開した「阪神淡路大震災25年　激震の記録１９９５　取材映像アーカイブ」（以下「取材映像アーカイブ」）はその課題に対するひとつの実践とみることができる［3］。同アーカイブは、１９９５年1月17日の地震発生直後から、六甲ライナーが全線運転再開する同年8月23日までの記録映像を対象としており、合計して38時間にのぼる２０００件の資料から構成されている。これらの映像の主な撮影者は在阪放送局である朝日放送テレビの取材クルーである［4］。また、同アーカイブは２０２０年に放送文化基金賞や日本民間放送連盟賞、デジタルアーカイブ産業賞を受賞するなど、すでに社会的評価を受ける取り組みとして知られている。

この「取材映像アーカイブ」の特徴のひとつは、明確に目的設定がされているということである。担当者のひとりである木戸崇之は「本アーカイブ公開の最大の目的は、当時の記憶が薄い若い世代や、これから生まれてくる世代に、リアルな被災状況を伝えることである」と報告している（木戸 2020: 182）。つまり、阪神・淡路大震災をリアルタイムに経験している人々よりも、それを直接には

［2］「誤ったつなぎ」（faux raccord）とは、哲学者ジル・ドゥルーズが2冊からなる著書『シネマ』において提出した概念で、物語映画において連続的な状況説明に混乱を来さず、「自然」に鑑賞者が物語世界に没入できるような慣習的つなぎ方に対して、あえて時系列や空間把握を混乱させるような編集方法のことを指す（Deleuze 1985）。

［3］「阪神淡路大震災 激震の記録１９９５ 取材映像アーカイブ」（https://www.asahi.co.jp/hanshin_awaji-1995/ 最終アクセス２０２３年２月８日）

［4］厳密には業務提携しているサンテレビジョン（兵庫県を放送対象地域とした地上波独立放送局）による取材映像なども含まれている。

経験していない人々にその記憶を伝えることを明確に目的としている。

こうした目的設定の背景には、発災から四半世紀が経過していることや、それにともない、神戸市においても市民の4割以上が「震災を経験していない」と言われているような状況がある[5]。また、メディア環境の変化によって映像の価値が変化してきたということもある。1995年当時、神戸市の職員が家庭用8ミリビデオカメラで震災発生直後の街の様子を撮影したという事例もあるが、一般市民が映像撮影をするということは今日ほど普及していたわけではなく、記録映像の多くは報道機関が担っていた。その多くの映像が放送局内のライブラリに収蔵されていたものの、年々テレビ放送で使用されることは少なくなっていった（木戸 2020: 181）。一方、人々の視聴環境は急速に発達し、個人の端末からさまざまな映像アーカイブにアクセスするための条件は整っていった。

言い換えれば、当時の貴重な資料映像を公開する環境が技術的に整えられ、かつそれを実践することが地元放送局の社会的使命であると認識されるようになったということである。

第5節　空と陸とを往復する

同アーカイブで配信されている資料は、放送済みのテレビ番組や事後取材のＶＴＲ企画ではなく、当時の記者のリポートや被災者へのインタビュー、空撮映像など、取材したままの「素材」にきわめて近い映像群である。とはいえ、プロフェッショナルの報道カメラマンが番組放送を目的として収録しているためか、全体的に被写体が明瞭に撮影されており、「素材」のままでも十分にその出来事や周囲の状況がよく分かるカメラワークとなっている。また、ひとつひとつのクリップをとってみると数十秒から2分程度の非常に短い時間で端的な描写がなされている。

このアーカイブに収録されている2000本の映像は「種類」「キーワード」「取材日」の3項目で分類されている。「種類」には「記者レポート」「インタビュー」「空撮」「風景」の4つのカテゴリ、「キーワード」には「火災」「家屋倒壊」「インフラ」「救助」「避難所」「医療」「くらし」「教育」

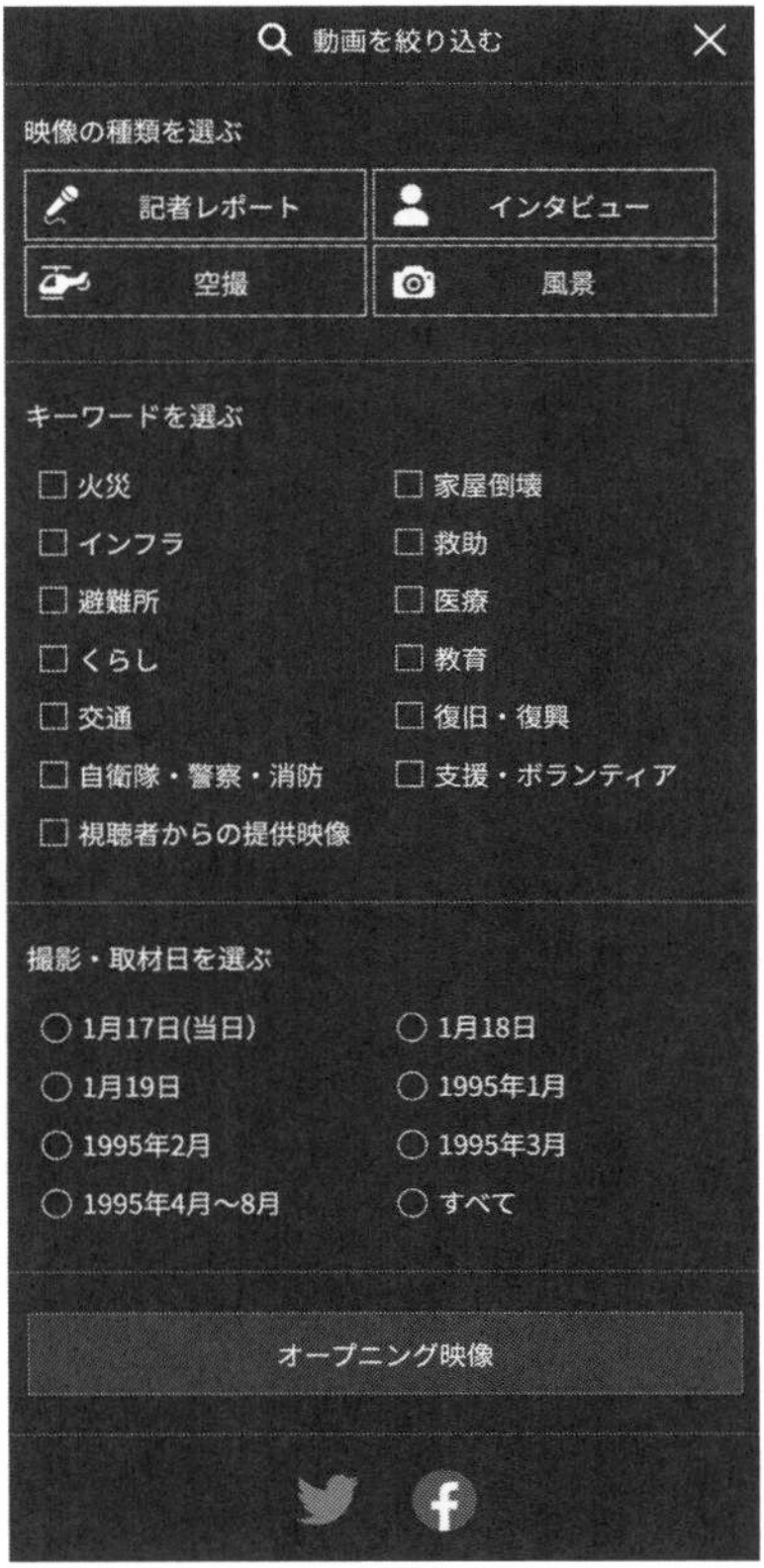

図1　動画の表示条件の絞り込み画面

「交通」「復旧・復興」「自衛隊・警察・消防」「支援・ボランティア」という12のカテゴリが設けられている。取材日については「1月17日」「1月18日」「1月19日」「1月」「2月」「3月」「4—8月」という7つの選択肢から表示条件を絞り込むことができる（図1）。

報道機関の特性という点では、発災当日の1月17日に収録された映像が２９２本あるというところにその機動性の高さが現れている。その２９２本の中には、炎を噴き上げて燃えている火災現場を収録しているもの、倒壊直後の家屋や街の様子を記録しているものなどが多く含まれており、この地震の破壊力の大きさや生々しさを伝えている。

また、テーマや出来事によっては、同一の現場を複数の視点で撮影することで、その状況をより立体的に描き出している映像群もある。たとえば、寸前で落下を免れた「奇跡のバス」で知られる阪神高速道路の崩落についてのクリップは7本あるが、ヘリコプターから撮影したもの、遠距離から望遠レンズで撮影したもの、崩落した橋桁の下から撮影したもの、あるいは救助活動の様子やインタビュー映像などが含まれている（図2）。人の気配をほとんど感じられない映像もあれば、無傷で生還した人、大けがを負いながら救助された人が写されているなど、その雰囲気もさまざまである。そうした点から言えば、このアーカイブ映像を見るということは、編集され物語化される以前のイメージの多面性や複雑さを感じる経験に直接につながっている。

一方、被写体となっている人々の様子に注目すると、きわめて淡々としている態度が多いように感じられる。感情をあらわにしている被災者の姿がないわけではないが、たとえば「長田区御蔵

地区　火災跡　被災者の話」というタイトルの映像では、夜になっても炎が燃え続けている火災現場で座っている3人の男性が記者の取材に応じている。「これからあすの朝までどうされますか」という質問に対して、「そうやね、もうずっとここらをうろうろしとかんとね。もう家帰っても……真っ黒けやしね。まあ友達とおったほうがね、心強いし」と落ち着いて回答している。あるいは「子育てふれあいセンター内　遺体安置所　夜」の映像では、部屋の入口から仮設の遺体安置所の様子が撮影されているのだが、泣き崩れたり取り乱したりすることもなく、多くの人々が黙々と作業をしている光景が映し出されており、つとめて冷静にふるまう人々が多い印象を受ける。

ただし、それは彼らが無感情に見えるということではない。むしろ、未曾有の災害の渦中にあって、興奮と緊張が混ざり合い、一義的には定位できないような複雑な

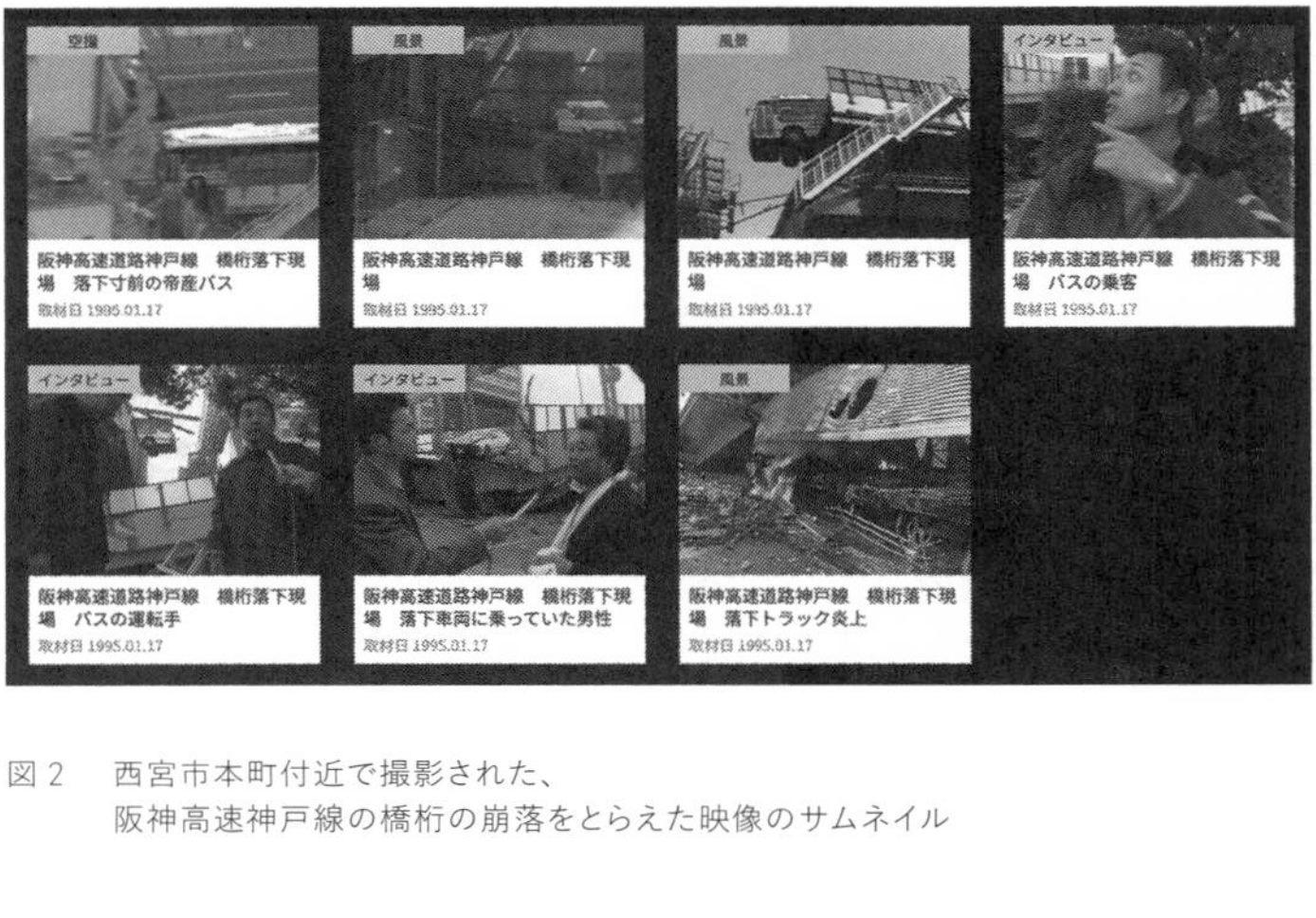

図2　西宮市本町付近で撮影された、
阪神高速神戸線の橋桁の崩落をとらえた映像のサムネイル

感情の生々しい動揺が見える。言い換えれば、人々は自らが体験している出来事を意味づける以前の状況に置かれているように見えるのである。

他方で「取材映像アーカイブ」全体としては、阪神・淡路大震災をひとつの出来事として捉える思想が――少なくとも開設当初には――あった。というのも、サイトにアクセスすると、最初に37秒間のオープニング映像が再生されていたためである［6］。12個のショットから構成されているこのクリップは、発災直後の神戸の街の空撮映像から始まり、火災とその消火活動、生存者の捜索、避難所や仮設住宅の様子を時系列順に映し出していく。そこに次のテロップが重ねられる。

1995年1月17日6000名を超える犠牲者を出した阪神淡路大震災。思いがけない大災害、街と暮らしが崩れたなかで人は何をして何を考えたのか。25年前の人々の声と街の姿で「明日の防災」を考える…

この映像の再生が終わると、三宮を中心とする神戸市のGoogle Mapの地図と、各エリアにプロットされた取材映像の数が表示される。その数字をクリック／タップすると、そのエリアで撮影された映像クリップのサムネイルが時系列順に表示される。なお、2023年現在では、サイトにアクセスすると最初にこの画面が表示される仕様になっている。

興味深いのは、Google Mapの縮尺を変更すると、それに合わせて映像のグループも統合・分割されるところである。本州全体が見える程度に画面を引くと、関西エリアに「2000」という数字が1つ表示される。反対に各エリアを拡大すると、たとえば淡路島には100の映像がプロットされており、さらに北淡町（現・淡路市）には56個の映像がプロットされていることが分かる。これを選ぶと「富島港 俯瞰」と題された1月17日の映像から、3月31日に収録された「淡路島地区自衛隊災害派遣修了式 北淡東中学 花束贈呈 見送る住民」［ママ］の記録までが一覧で表示される。こうした構造から、同アーカイブが資料映像を場所とリンクさせて見せようと意図していることが分かる。しかもそれは、ピンチイン／アウトという閲覧者の動作に合わせて解像度を変化させる「場」なのである。そうした意味で、この「2000」という1つの数字から2000個の個別の資料にいたる単位の可変性は阪神・淡路大震災と呼ばれる出来事についての理解の解像度の可変性と連動していると言える。

その結果、閲覧者はアクセスしてすぐにアーカイブ全体を地図として鳥瞰し、任意の規模のエリアのなかで映像資料を検索することができる。また、映像を連続して視聴するにあたっても、その

［5］「震災から20年「震災を経験していない」2021年には5割に――神戸新聞NEXT」（https://www.kobe-np.co.jp/rentoku/sinsai/graph/p12.shtml、最終アクセス2021年1月5日）

［6］2023年2月現在、この映像の自動再生機能は停止されている。ただし、「動画を絞り込む」メニューから選択し、視聴することができる。

資料同士の空間的・時間的関係を直感的に理解することができる。そのプロセスに予備知識はほとんど必要なく、「当時の記憶が薄い若い世代や、これから生まれてくる世代に、リアルな被災状況を伝える」という目的とインターフェースが合致していると言える。そのなかで閲覧者は資料群との対話を通じて、この出来事の複雑さを引き受けたイメージを構築することができると期待される。

ただし、こうしたデザインが可能であるのは、阪神・淡路大震災という出来事を表現するための空間と時間の範囲を人為的に限定しているからである。必然的に、この回想形のアーカイブは取材当時の報道機関の論理をほとんどそのまま継承することになる。たとえば、エリアごとの資料の多寡は被災度合いにそのまま比例しているわけではないし、日付ごとの資料の量の推移は出来事の質的な重要性の変化を表現しているわけではない。あるいは撮影手法や目的もそれほど多様というわけではない。しかし、そうした背後にある政治性やロジックは必ずしも明らかというわけではなく、むしろ洗練されたデザインによって見えにくくなっていると言える。一見欠損のない網羅的なアーカイブのように感じられるだけに、いかに記録者の意図や想定の枠外に、あるいは外部の記憶装置にまで受容者の思考を開いていくかは、同アーカイブのひとつの大きな課題である。

第6節　イメージの布地を織りなす

ここまで『沿岸部の風景』と「取材映像アーカイブ」を取り上げ、撮影された記録映像をつなぎあわせるというふるまいの構造と意義について論じてきた。1本の映画のシークエンスにせよ、一連のデジタルアーカイブにせよ、受容者の経験を1クリップ単位の解釈や意味理解に留めおくのではなく、他の映像と合わせ見る経験として捉えることで、それらに潜在する創造性が見えてくる。私たちは映像作品を介して単にメッセージを受容するだけではなく、そこに潜在する未知なる視点、別様のイメージのつながりを想像することができる。

その理解の補助線として、フェリックス・ガタリのポストメディア論を引用してみよう。ガタリは精神分析家であり思想家であったが、さまざまなメディア活動の実践家でもあった。その彼は、マスメディアによる情報の一極集中が終わったのちに来たるべき「ポスト・マスメディア時代」を構想するなかで、次のように述べている。

> 事実とはそれが何であれ、もっとも多様な解釈の可能性に開かれたものである。したがって不断に行われる集合的作業による問題設定だけが、事実を位置づけ、それを適切な仕方で評価することを可能にする。それゆえに〈切り抜き〉(clip) のような思考やイメージの教唆的で単純な実践に終止符を打たなければならない。公教育は何度でも繰り返し行われなければならない。
>
> (Guattari 2013: 438)

ここでガタリが念頭においていたのは、１９９１年に始まった湾岸戦争におけるテレビ報道である。すでに直接的には国家や政治的機関の監督下には置かれていなかったにもかかわらず、多くのジャーナリストが指導部に従属したままで、自己検閲を行い、支配的意見に服従していたのだとガタリは当時の報道のあり方を批判する。さらに、その根底には「客観的情報が存在するという神話」が根強く機能していたと分析する。それは、その出来事を最も適切に表現・評価する一種の模範解答が存在するという誤謬と言い換えられるだろう。

しかし、どんなに些細に思われる事柄であっても、それに対する唯一絶対の客観的正解を定めることなど私たちには不可能であるし、そのようなことは不必要でさえある。ある出来事についての唯一のイメージを複製し、再生産し、それをもって同一の社会的コンセンサスを形成するような情報環境ではなく、共約不可能な他者の存在を知り、そこにおいて人々が自らの主体性を恒常的に再構築し続けていくような世界のあり方をガタリは「ポストメディア」という概念によって構想していたのではないか。そうであるとすれば、自らを束縛する臆見に基づく現在の閉塞的状況から集合的に脱却し、自分たちの力で世界の多様性を取り戻すことを、私たちは目指すべきであろう。

それは、映像視聴を通じて災厄の記憶を社会的に分ち持とうとする災害アーカイブ論についても、もちろん当てはまる。少なくとも「人が震災という時間をどう生きているか」という問いに対して、客観的な正解など導き出しようもないことは明らかである。そこには多様なイメージと、それらを解釈する多様な可能性があるだけである。

ディディ＝ユベルマンが指摘するとおり、イメージそのものをただ見る、ということは非常に困難で、ほとんど不可能である。しかし、おそらく私たちは非言語的イメージと言語的理解とを往復することで思考を深めていくことができる。そうであるならば、私たちは記録映像に触れて、言語的理解を拒絶する必要はない。むしろさまざまな接続の可能性を繰り返し試行することが重要なのである。

そのような視座からすると、すぐれた記録映像には情報に還元されない「余白」が存在していると言える。余白とは、そこから受容者が仮設的な小さな物語を紡ぎ出すための「間」のようなものであるのだが、それが細かな技術によって成り立つものだということに注意を向けておこう。それは、共有されうる情報を意図的に抑制しながら撮影するということかもしれないし、受容者が見たもの、聞いたもの、読んだものを反芻することを促す余韻を編集でつくりだすことかもしれない。あるいは、他のアーカイブや情報源を参照することができるような構造や、あるいは、自らの理解を誰かに話し、他者と対話することによってさらに思考を深化させられるプラットフォームへ接続させることかもしれない。

コンテクストという語がラテン語の con-texere（ともに—織る）を起源にもつことを考えれば、個別の映像作品にせよアーカイブサイトにせよ、ひとつの閉じた映像系の中で異なる映像をパッチワーク的につなぎあわせることは、その都度の小さな物語を編み上げるだけでなく、矛盾さえも孕む多様な物語が混在する大きな布地を織りなすことになる。それは「見る」というふるまい本来の創造性を発揮したユーザー独自の視聴体験であり、まさしく本来的に正解がないという意味で「誤ったつなぎ」に他ならない。それはまた、そこから記録者の意図や想定を超えたところにある出来事への記憶の回路を新たに作り出す素地にもなるだろう。

参考文献

Cook, T. (2000), "Archival Science and Postmodernism: New Formulations for Old Concepts," *Archival Science*, vol. 1, no. 1, pp. 3-24.

Deleuze, G., (1985), *L'Image-temps. Cinéma 2*, Éditions de Minuit, Paris.〔宇野邦一・石原陽一郎・江澤健一郎・大原理志・岡村民夫 訳（2006）『シネマ２＊時間イメージ』法政大学出版局〕

Didi-Huberman, G. (2003), *Images Malgré Tout*, Éditions de Minuit, Paris.〔橋本一径 訳（2006）『イメージ、それでもなお――アウシュヴィッツからもぎ取られた四枚の写真』平凡社〕

Guattari, F. (2013), *Qu'est-ce que l'écosophie?*, lignes, Paris.〔杉村昌昭 訳（2015）『エコゾフィーとは何か――ガタリが遺したもの』青土社〕

青山太郎（2022）『中動態の映像学――東日本大震災を記録する作家たちの生成変化』堀之内出版

木戸崇之（2020）「『阪神淡路大震災取材映像アーカイブ』の取り組み――四半世紀を経てのアーカイブ公開その目的と課題」『デジタルアーカイブ学会誌』４巻２号、181-184頁

佐藤真（2007）「ドキュメンタリーもフィクションである」『現代思想』35巻13号、8-13頁

長谷正人（2016）「社会をつくる映像文化１」長谷正人 編『映像文化の社会学』有斐閣、119-136頁

平松早苗（2015）「震災遺構の経緯と状況」『デザイン学研究』23巻1号、日本デザイン学会、6-13頁

松山ひとみ（2023）「ミュージアム・アーカイブズ」水谷長志 編『ミュージアム・ライブラリとミュージアム・アーカイブズ――博物館情報学シリーズ８』樹村房、108-170頁

目時和哉（2013）「石に刻まれた明治29年・昭和８年の三陸沖地震津波」『岩手県立博物館研究報告』30号、岩手県文化振興事業団、33-45頁

柳田國男（1997）「遠野物語」『柳田国男全集２』筑摩書房

山内宏泰 編（2014）『リアス・アーク美術館常設展示図録――東日本大震災の記録と津波の災害史』リアス・アーク美術館

column 04

展覧会というメディアの可能性(2)

「3・11とアーティスト：10年目の想像」

竹久侑
キュレーター
ロンドン大学ゴールドスミス修士課程クリエイティブキュレーティング修了。水戸芸術館現代美術センター芸術監督。展覧会及びプロジェクトの企画と実践を通して、芸術と社会の交差領域を探究。主な企画展に「アートセンターをひらく2023――地域をあそぶ」（2023年）、「3・11とアーティスト：10年目の想像」（2021年）、「中崎透　フィクション・トラベラー」（2022-2023年）、「田中功起　共にいることの可能性、その試み」（2016年）など。

震災から10年の展覧会に託したこと――想像力の喚起

東日本大震災から10年になる2021年の開催に向けて企画した「3・11とアーティスト：10年目の想像」展では、震災から経過した10年という年月を念頭に、2012年開催の「3・11とアーティスト：進行形の記録」展とは打って変わって、展示することを前提に創作された〈表現〉に的を絞って紹介することにした。なぜなら大震災以降注視してきたアーティストらの活動にはこの時、災禍の直後とは明らかに異なる姿勢で、それぞれの信念のようなものが基礎となって続けられたーーあるいは立ち上がったーーとしか思えない〈表現〉が、まるで荒地から芽吹く草花のように生まれていたからである。同展で着目したのは、芸術が元来備えているはずの、想像を喚起する力にほかならない。目の前にあるものをきっかけに目の前にないものを想像させることを可能にする美術の力を介して、大震災を遠い地での過去の出来事としてではなく、今ここでも起こりうる出来事として、自身との連なりにおいて捉える想像力を呼び覚ますことを試みた[1]。

展示した7組のアーティストによる作品の詳細は同展のカタログに譲るが、大震災のあった10年前の〈私〉の記憶を思い起こし、10年前と今をつなぎ直すところから始まるよう展覧会構成を考えた。10年という年月のあいだに被災した町に起こった変化を辿りながら、その移ろいの中にある人びとに想いを馳せる。同時に、東日本大震災後の10年間に日本を襲った自然災害の連なりを俯瞰し、〈私〉にとっての10年を振り返り、思い出す。たとえば、未曾有の原発事故に翻弄されたあの時に積もり積もった不安から吹き出た軋轢は、今どうなっただろうか……というように[2]。

同展で紹介したアーティストたちが扱ったのは、現前とそこにあるにもかかわらずおおっぴらに語られることのない、放射性物質による汚染やそれに対する不安と恐怖から引き起こされた差別、あるいは、全体をみれば小さなことであっても、当人にとっては何にも代えられない出来事であった。アーティストたちは寓話の要素を取り込み、または演技や創作を通して、そうした事実を物語に編み直し、それによって時空を超えて人びとに訴えかけ、語り継がれるための強度を持たせようとした。こうして生まれた表現が、受け手の心を震わせ、想像を掻き立て、在りし日のことを未来へつなげるための語りを紡ぐ。彼/彼女らの態度は、大震災がもたらしたあまりにも多くの不在を俯瞰するのではなく、むしろ地面に降りて数多ある中からいくつかを分けてもらうように、自らに手繰り寄せ、失われたもの、あるいは語り難いものに目を向け、耳を傾け、想いを寄せ、そして想わせようとするものであった。

引き出される〈私〉的な語り

畢竟、同展は、こうしたアーティストらの表現を目の当たりにすることで、鑑賞者が〈私〉にとっての東日本大震災について語り出すことを探求していた。私たちは、千年に一度といわれる大災害を経験する巡り合わせに遭ってしまった。しかも近年、災禍の頻度が増し、災害〈後〉でも災害〈前〉でもなく、災禍の〈さなか〉に私たちはいる。だからこそ、人の数だけある大震災にまつわる〈私〉的な記憶を、在住地や被害の程度に臆することなく、自身の内奥からそっと取り出して誰かに分けること――それが大災害を経験した私たちが災禍を生き抜くために必要な術であり、また次の世代を見据えて担うべき役割の一つではないだろうか。だからこそ、鑑賞者が自らの〈私〉的なエピソードを綴り、また他の誰かのエピソードに向き合う場を、展覧会というメディアに介在させた。

エピソードが語られる場は、同展の最後の展示室に、二つのかたちで現れた。一つは、アーツカウンシル東京と連携して、本著に寄稿している佐藤李青氏（コラム2参照）が担当した東京都による芸術文化を活用した被災地支援事業の一つ『10年目の手記』[3]を紹介し、同展鑑賞者から新たに手記を募って掲出する取り組みであった。もう一つは「つぶやきの壁」と称して、鑑賞者が本展を見て思ったこと、感じたこと、考えたことを書いて貼り出すことのできるコーナーだ。本展の来場者は、7組のアーティストによる表現を目の当たりにしたのち、この最後の展示室で今度はアーティストではなく一般の人の手記やつぶやきを見ることになる。この動線によって鑑賞者は、表現を生業としないという点においては多くの鑑賞者にとって共通点をもつ他者の語りに触れることになるわけだ。

展覧会の感想を鑑賞者が紙に記し、他の人びとにわかるように示すこと自体に新規性はない。ただ、大震災という社会共有のひっ迫した事象がテーマであったためか、「つぶやきの壁」には、展示作品についての感想にとどまらず、同展に足を運んだ個人的な理由や経緯、あるいは10年前と現在の自分の比較など、〈私〉のエピソードが非常に多く綴られた。寄せられた言葉の数々から筆者が確認したのはやはり、自身の被災が比較的軽度であったために感じられる負い目や配慮といったものによる抑圧からか、日常生活においてとり立てて語られる機会のなかった、大震災にまつわる多数の〈私〉的なエピソードの存在だった。そして、それら〈私〉の記憶は本人もほとんど気づかないレベルで実は外に向けて語られることを欲していたのだ。少なくとも筆者にはそう感じられた。

集合的記憶

死者数や津波の高さといった客観的事実から災害の全体像を捉えるマクロな視点がある一方で、個々人にとってかけがえのない存在や記憶に焦点をあてるミクロな視点がある。後者の視座で語られた主観的なエピソードこそ、必ずしも被害を共有していない人びとの想像力をも掻き立てるのかもしれない。そのようにして想像された複数の断片をつなぎあわせるようにして災禍のおおまかな全体像を捉えるという方法もあるはずだ。継承の術について考える時、資料を並べるだけでは人びとの心に長く留まるのはどうしても難しいのではないか。事実に主観交じりのエピソードを添えたり物語に編み直すことでようやく、受け手の心に刻印され、受け手による語りが始まる。同展は、アーティストによる表現の数々が鑑賞者による私的な語りを呼び起こし、それらが最後の展示室の壁面に集合体となって現れることで、さまざまな違いもひっくるめた大災害をめぐる一つの〈集合的記憶〉を示し得ていたのではないかと思う。

資料館や伝承館などの常設された展覧会は別だが、会期という時限のある企画展は未来に向けたアーカイブという機能を担えるメディアではない。それでもなお、同時代を生き抜く人びとの営為を継承しようとする姿勢によって、展覧会というメディアはおおいに生かされもする。9年という年月をまたいで同じ主題を扱った異なる二つの展覧会は、鑑賞者への働きかけにおいては共通した目的を持っていた。それは、アーティストおよび芸術表現を通して、鑑賞する私たちが東日本大震災について、あるいはそれ以降の社会について、感じたことや考えたことを見つめ直すこと、そして、これからの自らの生き方や社会について考えるきっかけを創出することであった。また、2012年展は私的なアーカイブの〈編者〉として鑑賞者を招き入れた一方、2021年展においては私的アーカイブの〈著者〉として鑑賞者から語りを引き出すことを試みた。2021年展では、その結果、芸術表現に刺激された鑑賞者の主体性によって、個々の〈私〉的な記憶が外在化し、展覧会会場の最後の部屋に、災害にまつわる〈集合的記憶〉が立ち現れたのだ。

このテキストを書いている今、2021年展からすでに2年が過ぎた。そして私は、同展で展示されたアーティストによる表現が、たしかに鑑賞者を感化した例を複数、耳にする。ある人は、小森はるか＋瀬尾夏美による陸前高田にまつわる表現に心を打たれ、いつか必ず同地を訪れると心に決め、コロナ禍による制約が解けた今年（２０２３年）、じっさいに家族で赴いたそうだ。その人は、その地に下りたつことで感じられたことを教えてくれ、また同地の東日本大震災津波伝承館に彼女らの作品があったらどんなによいかと感想を漏らした。また、ある人は、同展で知ったアーティストの活動をその後も追い続けているという。企画者の耳に入る、展覧会がもたらした鑑賞者への影響談はむろん一部にすぎない。しかし、それらが聞こえてくるという事実そのものが、同展で紹介したアーティストらの表現がたしかに観た人の想像力を喚起し、行動までも起こしたことを知らせてくれる。

そして私は、展覧会というメディアを預かる学芸員として、同展に出品したアーティストらによる活動の観察を続けていく。彼／彼女らの活動が災禍というとてつもなく大きな社会共有の事象に紐づいていったん探究されたのち、次にどのように展開していくのか。また、単に過去の出来事としてではなく、未来の自分や子どもたちが経験しうることとして災禍を伝えていくために、展覧会というメディアをさらにどのように活用することができるか。常に変動する社会のさざ波を肌身に感じながら、いつか来る展覧会のために調査し考えていく。

［1］水戸芸術館館長（当時）であった音楽評論家の吉田秀和は、震災直後の同館職員に対する労いの言葉の中で想像力と芸術の関わりについて言及した。「3・11とアーティスト：10年目の想像」の企画の背景には館長のこの発言がある。吉田秀和「東日本大震災の被災に寄せて　初代館長　吉田秀和」水戸芸術館（https://www.arttowermito.or.jp/about/　参照：２０２３年５月５日）

［2］竹久侑（2021）「想像すること—災禍と忘却の大海原で—」『3・11とアーティスト—10年目の想像』水戸芸術館現代美術センター、36-40頁

［3］「10年目の手記」『ART SUPPORT TOHOKU TOKYO 2011 → 2021』公益財団法人東京都歴史文化財団 アーツカウンシル東京（https://asttr.jp/feature/shuki/　参照：２０２３年５月５日）

column 05

12章「カタストロフィの演劇体験」への手引き

富田大介
明治学院大学文学部准教授
研究領域は美学、芸術社会論、ダンス史、アートプラクティス。Ph.D（神戸大学）。主な企画や出演に「『RADIO AM神戸69時間震災報道の記録』リーディング上演」（神戸大学百年記念館）、『PACIFIKMELTINGPOT』（鳥の劇場、ランス国立舞台他）、『The Show Must Go On』（彩の国さいたま芸術劇場）、著書や論文に『身体感覚の旅』（大阪大学出版会、2017年、共著）、「土方巽の心身関係論」『舞踊學』35号などがある。

12章のイントロダクションを書いてみませんか。編者の高森さんにそううながされ、私はこのコラムを書いた。12章の私の論文は、少し特殊な文体で、それは随筆や小説のふうあいをもつ。私は、その文体になった経緯や、筆をとった動機、背景、論考の要所などをコラムで伝えるのも良いかもしれない、と思った。そんなわけで、この本の最後は、コラムと論文がセットになっている。

ものを書いていると、稀に、文章が自ら文体を欲してくるときがある。それは、どうにもなりそうにない感情を抱えてしまったときなどにとりわけおこりやすいが、文が、言葉の法（文法や語法）に則りながらも、その感情に適う文体や調子を求めるのだ。結果、表し方がそれ相応の仕方になる。12

章の文体が特殊なのは、そうしたことによる。また今回は、編者からのオーダーがそうさせたところもあった。私は、セオリー同様にプラクティスも好きな人間で、高森さんはそんな研究者に（のみ）書けるものをとおっしゃった。私は、その依頼に、学術的な確かさと創作的な味わいとが織りなす一品をもって、応えようとした。

創作的な味わいとは、私がものを書こうとしたときの心情と言い換えても良い。私は、読者が論文を読んで「わかる」ということのうちに、情も動いていたらと望んだ。例えば、大きな災禍のあと、創り手は何を伝えよう、継いでゆこうとしたのか。その「表現することの意味」を、読者に知ってもらうことに加えて、感じてもらえたらと思ったのである。NOOKのアーティスト瀬尾夏美は、著作『あわいゆくころ――陸前高田、震災後を生きる』の中で、自分が伝えるのは「さみしさ」［1］と言っていた。彼女の心の波紋は、自ら描いた絵と呟いた言葉で編まれた独特なふうあいの本＝作品によって、私たちへ届けられた。私の論文も、わずかでさえそんな面持ちをしていたらと希う。

一方、学術的な確かさとは論証の精度による。その度合いは文献の扱い方と関わる。私は、論考するにあたり、先人の仕事から多大な恩恵を受けた。中でも、フランスの哲学者アンリ・ベルクソン、彼の高弟アンリ・グイエ、そしてグイエの演劇哲学を論じまた彼の書物を翻訳した佐々木健一には、拙論の学問的背景を負っている。彼らの研究がなければ、私の論文は、事柄や体験の記述（後述する「報告」）以上のものにはならず、かの「特異な体験」の解明までは至らなかっただろう。私は、そのため、彼らの書物で参考にした箇所は、たとえそれが長くても、文章をそのまま載せたかった。幸い、本書の編者も編集者もその意を汲み、長い脚注を認めてくれた。ただ、脚注というのは、やはり本文の流れをそぐ。脚注は、本文に厚みをつけるのに必要な情報だけれども、思考の持続やリズムを狂わす。私が自ら脚注をつけておいて読者にこう請うのは筋違いだが、12章の脚注に関しては、本文通読後に確認をしてもらえたら幸いである（編集者の厚意によって、12章の脚注は他の章と異なり章末にまとめられている）。

さて、12章の論文は、私がかつて公表した「報告」に端を発している（「報告 パフォーマンス『RADIO AM神戸69時間震災報道の記録』リーディング上演」『REPRE』no.34、2018年、第13回表象文化論学会大会報告 https://www.repre.org/repre/vol34/conference13/performance/）。それは、私が企画・出演したオーディオパフォーマンスの記録で、私はそこで、企画の趣旨や創作の過程、稽古や上演の最中に起こったことなどを詳述した——そこには上演の様子を窺い知れる写真も載せている。そして、不思議な出来事（私が先に「かの」と強調した特異な体験＝霊感）についても書き留めた。12章の論文は、その稀有な経験を内省し、研究して、他の演劇人や表現者と接続した上で、一つの文脈を成し得たことの証である。まず、このコラムでは「報告」に記したその特異な体験の前段を共有しておこう。

上演の出演者は、俳優のほか、公募の学会員や開催校の大学院生を含めて10名。大雨の影響もあり、みなが一堂に会したのは7日の上演日のみであったが、その稽古の過程では、個々人の読む技量をあげるよりも、ともに何か感触として残る記憶をつくることに時間を費やしたように思う。須磨のAM神戸旧社屋跡やその近くの海岸、長田の教会や公園などを巡って、そこでテキストの読み合わせをしたり、被災渦中のスタジオや現場で当時報道していたAM神戸のかたに話を聞いたり、簡易間仕切りシステムを一緒に組み立てたりと……、何か思い出すときにその人の感覚がみなといた時間のなかに再生されるような記憶(＝コンテキスト)をつくっていった。

そうしたプロセスのなかで、私は次第に、今回の上演がある種の避難訓練というか、ことをみなで忘れんがための儀式、そう、過去の弔いの延長にある催事のように思われてきた。百年記念館も災害時には避難所になり得る。事実、上演の前夜にホールでリハーサルをしていたら、大雨による土砂崩れでアパートをつぶされた神戸大学の留学生が、行き場を失ってホールにやってきた。建物に明かりがついていたから、というのがその理由だと思うのだけれど、「ここは避難所になりますか」、「神戸大学の避難所はどこですか」と、手に荷物をもって入ってきたのである。私はそのとき、心底震えてしまった。本当に、そういうことが起こるのである。

95年の震災で、灘区や東灘区では多くの死者が出た。23年も経つと、この地を見渡す百年記念館からにおいても、震災のことを思うのは難しい。一見して壮麗なその眺めのうちには、きっと復興住宅や記念館「人と防災未来センター」も視界には入っているだろう、けれどもそれら個々の建物が、住まいが、陰影や相貌を表すのは稀であろう。

さて、私は冒頭で述べた直観の内容を、鑑賞者に届く仕方で体現し得たのだろうか。出演者である私が「そうし得た」と確言するには多くの人の意見を聞かねばならない。ただ今回、私はそれを蓋然的に知る特異な体験を、上演中にした。(強調線はこのコラムのために引いた。「報告」の原文にある脚注はここでは省いた。)

12章の論文では、この引用文に続く「特異な体験」の内実を再掲している（本書425頁を参照）。12章の目的は、災害の資料を活用した創作に関して、私たちの実際の活動事例から、その意味や問題を明らかにすることだが、私はその論述の後半で、この「特異な体験」と言うべき極私的なこと――神秘的とも形容できるそれ――を省みた。霊感に関するその省察によって、私は右の「報告」以上のことを語れるようになり、結果として、演じ手や創り手が災禍から引き継ぎ表すものについて、つまり表現することの意味について、一つの答えを得た。

私は、その不思議な出来事――論考の主要動機――を、実のところ、すぐには人に話すことができなかった。口にするのが怖かったのである。上演翌日のシンポジウムでもそのことは噤んでいた。私は、口に出せない、という事態を身をもって知ったのだ。人は、話すに際して共有可能性を前提にしている。あまりに個別的で「伝わりそうにない」と感じたことを話すのは怖く、易々と口にはし得ない。

私はそれでも、人がこれを実際になしたのであり、そんな稀有な経験を自らしたのならば、それを自分が然るべきところに書き残さねばと考えるようになった。自身ではっきり覚えているうちに事柄と体験を細かく記しておこうと。私は、事を言葉へ移すにあたり、伝わらないという気持ちを自分で縮減するため、あの上演のときの印象（体の感覚）に訴えながらそれを言葉へと定着させていった――「報告」の後半部はそうしてできあがった。私は右に引用した一節のすぐ後で、慎重にも「この体験の記述は本来数多の注釈を必要とするものであろう」と断っている。結局、私は注釈にかえて論考をつむいだわけだが、その実現には3年の歳月がかかった。12章の論文ができるまで、およそ

3年、私はこの出来事に囚われた。もちろん、その論考の背景は一色でない、けれど一筋の光が闇を切ったのは間違いない。私は、佐々木の『せりふの構造』を読んでいるとき、（私が探し求めていた）何かが近づいてくるのを感じた。私は読み進める中でそれと鉢合う気がした。佐々木は、フランスの名優であり演出家であるシャルル・デュランの演技法を論じており、そこでデュランが稽古のうちに得た「奇妙に明るい閃きの中で垣間見た幻」について書いて……　私はその文言に差し掛かったところで、電撃をくらい、身をふるわせた。私は、ついに出会ってしまった、のである（デュランの言説は12章の脚注34を参照されたい）。

　私は、自分と似た例を他の人に得て、自身を社会につなげることができたのか——それで自信を得たのか——、それ以降、佐々木を手がかりとして思惟を進めてゆけた。私は、佐々木が翻訳したグイエの本を読み返し、グイエが演劇の観点から捉えた「仮構機能（創話的機能）」をふまえ、その概念の大元であるベルクソンの書物を再度精読して——彼によるウィリアム・ジェームズが被ったサンフランシスコ大地震の記述を辿り直すなどして——この機能を把握した。

　私の論文が、災害時の心のケアに関わる精神科医や、宮澤賢治の体験した世界を説く精神病理学者の書き物（安克昌『心の傷を癒すということ』、柴山雅俊『解離性障害——「うしろに誰かいる」の精神病理』）へと参照先をのばしてゆくのは必然である。東北の、あの大震災の後、霊に会う人々のことが各方面で話題となったが、そんな心霊体験への一つの理解を、12章の読者は得るだろう。拙論で扱う概念「仮構機能」は、人間の潜在的な生存本能として、生き（のび）るために自らに効力のある像《イメージ》を制作する力だ。「この能力は小説家や劇作家において独特な強い生気を帯びている」と言われるが、小説を読んだり演劇を見たりして泣く私たちに、その力がそなわっていないはずはない。自分にストーリーを語る虚像を自分で創り出す能力は、私たち個々人に生得的である（ベルクソン『道徳と宗教の二つの源泉』第2章内「仮構機能と文学」の節を参照）。私たちはここに創作という人間の人間たる能力を知る。人は、知性的な生き物ゆえに未来を案じ生を憂う、が同時にそうした不安や憂鬱を和らげることもできる。私たち人間は大昔から――正確にはその誕生以来――この手に頼り、その機能を発動させてきた。「神話から民話、民話から伝説、伝説から詩や劇や小説に至るまで同一の能力が働いている」。私へのイメージの出来《しゅつらい》は、自らを世界につなぐ自然の防御反応なのだろう。創作や表現の源は、心のふるえなのである。

［1］「忘れないでいようとするのは何のためかという問いは、いつか同じことが起きたときに人が亡くならないように、という答えを引き出すためにあるとも思われたけれど、私としてはそれよりも、いま、同時代をともに生きる人たちが抱えた痛みや感情をないがしろにしたくない、という気持ちの方が強かった（中略）亡くなった人は、忘れないでと声をかけることもできない。別にそこまで期待していないし、頼んでもいないよという声も聞こえてきそうだけれど、意外なほどにマスメディアの報道や大きな〝復興〟の物語の陰になってしまうささやかな感覚に、下手なりにもこだわってみるひとりとして、私は存在してみたいと思った。こうして私は、さみしさに出会い直す」（瀬尾夏美（2019）『あわいゆくころ――陸前高田、震災後を生きる』晶文社、81-82頁）

Ⅳ

未災者との回路を創造する

――実践と研究の「あわい」から

「災害アーカイブ」は、「いまここ」の私たちから、「いつかどこか」の誰かに手渡すことを期待されている。第Ⅳ部では、現前しない他者＝「未災者」との接続と、「未災者」との協働的な想起の可能性を考察する。

「第11章　美術館　人の心を動かす主観的記憶の展示」（山内宏泰）は、東日本大震災の被災地において、被災物の収集・保存・展覧会を行なってきたリアス・アーク美術館の特異な活動プロセスを「極端な論調」とも捉えられかねない「主観的」な記述によって明らかにし、災害への想起を促す「美術館」というメディアの役割を考察する。

「第12章　演劇　カタストロフィの演劇体験──『RADIO AM神戸69時間震災報道の記録』リーディング上演」省察」（富田大介）は、阪神・淡路大震災におけるラジオ放送の「記録」を「戯曲」として読み替え、「演劇」として成立させることを通じて引き起こされた、演出や意図を跳躍した「想起」の体験を、詩的言語を織り込み考察する。なお、この章の執筆に至る経緯や背景は、コラム5（360頁）に詳述している。合わせてお読みいただきたい。

第11章

美術館

人の心を動かす主観的記憶の展示

山内宏泰
リアス・アーク美術館館長／学芸員

1971年、宮城県石巻市生まれ。宮城教育大学中学校美術教員養成課程卒業、同大学院中退。1994年10月よりリアス・アーク美術館学芸員。2013年リアス・アーク美術館「東日本大震災の記録と津波の災害史」常設展示企画設置担当。気仙沼市東日本大震災遺構検討会議委員及び遺構施設展示アドバイザー。気仙沼市復興祈念公園施設検討委員。平成29年度棚橋賞受賞（日本博物館協会）。

第1節　はじめに

２０１１年３月、東北地方太平洋沖地震によって発生した巨大津波は東日本太平洋沿岸部全域に大きな被害をもたらした。筆者が暮らす宮城県気仙沼市の被害も甚大だった。まちの基幹産業である漁業、水産加工業地帯、それらを軸に構築されている商店街、飲食店街、そして地域住民の大半が暮らす住宅地など、まちの中枢機能が集中するわずかな平地のほぼ全域が津波に没した。加えて大規模な海上火災が発生、反復する津波によって移動する炎はその後約２週間にわたって延焼し続けた。文字通り地獄の光景が全世界に向けて報道された。

東日本大震災がもたらした被害は、巨大な地震動による被害、巨大津波による被害、さらには福島第一原発事故による被害といったように多様化した。宮城県気仙沼市の場合、一般的には津波被害のみが注目されているが、実際には原発事故による風評被害はもちろん、震災発生直後には高濃度の放射能が検出される、いわゆるホットスポットも確認され、農作物や漁獲物の流通停止など、具体的な被害も生じていた。当然ながら、現地で生活する者にとって、空から降り注ぐ雨、雪、塵などは全て回避しなければならない放射能であり、外出時には誰もが得体のしれない何かに怯えていた。

震災発生から数ヶ月間は震度３～４程度の余震がほぼ毎日続いた。震度５となれば津波襲来の可能性があるため避難指示が出された。約80～100センチメートルもの地盤沈下が起きていた気仙沼市では、満潮時や大雨の度に市内のいたるところが冠水、道が寸断された。

既に10年以上が経過した今となっては、あの当時の危険な日常を忘れてしまった者も少なくないだろう。しかし、災害アーカイブを思考するのであれば、この平穏な日常を基準にものを考えてはだめだ。別世界を想像し、その環境でシミュレーションしておかなければ無意味である。災害アーカイブにおいて残すべきは単にモノや画像などの記録だけではなく、モノや災害現場と対峙した人の心理や感情、その当時の現場の空気感といった感覚的なこと、「非常時の人の記憶」も残していかなければならない。

東日本大震災に直面した筆者は自分自身と被災者一人一人の主観を信じ目の前の現実と向き合った。筆者は対峙する世界を観察し、感じ、想像力を駆使してそれを思考し、そして表現した。他にどうすることもできない状況下、美術家として生きてきた筆者の気質がそうさせたのか、あるいは単に自己防衛本能によるものだったのか、いずれにしても、筆者は数か月間の極限状態をそのような思考回路によって乗り切った。それ以降現在に至るまで、筆者は当時構築された思考回路の延長上で生きている。

それまでに蓄積してきたほとんどの経験が通用しない大災害、目の前にありながら、それを理解することができない状況を生きぬくために何をするのか。初見で瞬時にどうやって行動決定するのか。誰かが整理し、定義した客観的情報など存在せず、何かを指示してくれる者もいない。生きるために必要な情報は現実からしか得られない。ならば、どうするか……それが大災害現場の現実、被災当事者が置かれる現実である。「どうやって生き抜くか」、その答えは自身の感性によって導き出し、自身の価値観で判断していかなければならない。

本論によって筆者が述べる全ての言葉は、前述のような極限状態における価値判断を前提とするものである。よって平常時の一般論とは大きく異なる視座から論理を展開することになるかもしれない。その点についてはあらかじめご了承いただきたい。しかし、現在の日本において、ある日突然発生し、否応なくその只中に放り込まれてしまうような「巨大災害を想定した思考」を身につけておくことは誰にとっても非常に重要なことである。多少極端な論調であっても想像力を働かせながら、災害アーカイブにおける一つの先行事例として本論の内容を許容していただきたい。

第2節　何を信じ、何を伝えるか

一般に博物館展示では科学的根拠に基づいた客観的事実を重んじる。学術専門機関としてそれは当然のことである。しかしながら、同じ博物館であっても美術館というものはその他の博物館とは異なる、非常に特殊な在り方をしている。

美術家や美術作品を科学的に分析調査することは可能であり、それらを客観的に論じることももちろん可能である。よって我々は美術家や作品に関する客観的な情報を共有し得る。しかし、根本的な問題として、美術作品そのものが誕生する過程、仕組みから主観を抹消することは不可能である。人が生き、感じ、思考し、表現して可視化、実体化したモノ、それが美術作品なのである。ゆえに、美術館の本質は「客観的情報の提供、取得」ではなく、「主観的情報が持つ普遍性の提供、その普遍性の確認と共有」を図ることである。そういう意味で美術館は、本来非常に特殊な博物館なのである。

通常、日本の美術館学芸員は美学を専攻し、美術史を学び、美術や美術家、そして美術作品を客観的に観察し、歴史的な位置づけを定義したりする。そのような活動において対象とされる美術は概ね「過去」であって、いわゆる美術史を扱う歴史研究である。しかしコンテンポラリー（同時代的）アートを扱うようになった美術館の場合、学芸員は目の前で躍動する生身の美術家と、その美術家が可視化、実体化した「同時代＝今」を扱うことになる。そのライブ感はもはや従来の美術史研究とは性格を異にするものであり、美術館学芸員には歴史研究者以外の顔も必要とされている。

美術館学芸員であると同時に美術家でもある筆者は、自身を研究者ではなく表現者だと認識してきた。そして、美術館学芸員とは研究する表現者だと考えてきた。そのような者が、東日本大震災の「被災の記憶」を記録し、広く世界に向けて発信する、未来に向けて伝えていくとするならば、責任を持って頼れるバックデータは自身が主観的に認識した被災当時の身体感覚しかない。筆者にとって最も信頼に値する東日本大震災「被災の基礎資料」とは、個々人がその身で感じた主観的記憶なのである。

東日本大震災の被災現場を見た全ての目が、主観的な選択を経てモノを見つめた。あの状況下で、「そうではない、客観視していた」と言い切れる者などいるはずがない。この点については一切の反対意見を受け入れるつもりはない。申し訳ないが、これは経験から得た絶対的信念であり、強靭な主観である。

「被災」とは災難を受けること、災害、災いにあうことを意味するが、「災い」という言葉自体が人に不幸をもたらす物事や、その結果による不幸な出来事を意味する。つまり、満ち足りた幸せな日々が奪われることを被災と言うのであれば、そもそも「被災」とは非常に感情的、感覚的、主観的に認識される現象なのである。よって「被災の記憶」「被災の実態」を記録、伝承しようとするならば、出所不明の客観的情報を拠り所とするのではなく、個々人が感じた主観的思考を重視し、文字化、可視化、実体化するべきなのである。

第3節　美術館における災害記録資料常設展示とは

美術館学芸員が災害記録を行った経緯

筆者が勤務するリアス・アーク美術館はその名が示す通り美術館である。運営母体は気仙沼市、南三陸町が組織する気仙沼・本吉地域広域行政事務組合教育委員会であり、１９９４年の開館時より、地域の歴史、民俗、生活文化を普及する常設展示を持つ総合博物館的な施設として活動してきた。それゆえ、東日本大震災の発生以前から、地域文化に重大な影響をもたらす津波災害を地域文化史の一環として調査研究対象としてきた。

２００６年には明治三陸地震津波の記録資料である風俗画報『大海嘯被害録』の内容を紹介する特別展『描かれた惨状』展を開催し、地域住民への注意喚起を行った。以降は明治三陸地震津波規模の津波が再び襲来する可能性や、その被害とその後の復旧、復興のあり方などを世に問う活動を継続してきたが、２０１０年2月にはチリ地震津波が襲来、そして２０１１年3月11日には東北地方太平洋沖地震が発生、平成の三陸津波［1］が襲来、すなわち東日本大震災によって気仙沼市と南三陸町は壊滅的な被害を受けてしまった。

あらゆる社会機能が停止する中、リアス・アーク美術館学芸係は津波災害の脅威を伝えきれなかったことに対する自戒の念も込め、独自の判断で被害記録、調査活動を開始した。なお、調査に当たった学芸係4名中、筆者

2011.3.13 気仙沼市内、壊滅した筆者自宅付近の様子

を含む2名は津波によって自宅を失っていた［2］。

美術館自体は気仙沼市内の高台に位置することから津波被害を免れた。しかし、マグニチュード9を超える巨大な地震動は、鉄筋コンクリートの美術館に無数のクラックを刻み鉄板構造物をゆがめた。リアス・アーク美術館は一時、人の立ち入りを規制しなければならないほどに破損した。

2011年4月25日、気仙沼市仲町、幸町の状況。冠水した路地に建物が逆さまに映り込む。完璧な映り込み方だ。ヴェネツィアでもない限り、こんな光景は通常目にしないものだ。毎日、壊滅した町を歩き、耐えがたい無残な風景を見続けていると、こんな光景に美しさを感じるようになる。一瞬でも「美しい」と感じられる「精神の救済」を求めているのだと思う。心が美しいものを欲しているのだ。

建物の安全性が確認できず、二次避難所等の使用ができなかった当館は、発災直後から支援物資保管庫として活用されることになった。そして同年の5月中旬まで、当館は復旧再開指示等を一切得られぬまま、実質的に約2ヶ月間放置された。筆者は業務を失った美術館に泊まり込み、収蔵品の管理と施設警備を行いつつ、日中は他の学芸員とともに被災現場で記録、調査活動を行った。

東日本大震災記録調査活動について

リアス・アーク美術館学芸係は東日本大震災の被災現場である気仙沼市内、南三陸町内において、発災直後から記録、調査活動を開始、その後、市と町より公式な特命を受け、約2年間その活動を継続した。

活動の趣旨は、東北地方太平洋沖地震と大津波によってもたらされた気仙沼市、南三陸町への災害被害の実態を記録、調査し、それらを復旧、復興活動において有効に活用できるよう取りまとめること。また、今後も想定される地震、津波災害に向けて、防災・減災教育のための資料として活用可能なように被害の実態を取りまとめること。さらに、東日本大震災被災という重大な出来事

リアス・アーク美術館外観

を、地域の重要な歴史、文化的記憶として後世に伝えるとともに、日本国内、あるいは世界で行われている災害対策事業等への具体的な資料提供を行うこと等である。

活動期間は2011年3月23日~2012年12月31日。調査員［3］はリアス・アーク美術館学芸係、川島秀一（副館長兼学芸係長）、山内宏泰（主任学芸員）、岡野志龍（学芸員）、塚本卓（看視員）の4名で開始したが、川島、塚本の両名が途中退職し、中盤以降は筆者ら学芸員2名での活動となった。

同記録活動はデジタルカメラによる被災現場の静止画撮影を基本とし、その際現場で得られた様々な情報を日誌に記録した。また撮影した静止画には、撮影時の現場状況やシャッターを切った理由など、記録者自らが体感した感覚や感情も含む主観的情報を文章で記録した。なお、活動日誌に関しては津波の浸水経路や防災、減災対策の基礎資料となりそうな情報をまとめるよう心掛けた。記録写真だけでは被災現場の状況を伝えきれないとの考えから、2011年3月以降、被災物の

［1］平成23年3月11日に発生した津波には公式名称がない。一般には東日本大震災の一部として表現されるか、あるいは「東北地方太平洋沖地震によって発生した津波」との表現が用いられている。それゆえ過去の地震津波との連続性が連想されにくい。しかし、津波災害は繰り返し発生するものであり、「元号プラス津波」という連続性のある呼称が望ましい。ゆえに筆者は当該津波を平成三陸津波と表現することにしている。
ただし、当該津波は東北地方太平洋沿岸部以外にも広く到達していることから、その全体を三陸津波と呼ぶことはできない。よって地域を三陸沿岸部に限定した場合に限り、平成三陸津波との表現を使用する。

［2］学芸係4名中、筆者と市派遣職員1名の自宅が流失、市派遣職員については同居するご家族が行方不明となり、その後死亡が確認された。

［3］所属、肩書については2011年3月当時のものである。

収集を開始した。被災物の収集に当たっては以下A、Bを収集の判断基準とした。「A：津波の破壊力、火災の激しさなど、物理的な破壊力が一見してわかるもの。B：災害によって奪われた日常を象徴する生活用品や、震災以前の日常の記憶を呼び起こすようなもの。」

被災物を収集する際は、手を触れる前に記録写真を撮影した。また収集した被災物は「被災資料」[4]として収集場所、収集日時、収集時の周辺状況、収集時にイメージさせられた主観的なストーリーなどを文章化し、資料カードとして記録した。

収集活動を行うに当たり、道路標識片や電柱片など管理者、所有者が特定できるものに関しては、各関係機関に収集の可否を問い指示を仰いだ。しかし復旧作業などの混乱もあり、収集の可否に関する明確な指示等、判断は得られなかった。よって被災物の保存を優先し、「一時的保管」という形でそれらを収集した。なお、それらの被災物については、後に改めて関係機関より保管および資料としての使用許可を得ている。

リアス・アーク美術館学芸係が同記録調査活動で得た資料は、被災現場写真約3万点、収集被災物約250点、その他膨大な調査記録書などである。それらの資料から厳選した資

2011.12.01 被災物を収集する筆者

料、約500点を2013年4月から《東日本大震災の記録と津波の災害史》常設展示として同館で展示公開している。また、同常設展示において非公開も含めた全ての資料について、教育的な目的、あるいは防災、減災を目的とするあらゆる研究における利用が可能なよう、基本的には著作権フリーで画像データ等の貸し出し、提供も行っている。

2011年4月15日、気仙沼市川畑の状況。気仙沼大川、JR 気仙沼線橋りょう付近の様子。手前には大破した自動車が沈んでいる。奥には鉄骨の建築物が置き去りにされている。発災から 1 か月以上経つ。自動車内の捜索は済んでいるのだろう。しかし奥の建築物はどうなのだろう。川底にはまだたくさんの被災物が沈んでいる。見えないはずの水底をじっと見つめ、立ち尽くす自分がいる。

災害記録資料常設展示のミッション

東日本大震災における災害復興事業は、都市計画法や海岸法などを基にする津波防災構造物の整備を主目的としており、残念ながら文化的な視点から長期的に災害を捉え、未来を見据えて地域文化を進化させようとする事業ではない。しかし被災地域住民の中には、津波防災構造物に頼らない総合的な減災を望むとする意見も存在する。そして減災という考え方の根底には、地域社会のあり方や、文化的成長のあり方を再検討、再構築しようとする意識が存在する。リアス・アーク美術館はそのような住民意識に応える学習の場を提供するべく常設展示を企画デザインした。

東日本大震災による津波は過去最大級の規模であった。しかしながら、一般的に言われるところの未曾有の災害ではない。災害史上の前例を挙げれば、１８９６年の三陸地震津波と１９３３年の三陸地震津波では、わずか40年ほどの間に約2万５０００人もの命が奪われており、その後も昭和チリ地震津波、平成チリ地震津波など、甚大な被害をもたらした津波が頻発してきた。

いわゆる津波常襲地域において再び発生した平成の三陸津波が、過去最大級の被害をもたらすに至ったことを、単に津波の規模が大きかった、不可抗力だったと結論付けるべきではない。気仙沼地域の歴史的、社会的、文化的変遷、地形的変遷から、平成の三陸津波被害が拡大した人的要因を推定することは可能なのである。

一般に津波被害は津波の規模に比例して拡大するものと認識されているが、必ずしもそうとは言えない。同じ規模の津波が襲来した場合、減災を推し進めてきた地域と、何もしてこなかった地域では当然ながら被害規模に差が生じる。何もしていなければ必然的に被害は拡大する。つまり、津波の規模と被害規模は比例しないということであり、逆説的に言えることは、津波による被害規模は歴史的、文化的背景によって変わるということである。

自然現象の発生を人間の力で阻止することはできないが、人間の生活は人間の意思で変えることが可能である。つまり災いを防ぐことはできなくても、地域住民の努力によって減災は可能なのである。ゆえに、リアス・アーク美術館は津波災害を大規模化させた原因を、自然現象の規模ではなく人間が積み重ねてきた行為の内側に見出すことを提唱している。

地域住民の命を守ることをミッションとする当館の震災記録資料常設展示は、正しい情報の蓄積と同時に、何よりも、伝わる伝え方、表現方法を最優先に考えなければならない展示である。三陸地方沿岸部の例からもわかるよう

被災家屋内に残された被災物

に、大規模な地震・津波は周期的に発生する。ゆえに同地域で暮らす者が繰り返される地震・津波災害の被災者となる可能性はきわめて高い。よって地震・津波災害関連記録資料の展示では、客観的知識の拡散に留まることなく、防災・減災意識を獲得させ、危機に備えるための具体的な行動を誘発することが最も重要である。

第4節　「東日本大震災の記録と津波の災害史」常設展示の特異性

同常設展示の具体的な展示資料は、被災現場写真203点、収集被災物155点、歴史資料等137点である。前半は「被災現場からのレポート」とし、直後からの多種多様な現場状況をまとめている。また後半は「被災者感情として」「失われたもの・こと」「次への備えとして」「まちの歴史と被害の因果関係」の4テーマを設け、全体では5テーマから構成される展示としている。

この展示では、過去の災害史資料以外の全ての展示資料が、自館の学芸員によって生み出された記録資料によって構成されている。学芸員自らが撮影した写真、学芸員自らが被災者としてその経験や思考を綴った文章、学芸員の意図で現場から選択、収集した被災物、それらを学芸員のみでデザイン、構成、展示している。おそらく、そのような成立の仕方をしている博物館展示は非常にまれである。まして、災害資料を展示する公共の伝承施設、防災学習施設などにおいて、このような施設は前例がない特異なものと思われる。

東日本大震災発災直後から、当館には「津波と地域文化に詳しい学芸員がいる」とのうわさを聞きつけた取材記者やボランティア、NPO関係者や研究者などがひっきりなしに訪れ、筆者は日々その対応に追われた。そういった人々に被災の実態を伝える経験から、未経験者に対して被災の何たるかを伝えていくためには、災害の客観的記録とともに被災者の主観的記憶を提示することが不

「東日本大震災の記録と津波の災害史」常設展示（部分1）

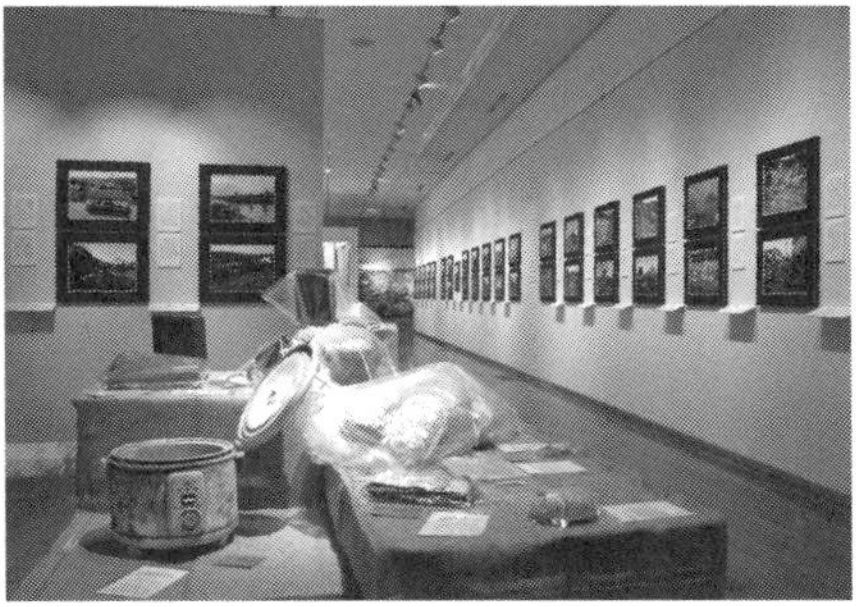

「東日本大震災の記録と津波の災害史」常設展示（部分2）

「東日本大震災の記録と津波の災害史」常設展示（部分3）

可欠であるとの確信を得た。しかしながら、従来の博物館展示手法のみで鑑賞者に主観的記憶を提供することは困難であり、何らかの新たな展示手法が必要とされた。そこで筆者は同館に蓄積された美術館展示手法の内にその答えを求めた。

主観的記憶の共有、分有を実現する上で、美術表現や美術館の展示手法、芸術表現的アプローチが有用性を持つことは、人類史上積み重ねられてきた美術表現の多様性、美術館展示の蓄積を根拠とすれば肯定されてしかるべきである。ゆえに、そのような芸術表現的アプローチを災害の主観的記憶資料展示に応用することは可能だ。しかし、やはりいくつか解決しなければならない課題がある。

単に装飾的な目的だけでこれを行った場合、目をにぎわすだけの過剰な演出が主題の邪魔をする。例えば、一作家にそれをゆだねてしまった場合、作家の主観を主題とする単なるアート表現になってしまう可能性もある。一方で普遍性や客観性を重視しすぎれば抽象表現に陥ることになり、伝えるべき主題がむしろ難解化、不明瞭化する恐れがある。そういった問題を回避した上で、芸術表現的アプローチを有効に機能させる方法として、リアス・アーク美術館では、展示解説文等における適度のナラティブや、展示資料以外の補助的演出

2011.3.15 気仙沼市内、破壊された集落

物や展示機材等の質感、記号性を利用することなどに芸術表現的アプローチを限定することで主観的記憶の共有、分有の実現を試みている。

ナラティブな災害資料展示

一見してわかる「東日本大震災の記録と津波の災害史」常設展示の特徴、それはキャプション等に綴られたテキストの数と膨大な文字量である。入室と同時に、観覧者は同展が「眺める展示」ではなく「見つめて読む展示」であることを知る。

数種類、数百点のテキストは単なる資料解説ではなく、資料の外側へと思考を導くような語りとなっている。いわゆるナラティブを多用している点において、同展示の特異性は他に前例のないものと言える。この展示手法によって、同展はそれまで社会的に認識されていなかった被災者一人一人の身体感覚や災害被災物の文化的価値、意味というものを一般に知らしめたと言っても過言ではない。

約2年間の記録調査活動における被災現場写真撮影の目的は、被災の実態を記録すると同時に、震災以前のまちの最後の姿を記録に残すことだった。よって、同展示における被災現場写真展示は、

［4］「被災資料」との表現は被害記録、調査活動の初期期間のみ使用したもの。第4節の小見出し「ガレキではないもの」に使用中止の解説あり。

発災から復旧、復興等の過程を時系列に展開することではなく、被災エリアを並列に見知ることを目的とする展示構成としている。

客観的情報として、写真は優れた情報媒体である。しかし写真を介して当館が伝えようとする情報は、画像ではなく「被災現場に立った被災者」だけが味わった「写真には写らない撮り手の感覚や思考＝主観」である。その感覚を未経験の観覧者に伝えるためには、どうしても撮影者（筆者ら学芸員）自らの言葉が必要である。ゆえに当館では展示する被災現場写真全てに、撮影者自らが綴ったナラティブを添えている。

収集被災物１５５点の展示では、被災物に収集場所、収集日時を記したキャプション（赤色のカード）を添え、内61点についてはハガキ状の用紙に物語を綴った補助資料を添えている。方言によるそれらのナラティブは、被災者の証言記録ではない。次にその一例を紹介する。

《足踏みミシン》：足踏みのミシンなんて、若い人は知らないでしょうね。昭和35年ころに買ったものだね。長男が小学校さ上がって…そん時に買ってね。雑巾だのも縫ったけど、洋服も作ったね。

二男がね、３歳くらいで、足踏み台に乗って、ギコギコ揺らして遊ぶのね。ケラケラ笑って。動かなくなって、新しいの買って、お父さんは捨てろって言ったけど、子供たちが小さい時の思い出があるから、わたしは捨てられないの。

わたしにとってはね、ただの台でもいいの。宝物だったの…

このナラティブは、収集した足踏みミシンとは無関係な内容である。しかしながら、このナラティブは筆者自身の幼少期の経験、記憶を、ミシンを使っていた母の視点に置き換えて語っているものであり、被災したそのミシンを発見した際、現場において筆者の脳裏に浮かんだ記憶に他なら

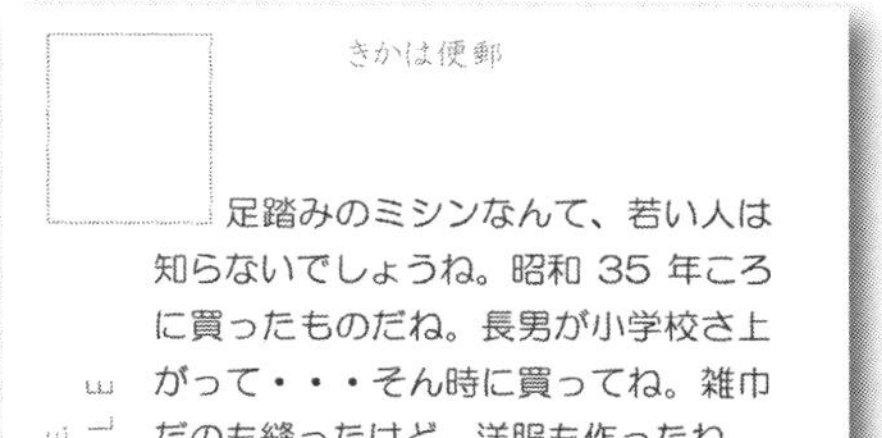
郵便はがき
UNION POSTALE UNIVERSELLE
CARTE POSTALE
足踏みのミシンなんて、若い人は知らないでしょうね。昭和 35 年ころに買ったものだね。長男が小学校さ上がって・・・そん時に買ってね。雑巾だのも縫ったけど、洋服も作ったね。
二男がね、3 歳くらいで、足踏み台に乗って、ギコギコ揺らして遊ぶのね。ケラケラ笑って。
動かなくなって、新しいの買って、お父さんは捨てろって言ったけど、子供たちが小さい時の思い出があるから、わたしは捨てられないの。
わたしにとってはね、ただの台でもいいの。宝物だったの・・・
2011. 3. 11～

被災物「足踏みミシン」

ない。よってこれをフィクションと呼ぶべきなのか、あるいは一被災者の被災の記憶と呼ぶべきなのか、筆者自身は判断しかねている。しかし、自身の記憶を母の立場に置き換えて表現した段階で、それは明らかな演出行為であることから、対外的にはフィクションとして紹介している。

なお、同館の展示室では次の文章をパネル掲示することで、被災物に添えたナラティブの意味、趣旨を解説している。

被災物の展示に当たり、当館では通常の博物館展示と異なる展示手法を用いています。

展示被災物には、収集場所、収集日時を記したキャプション（赤色のカード）とともに、ハガキ状の用紙に物語を綴った補助資料を添えています。方言による語り口調で綴られたそれらの資料が、被災者の証言を採録した証言記録ではないことをあらかじめお知らせいたします。

当館が被災物を展示する主たる目的は、単に「破壊された物体」を見ていただくことではなく、被災物を介してそれらが使われていた震災以前の人々の暮らし、日常、さらには被災者が抱えている思いを想像していただくことです。

平穏な日常下において特に意識されていなかった記憶の多くが、じつは身の回りにある様々な物に宿っていたのだということを、筆者たちは津波被災によって思い知らされました。ハガキに綴られた物語は、本展示の編集にあたった学芸員が、震災発生以降、一被災者として当地で約2年間生活する中、友人、知人、また記録調査活動の現場で出会った被災者等との間で交わされた「被災物及び震災被災にまつわる会話」を基に、本人の被災経験と当館に蓄積された地域文化関連資料の内容、地域性などを反映させ、記録として残すことが困難な津波被災の諸事象を例示しようとした創作物語です。

想像を交えて創作された物語は客観的な資料価値を有していません。しかし、震災発生以降、被災地外から訪れる多くの方々が「想像もできない」と語っていた現状を鑑み、当館ではあえ

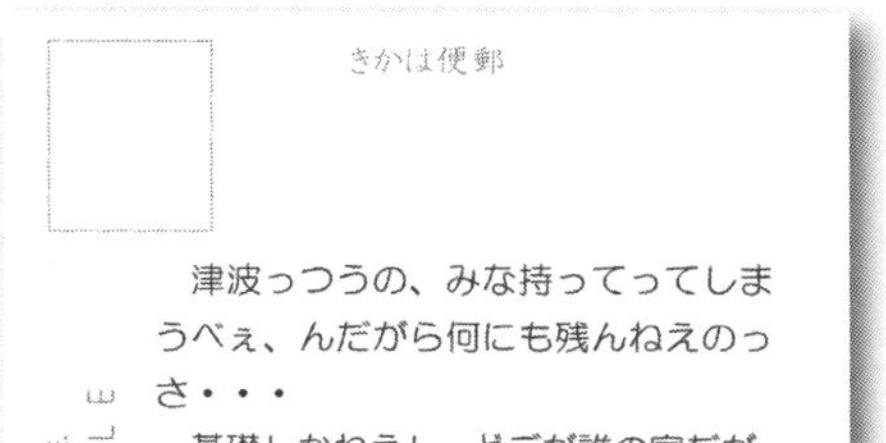

きかは便郵

UNION POSTALE UNIVERSELLE.
CARTE POSTALE

津波っつうの、みな持ってってしまうべぇ、んだがら何にも残んねえのっさ・・・

基礎しかねえし、どごが誰の家だが、さっぱり分かんねんだでば。

そんでも、玄関だの、風呂場だののタイルあるでしょ。あいづで分かんだね。俺もさぁ、そんで分かったのよ。手のひらくらいの欠片でも、家だがらねぇ。

残ったのそれだけだでば。

2011. 3. 11～

被災物「タイル片」

て「想像を補助するもの」としてこの資料をその他の記録資料と併存させ公開することとしました。

事実のみを公開するべきとされる博物館展示にフィクションを交えることを疑問視するご意見もございますが、当館としては「震災を知るためには知識を得るとともに想像力を働かせる必要がある」との考えから、より当事者感覚をもって震災をイメージしていただけるよう、あえてこのような展示をさせていただいております。（リアス・アーク美術館「東日本大震災の記録と津波の災害史常設展示解説パネル」より）

被災物のナラティブを綴る支持体として、当館では専用にデザインしたハガキを制作し、これに文字をプリンターで印刷したものを同サイズのビニール袋に入れて設置している。当初手書きも検討したが、過剰演出と判断し印刷を選択した。元来、ハガキというものは人が人にメッセージを伝えるために存在している。ゆえに語りを伝えるにはハガキが最適な支持体と判断、演出として利用している。

同展示によって行っている当館のナラティブな展示手法について「展示が難しい、文字が多い」などの指摘がないわけではないが、東日本大震災を実体験した被災者が管理運営する被災地の博物館として、リアス・アーク美術館は決して手を抜くことなく、特異な展示を駆使し「命を守るための学びの場」の提供を続けている。

被災物という概念の創出とその定義

同常設展示では震災の記録と直結しない特殊な資料、「キーワードパネル」を展示している。これはテキストのみの掲示物である。その内容は、震災発生からの2年間、被災地生活で得られた様々な情報や、調査活動から見出された課題、また被災地外からの来訪者との関係から見出された課題、メディアに対して抱いた違和感など、言葉に関する様々な課題、108テーマを文章化したものであり、資料と並列する形で展示に組み込んである。

震災発生直後から一般に使用されてきた言葉には、日本語の標準的な意味から判断して明らかに不適切な使用と考えられるものが多々あった。例えば「ガレキ」、「想定外」、「未曾有」、「復興」という言葉。そういった言葉の本来的な意味を確認し、表現を修正しなければ東日本大震災の正しい情報を後世に語り継ぐことは難しい。伝承のための第一歩は、適切な言葉で表現することである。

キーワードパネルは言葉の意味を再確認し、東日本大震災を正しく表現するための参考資料である。また、被災者でもある学芸員の視点で構成、制作された、主観性の高い同常設

2011.5.11 積み上げられた被災物体

展示において、対極的に客観的視点の提示、通時的視点の提示を行うための資料でもある。なお、キーワードパネル設置のきっかけとなった最も象徴的な言葉は「ガレキ」である。そしてガレキという言葉の問題から誕生した新たな言葉、概念が「被災物」である。

ガレキではないもの

気仙沼市と南三陸町において平成三陸津波被災現場記録調査活動を行った筆者が、調査員として最初に現場へ足を踏み入れたのは2011年3月16日15時、気仙沼市鹿折地区だった。その時、筆者は真っ黒いヘドロの川と化した道に立ち、言葉もなくただシャッターを切っていた。

間違いなく見慣れた街の交差点であるはずのその場所で、筆者は何か見覚えのあるものを必死に探した。恐怖も悲しみも感じることはなく、ただ、そこがどこなのか、それを知ろうとする気持ち、確認しようとする気持ちだけがとめどなく湧き出した。そして見知った商店の看板など、かろうじて残された表示物を頼りに、その場所が別世界ではないことを必死になって確認していった。

膨大な被災物体によって埋め尽くされた被災現場に人が拠って立てる地面は存在していなかった。開けて見える真っ黒い地面はスネまで埋もれるようなへ

Key word■記憶・・・ガレキ■

瓦礫(ガレキ)とは、瓦片と小石とを意味する。また価値のない物、つまらない物を意味する。

被災した私たちにとって「ガレキ」などというものはない。それらは破壊され、奪われた大切な家であり、家財であり、何よりも、大切な人生の記憶である。例えゴミのような姿になっていても、その価値が失われたわけではない。しかし世間ではそれを放射能まみれの有害毒物、ガレキと呼ぶ。大切な誰かの遺体を死体、死骸とは表現しないだろう。ならば、あれをガレキと表現するべきではない。

キーワードパネル「ガレキ」

ドロ地帯であり、目に見える住宅基礎や被災家屋片などが唯一の足場だった。心の中で詫びながら、つい数日前まで誰かの家だったもの、誰かの大切な記憶を踏みつけて歩いた。

紙屑のようにひしゃげたトタン屋根、飴のようにねじ曲がった鉄骨類、家屋の柱や壁の木材など、比較的大きな家屋片の塊が干潟のようなヘドロの大地に点在していた。そこには、いくつかの小型船、養殖筏の一部、ドラム缶、無数の自動車、家具、家電等の家財、衣類、書籍、ぬいぐるみなどが漂着し複雑に絡み合っていた。そういったモノを目にした最初の思い、それは「自分が失ったものもどこかでこのような姿になっているのだろう」という悲しみと愛おしさだった。

被災後、初めて「ガレキ」という言葉を耳にしたとき筆者は軽い違和感を覚えた。その理由は、まず日本語の意味として合っているのかという疑問。加えて種別を問わずに全てを「ガレキ」と呼ぶことに対する不快感だった。そしてすぐに辞書を引いた。

瓦礫という言葉の意味が文字通り瓦片や小石などを意味することは知っていた。しかし、さらに比喩的表現として「価値のないもの、つまらないもの」との意味があることを知り、筆者はこの言葉の使用を禁止した。

あれらのモノはもともと固有の意味を持つものだった。例えば洗濯機ならば洗濯をするための道具、機械といったように。ならばどのような状態であっても、それは洗濯機と呼べばよいはず。しかしながら、固有名詞によって表現することが困難なほど多種多様かつ膨大な物体が、もとの姿とは違う形状に変化し、まき散らされた状況を語るならば、やはり何がしかの代名詞が必要とされる。そこで瓦礫という言葉が用いられたのだろう。しかし、本来瓦礫という言葉は「瓦礫と化した○○」との比喩表現においてのみ使用が許されるのであって、何かをそのまま瓦礫と読み替えることは失礼にあたる。これは国語表現上のルールなのだが、２０１１年当時、そのルールを知る者はほとんどいなかった。

瓦礫という言葉はメディア等によってその後も使用され続けた。結果、被災したモノを瓦礫と表現することが一般化し、被災地支援者でさえ、なんの疑問も持たず瓦礫という言葉を使い続けた。一旦不適切さを意識してしまった筆者にとって瓦礫という言葉の使用はもはや許しがたく、被災者を傷つけないために何か正しい表現を見つけなければならないと考えるに至った。

モノの収集を始めた当初は「被災資料」との呼び方もしてみた。しかしその表現だと収集され、資料化された被災物体だけを表す言葉になってしまう。加えて文化財レスキュー活動などにおいて「被災した文化財や博物資料等」を意味する目的で被災資料という言葉が使用されるようになったため、筆者はこの言葉の使用を止めることにした。そして新たに用いた言葉が「被災物」である。被災した人を被災者と呼ぶように、被災したモノは「被災物」と呼ぶ。「ガレキ」ではなく被災物である。

Key word■記憶・・・被災物■

被災した人を被災者と呼ぶように、被災した物は被災物と呼べばいい。
ガレキという言葉を使わず、被災物と表現してほしい。

キーワードパネル「被災物」

被災物の定義

被災物という言葉は物的定義と心的定義の二種によって定義されるものとしている。この定義において被災物は社会的価値や貨幣価値、希少性などとは無関係であり、唯一、被災者、あるいは同様の被災経験を持つ者が想起する被災前の記憶によってのみその価値、意味が主観的に固定される。

物的定義において、被災物とはもともと固有の意味、機能、用途を持つ人工物であり、人々の暮らしにおいて使用されていた、あるいはその役目を終えて保管されていたモノのうち、災害等によって汚染、破壊されるなどした結果その機能、用途を失った、あるいは十分に満たすことができなくなったモノを意味する。

心的定義において、被災物とは被災した者の心情を物語るための媒体である。災害等による被災により汚染、破壊されるなどした家屋、家財、その他ありとあらゆる日用品のうちで、同様の被災経験を持つ者に被災前の生活記憶を想起させるモノを意味する。

なお、本来「被災」とは災難を受けること、災害、災いにあうことを意味するが、そもそも「災い」という言葉自体が

2011.3.16 気仙沼市内、堆積したヘドロ

人に不幸をもたらす物事や、その結果による不幸な出来事を意味する。つまり、満ち足りた幸せな日々が奪われることを被災と言うのであれば、被災とは非常に心的な現象であるということができる。よって心を持たない物体が被災していることを表す被災物という言葉は、一つの比喩的表現である。

被災物の収集と保存

被災物の価値は、あくまでも主観的な見立ての価値である。よってその価値は、ある者の語りによって提案され、その語りを共有しようとする者たちの共感の度合いによって固定される。つまり、より多くの者がその語りを共有し、心的内容に共感出来た場合、その語りを宿す被災物体は記憶の器、記憶媒体としての価値＝「被災物という新たな価値」を取得する。

「被災した写真と同様に、現場に散乱するほぼ全ての被災物体には、その日までに積み重ねられた人々の生活の記憶、日常の記憶が託されている」、仮にあの当時、皆がそういう意識を共有できていたならば、記憶の吸い上げや語りの機会を得て、より多くの被災物体が「被災物」として保存されていたかもしれない。しかし現実には、ほとんどの被災物体が、ただただ邪魔な廃棄物として処分されてしまった。

レスキューされピカピカに修復された文化財を、人々の生活の記憶が失われてしまった場所に持ち込み、それを頼りに地域文化を再生しようとすることは難しく空しいことである。被災物の価値を見落とすことが、いかに重大な文化的過失であるか、10年前、そのことに気付いている者はごく少数だった。

被災物の収集、保存活動はいわゆるレスキューではなく、アーカイブ活動である。よってその違いについては、明確な線引きが必要である。２０１１年当時、当館において次のような出来事が発生した。

「被災物として収集してきた柱時計を、館内で別働していた文化財レスキューチームが誤って洗浄してしまった」、その処置によってこの柱時計は被災物としての価値を失った。

文化財レスキューにおける基本理念は、被災した物体を被災前の状態に回復させることである。一方、被災物の収集、保存の場合、「被災した状態」をそのまま出来事の象徴として保存する活動である。ゆえに、「被災の状態＝質感」を保持することは被災物収集、保存における大前提、絶対条件である。したがって、被災物の取扱いにおいては付着した砂や泥、汚れなども全て保存対象とする。被災物が象徴する出来事とは「失われた物事の価値」であって、「救われた物事の

2011.3.16 気仙沼市内、現場記録調査活動を行う筆者

価値」を示すことではない。ゆえに破壊と汚染の状態をそのまま収集、保存することが被災物取扱いの基本理念である。

被災物の保存処理については概ね2つの考え方がある。一つは一切の保存処理をせず、時間的変化も受け入れること。もう一つは何らかの方法で収集時の状態をそのまま固定し、時間的変化を認めないこと。筆者は前者の立場をとっている。被災物にとって最も重要な質感は被災による絶望的なダメージである。そしてこのダメージは被災物の中で生き続けていなければならないと筆者は考えている。ゆえに筆者は保存処理を行わない。

津波災害によって被災した物体は塩の影響を避けられない。ゆえに、文化財レスキュー等においては、まず何よりも脱塩処理を施す。特に金属製のものの場合、処理しなければ必ず腐食する。その上でなお、筆者は被災物の洗浄を行わない。なぜなら経年変化も含めて被災物の価値だと認識しているからである。

大災害の記憶を後世につなぐ記憶媒体として、被災物は自らの経年変化によって時の経過を可視化する。その朽ちていく姿こそが次の災害へのカウントダウンである。被災物を管理する者は、被災物が朽ちる心配よりも、次の災害へ備える

2011.3.16 気仙沼市内、破壊された街

意識が朽ちていないか、そちらの心配をするべきである。なぜなら、被災物が朽ち果てるよりも早く、次の災害が再び発生するからである。

新たな災害の発生により被災物はその役目を終える。そして次の災害に向けて新たな被災物がその役目を引き継ぎ、記憶媒体は世代交代を遂げる。よって被災物に対する保存処理、時間の経過を完全に否定するような処理は不要である。ただし、被災物の経年劣化を促進しない保存環境を整備することは当然必要な対応である。

第5節　おわりに——人の心を動かす展示

一般的に、歴史、民俗、科学等を専門とする博物館はモノと知識の保管庫として客観性を重視する。しかし美術館が重視するのは客観性ではなく普遍性の拡大である。

人類史上、美術家、アーティストたちは、己のみが主観的に認識した価値観を可視化、実体化し、その価値観が人類に普遍的知と幸福の持続発展をもたらすものである可能性を問い続けてきた。そういった知的財産を保管し、その価値を世

酸化し、劣化が進む灯油タンク

に普及する場所が美術館である。他者がどのような感性で物事を感じ、どのような価値観でそれを認識、表現しているのか。美術館という場所では日々、そのような思考が飛び交っている。

美術館を訪れる者は、極限まで研ぎ澄まされた他者の主観的価値観＝美術作品と出会い、他者への共感、あるいは違和感、反感を通して自分自身の主観を知る。つまり美術館は自身のアイデンティティを確立するための鍛錬の場なのである。

時代や文化圏を越えたアートに対して我々が一定の共感を持ち得る理由、それは人類に共有可能な普遍的感覚が存在していることの裏付けと言える。例えば愛、喜び、悲しみ、恐怖、不安などの「感情」、そして空腹感、眠気、痛い、寒い、暑い、冷たい、熱いといった「身体的感覚」については、人間である限り共有可能な普遍的感覚である。

災害記憶伝承のミッションは未来を守ること、命を守ることである。そのためには、被災経験を持たない第三者の心に、自ら行動しなければならないという危機意識を芽生えさせ、それに基づく実際の行動を起こさせる必要がある。被災者の数だけ存在すると言っても過言ではない災害が生み出した主観的記憶、それらの記憶の根底には前述のような「感情と身体的感覚＝記憶の核」が個々に存在する。その「記憶の核」を共有、共感することができれば、第三者は当事者性を獲得し心を動かすはずである。それこそが客観的情報拡散だけでは到達することのできない「災害記憶伝承における主観的記憶の集積が生み出す普遍性の価値」である。

人の心を動かすことに特化し、「記憶の核」の共有、共感を実現するための新たな展示手法を試みたリアス・アーク美術館「東日本大震災の記録と津波の災害史」常設展示は、事実、多くの鑑賞者の心を動かしてきた。その実績を以てしてもなお、博物館倫理の立場から「あなたがた学芸員は、あの出来事を第三者目線で捉え客観的事実を拡散する展示をつくるべきだった」との正論を述べる者があるかもしれない……。最後に、再度確認するが、そもそも美術館とはそういう場所ではない。そして筆者らは、学芸員である前に被災者である。ゆえに我々はこれからも客観的事実の拡散ではなく、主観的記憶の集積と共有を重視し芸術表現的アプローチによる災害記憶伝承を続けていく。

参考文献

気仙沼市市史編纂室 編（1993）『気仙沼市史Ⅳ――近代・現代編』宮城県気仙沼市
山内宏泰 編（2014）『リアス・アーク美術館常設展示図録――東日本大震災の記録と津波の災害史』リアス・アーク美術館
山内宏泰（2019）「博物館展示における震災資料展示の課題と可能性――災害資料展示施設の普遍的ミッション構築のための研究とその意義」『国立歴史民俗博物館研究報告』２１４号、13‐45頁

第12章

演劇

カタストロフィの演劇体験
——「『RADIO AM神戸69時間震災報道の記録』リーディング上演」省察

富田大介
明治学院大学文学部准教授

研究領域は美学、芸術社会論、ダンス史、アートプラクティス。Ph.D（神戸大学）。主な企画や出演に「『RADIO AM 神戸 69 時間震災報道の記録』リーディング上演」（神戸大学百年記念館）、『PACIFIKMELTINGPOT』（鳥の劇場、ランス国立舞台他）、『The Show Must Go On』（彩の国さいたま芸術劇場）、著書や論文に『身体感覚の旅』（大阪大学出版会、2017 年、共著）、「土方巽の心身関係論」『舞踊學』35 号などがある。

第1節　序にかえて

本章を含む第4部の表題は「未災者との回路を創造する」。「未災者」は、創造の機会が展示にしろ上演にしろ、観客であろうか。私は、例えば阪神・淡路大震災や東日本大震災をめぐる近年の舞台芸術作品について言うなら、そんな未災者観客の一人として、山下残 構成・演出・振付『そこに書いてある』［1］（2021）、谷賢一 作・演出『福島三部作』［2］（2021）、岡田利規 作・演出『消しゴム山』［3］（2019）に深い感銘を受けている。私はこのような作品に出会うと、俳優・作家が被災者であるかそうでないかにかかわらず「真摯さは伝染する（la sincérité est communicative）」［4］を信じて疑わない。傑作は新しいエートスを醸し出し、その生気にふれる者を行動へとかりたてる。受容者のこの経験を言葉にしてゆくことは大切である。一方で、私が本稿において試みるのは、受容の美学や倫理学ではなく、参加のそれに近く、ある災禍をめぐる創作に加わった人たちが、「未災者との回路を創造する」主体の一人として、どのように活動を行なったのかを省察するものである。

私は、副題に掲げた公演以前から、「紛争・災害のTELESOPHIA」［5］というプロジェクトの一環で、阪神・淡路大震災に関する調査・表現活動にたずさわっていた。私はそこで、研究者仲間の山﨑達哉や、演出家の伊藤拓、アーティストの古川友紀らと『RADIO AM神戸69時間震災報道の記録』（以下『記録』）を読むワークショップや試演会を行なっていた。このWSや試演会では、アウトプットの出来不出来よりも、『記録』を読む体験の質を重視してきた。参加者のうちには、1995年当時まだ生まれていない人もいて、その年齢にあたるある大学生は、「非当事者」の自分がアクションをおこすことには懐疑的であった。その学生にとって「阪神・淡路大震災」は、事柄を知る以上の積極的な行動を許すものではなかった。しかしながら、私たちは、その学生が『記録』を読むことで変わるのを目の当たりにした[6]。私たちは、実際に存在する／した人の発した言葉を声に出して読むことが、読み手にその当人の声の調子や、その調子を取らせた心身の状態そして周囲の状況をいやおうなしに想像させることを知った。以来私は、受講者のバックグランドに配慮しながら、勤め先の大学でも授業などで類似の朗読劇を試みている。

本稿では、私が企画・出演した「『RADIO AM神戸69時間震災報道の記録』リーディング上演」[7]をもとに、この演劇に参加した人たちの意識の持ち方や変化を省みながら、「カタストロフィの演劇体験」とでもいうべきことについて、そして演じ手や創り手が災禍から引き継ぎ表すものについて、考えてみたい。本章の構成は次の通りである。第2節では、一般に入手しがたい『記録』の刊行の辞なども資料として、この『記録』に関わる人たちへの私たち創作者の態度を、第3節では、AM神戸の震災報道の第一声や、長田区での猛火中の非常なインタヴューを例に、『記録』の言葉が発せられた時空への私たちの歩み方を、第4節では、1月17日に亡くなった人の名前をその夜にラジオ放送で読み上げることにつらなり、『記録』から表れ出たイメージを考察する。

第2節　二次使用

『記録』の内容は現在、神戸大学附属図書館デジタルアーカイブ「震災文庫」で公開されている。本体は大型のA4判で282頁ある。この阪神・淡路大震災関連資料は、AM神戸（現ラジオ関西）が、かつて1995年1月17日の地震発生直後より（地震発生時刻の約13分後、午前6時から）特別報道体制にて69時間連続でラジオ放送した内容を、のちに自ら編著者となって、当時の同時録音テープをもとに時系列で文字化したものである。

2002年11月1日の刊行の辞冒頭には、次のようにある。

震災直後3日間の我が社の震災報道の全てを文字化した本が、完成しました。『RADIO AM神戸69時間震災報道の記録』、震災後7年半を経ての刊行です。内容は、私達が行った大震災発生後69時間、—発生直後の凄まじい被災地の状況と、被災者からの安否・生活情報を、通常番組とCMを全てカットして救命救急の緊急報道を行った3日間であったわけですが、—

この69時間の放送の一言一句を全て文字化してあります。文字数は100万8000字にもなります。

写真は一切使わず、放送時間ごとに出来るだけ細分化し、解説も、ほとんど入っておりません。データとしての完成度を求め、可能な限り余分を廃し、客観的な震災報道を本の形にしています。実際の私達の震災報道そのものも、感情を抑え、極めて自制したものであったことを考えますと、こうしたコンセプトは適切であろうと考えています。

また、震災報道の放送に登場した人以外に、様々な形で震災報道をサポートした人全ての名前と所属データも巻末に記載しています。〔8〕

この書類を最後まで読むなら、著作権を有する編著者が、刊行時よりこのメディアの二次使用を想定していたことも窺える〔9〕。換言すれば、使用者は、ラジオ関西の承認を得るなら『記録』の内容を独自に抽出ないし抜粋できる。しかしながらこの資料は、右の辞からも汲み取れるように、使用者を制すところがある。それを使う者に、巻末に記された実在者のことを思わせもする。私たちは、当事者に見せられないものは作らない、ということを基本的な態度として、この『記録』の演劇を行なった。書物本体であれ、デジタルアーカイブであれ、発言－録音の活字を読むことを軸にした私たちは、その催しを「『RADIO　AM神戸69時間震災報道の記録』リーディング上演」と銘打ち〔10〕、会場の立地や開演時刻、上演時間――灘（被災地）の街並みを見渡す高台に位置している神戸大学百年記念館で、光景移ろう夕刻に、およそ90分――を考慮して、読み上げる箇所を定めた。

上演に集う参加者（出演者やスタッフ）の「阪神・淡路大震災」はまちまちである。その名辞の中身を1995年に限っても、各人、年齢も違えば、住まいも異なる。出演メンバーの中には、まだその年に生まれていない人もいる。その年に生まれた人もいる。激震地で子供と被災し避難所に移った人もいる。直接の被害は免れたけれども、幼くして見続けたテレビ画像の衝撃（ショック）を今なお抱えた人もいる。私は、当時関西にいなかった。

『記録』はそれ自体戯曲ではない。とはいえ、その内容が、ある上演の意図や条件から選り抜かれ、結び直されるなら、台本となり得る。台本は、人間の物語を作る能力（「仮構機能」［11］）の賜物だ。仮構機能は、子供のままごとや○○ごっこよろしく、自由な環境で花開く。それは、話し方や見せ方の工夫、つまり演出をおこしもしよう。さて、『記録』の（二次）使用、その脚色の仕方に対する参加者の反応や見解は一様ではない［12］。出演と企画を兼ねる私は、WSや試演会と違い鑑賞者の存在を前提とする神戸大学百年記念館での公演においては、出演者のみならず、鑑賞者の体験の質も大事にした

かった。極言すれば、私はこの公演が、「阪神・淡路大震災」を耳にしたことのない人にも響くものになればと期した。ただ、私も演出の伊藤も、それには出演者が『記録』の言葉の発生源というべき当時の声の出どころに、自身でにじり寄ることが大切だと考えていた。私たちが『記録』を「読む」（に留まる）上演としたのはそれゆえ必然であった。そのことにより出演者は、上演に向けてまた開演時刻のギリギリまで、否、上演時間のさなかにおいても、自身の求める声を探り続けることができる。出演者は、被災地の今の街並みを見渡すサイトスペシフィックな環境で、また実際のラジオ放送のように聞く人（鑑賞者）が周りにいると感じられる中で［13］、『記録』の台本を手にし、その言葉を読もうとする都度、もとの話し手の名前や報道の時刻を目にする——出演者によってはその人物のことや情況を想いもしよう。私たちは、そうした興の効く演技が、放送の雰囲気や報道の緊張感を会場にもたらすものと信じた。出演者の山崎義史は、そうした私たちの思惟を咀嚼した自身の取り組みを、次のように書き残している。「その書物の内容は事実として起こった過去の記録です。私はそこに（中略）記されている言葉を発した人の当時の想いを探る作業に徹しました」。「この震災報道は、震災の情報がないに等しいところから始まります。（中略）私は、その時の即座の反応や反射に自分の発話を寄せるべく、報道の文言を覚えることは敢えてしませんでした。これは（中略）手元のテキスト（情報）と目の前にいる人たち（環境）が全てという実際の震災報道の現場と、このリーディング上演の状況とがつながっているという思いから選択した取り組みであります」［14］。

山崎がここで言う「言葉を発した人の当時の想いを探る作業」は、観念的なことではない。『記録』の読み合わせをすれば誰もが気づくように、この「一言一句を全て文字化して」できた資料には、通常のラジオ放送で存在しているはずの「相槌」に相当するものが省かれている。文書には、未だ言葉とならないやりとりは残らないのだ。出演者たちは比較的早い段階から、「テキストに書かれ

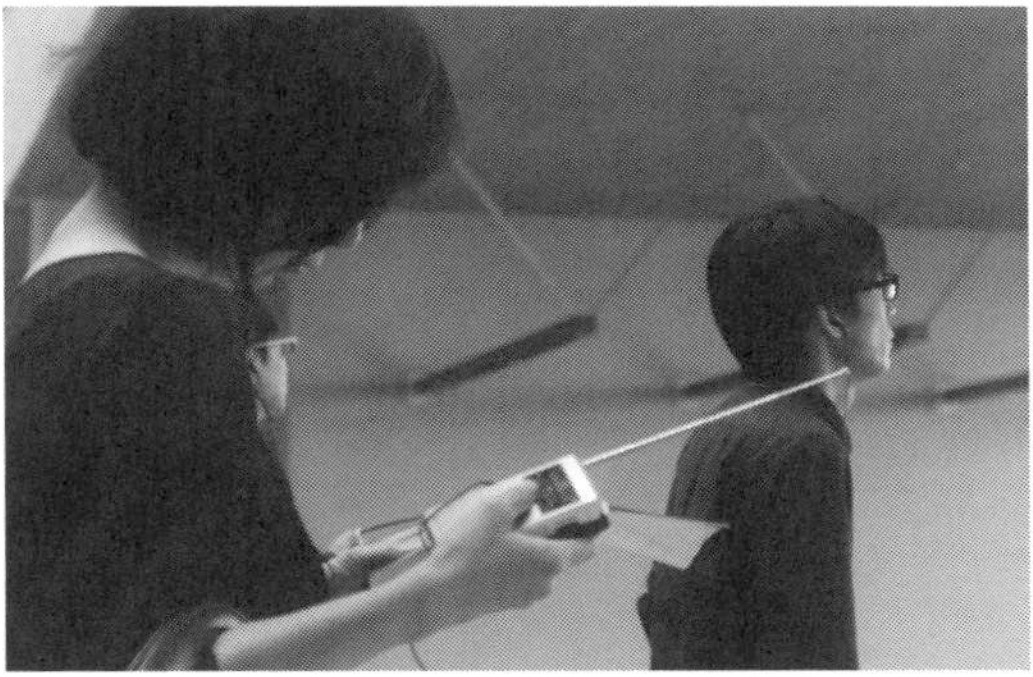

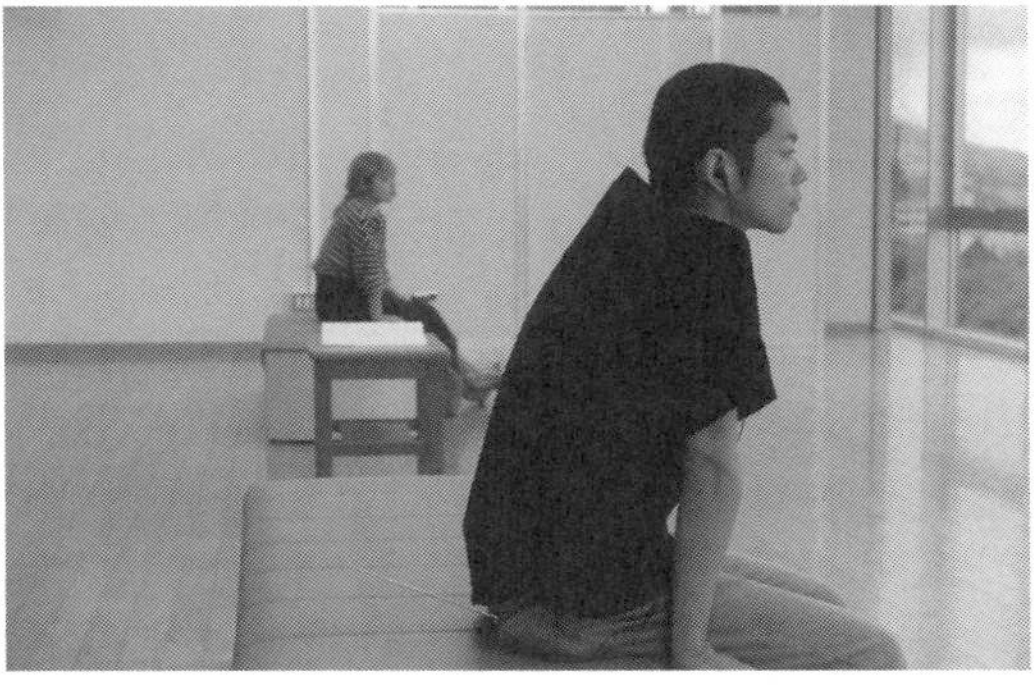

ている文字以外にも、話を聞いている時や言葉を発する時の「えー」とか「あー」とか自然に出てくる言葉を適宜補って読もう」〔15〕と提案していた。メンバーが会場入りし、ラジオ放送室に見立てた空間を館内に設えてからは、その共演者間での調整は一層進展していった。上演中、山崎とのやりとりが多かった出演者は、そんな言葉未然のコミュニケーションについて、次のようにその変化を認めている。「最初は会話をなぞることで作られる虚構のコミュニケーションが、次第に身体間のリアルなコミュニケーションを生み出していた。さらに、ある出演者が放送室に見立てた空間に立ち入ると、周囲の出演者が軽い会釈をする。セリフを読み上げている相手に対して相槌を打つ。こうした瑣末な身振りが自然と増えてゆくことで、出演者同士のあいだに緊張の糸が張り巡らされていった。このように、出演者の間に立ち上がる連帯感・緊迫感を知覚し始めて、ようやく私には、それまでの様々なリサーチによって学んだ知識、〔中略〕私の役と同僚との関係性などが、必然をもって想起されるようになってきたのである」〔16〕。

私は右のような文言を読むと、こうした交感や協働を密かに支えたと考えられる、ある稽古日のことを思い出す。私たちはその日、「モニュメントウォーク」と称して、皆で須磨や長田の町を歩き、その途中で『記録』の一部を読んだ。私たちはまず、AM神戸〔ラジオ関西〕の旧社屋最寄り駅、山陽電気鉄道月見山駅に集まり、そこから海のほうへとくだって、ここかあそこかと言いながら社屋の跡をまわった〔17〕。そこで偶然会った近隣の人から話を伺ったりも。それから国道を越えて海岸まで行くと、私たちはその浜辺で『記録』を読んでみた。波の音がここではない災禍の記憶を運んでくる［18］。長田のほうへと向かい、それなりの距離を皆で歩く。車椅子の人もいる。大国公園やカトリックたかとり教会に寄り、そこでも『記録』を読む。一帯が火の海と化した地で、周り（の目）をぼんやり感じながら、震災関連の資料を皆で声に出して読む。それが妙に成立すると「この人た

ちとは変なことをしないだろうな」という、信頼の糸みたいな気が私の体の中へと入っていった。

私たちは他にも、簡易間仕切りシステムを立てたり、寝ている人の体を起こしたり運んだり毛布で包んだりといったことを、また、ラジオ関西の方や人と防災未来センターの語り部の方を招いて、その人たちから話を伺うということをした。それは、私見では、この演劇に参加する人たちで共有される記憶（コンテクスト）を編む時間であった。その時間は畢竟、上演時の態勢にも、そして『記録』に関わる人たちを敬う姿勢にもつながったのではないかと思われる。

第3節　憶測

参加者のコンテクストを編むことは、文献や視聴覚資料でも可能である——手記、名言、論考、小説、漫画、映画、地図、映像、音声等で。個々ないし皆でそうした資料の調査や研究をすることは、一人一人が持つ災禍のイメージをこまやかにもしてゆく。

事例1

『記録』の「初日　1995年1月17日 火曜日」の「6時00分」には、次のように記されている。

6時半からスタートする『ま〜るい地球と……谷五郎モーニング』パートナー・藤原正美

がスタジオから放送再開。

藤原正美　しゃべりましょうか。……はい。……
雑音まじりの電波で、阪神大震災の震災放送がスタートした。以後、20日午前3時まで連続69時間、CMと通常の番組をカットし、安否情報を中心に特別報道体制になる。[19]

午前5時46分52秒の地震発生からおよそ13分後、AM神戸のラジオ放送は、藤原正美の声——「しゃべりましょうか。……はい。……」——をもって再開した。通常、朝6時半からスタートする谷五郎の番組『ま〜るい地球と……谷五郎モーニング』は、番組のパートナー藤原の一声をもって、以後69時間連続で震災報道を続けることになる。

本稿の読者にも、藤原の声がどういうふうに発せられたのかを想像してもらいたい。彼女はどんなつもりでこの言葉を口にしたのか。

神戸大学百年記念館での上演で藤原の役を担った岡元ひかるは、はじめ「彼女があまりに唐突で悲惨な状況を前に呆然となり、その後喋る気力を振り絞って出した一言目」[20]と解していた。私たちはすでに、1995年1月17日の朝に発生した地震が、大阪-神戸間や淡路島で大きな災いをひきおこしたことを知っている。「阪神・淡路大震災」の惨状をその多寡はあれ見聞きしている。自分の今の知見から、先の藤原の言葉を解釈すれば、藤原はリスナーを慮りつつ意を決して、一言発したと考えるのが普通だろう。

しかしながら、文献や視聴覚資料にあたってみるならば、放送再開の第一声となる藤原の——それは『記録』の本の帯にも載る——「しゃべりましょうか」は、スタジオのディレクター（丸山茂樹）に向けられていたものであることがわかる［21］。三点リーダーを含む「……はい。……」はそのディレクターとのやりとりにおける空白と返事だ。

さて、「しゃべりましょうか」にしろ「……はい。……」にしろ、その声の調子は、声の届け先次第で変わってくるだろう。この件は当時の音源を聞くとともに、実際に藤原と会い、その語りに耳を傾けることで肉付けされる。藤原自身はこの言葉が録音されているとは思ってもいなかった。彼女はそのことを、私たちがその場の状況を想像できるように語る。三条杜夫の著書『いのち結んで』（1996）の「奇跡の放送再開」の節にも、「この一言が、期せずして、第一声となった」とあるが、その「期せずして」の意味は藤原本人と会うことでより理解されよう。奇跡の放送再開は、本人がその時届けようと思っていた最初の声／言葉（「ＡＭ神戸のスタジオです。スタジオが現在、ただいまの地震で壊れております」）とは違う一声にて始まり、それが録音され、活字となり、アーカイブに収まり、電子媒体でアクセシブルなものとなっている。そのずれは『記録』からでは読み取り難い［22］。

事例2

7時21分〔1時間52分〕

三枝　私は少し移動しまして、長田区の若松町、若松町11丁目の、火事現場の目の前に来ております。

ときおり小さな爆発が起きて、10丁目あたりから、順に西へ大きく広がっておりまして、私のすぐ目の前、およそ２００メートルぐらい、全部火に包まれております。

ただ、消防車は、まったく1台も来ておりません。

火災です。大火災の状況です。

このままでいきますと、あたりが倒壊した家屋、木造家屋ばかりですので、延焼が避けられない状況です。

谷　だんだん広がっている状況なんですね？

三枝　東のほうから西のほうへ、若松10丁目から11丁目のほうへ広がっていまして、いまお聞きいただきました小さな爆発が、連続して起きております。倒壊した木造家屋が、周囲いっぱいですので、このままいきますと、消防車の到着もまだですので、火の手は拡大せざるをえないというのも……。

……それからすぐ近くにこちらの住民の方で、手に大けがをされている方がいらっしゃるんですが……。

これ、どうしてけがされたんですか？

男性 ガラスで……

三枝 ガラスが割れて？　おけがはそれだけですか？

男性 手だけやね。

三枝 そうですか……この火事はいつごろから出たんですか？

男性 これ、どんなんやろ……地震が揺れだして間なしからもう、ちょうど10丁目のその角の家から2軒目の、その裏の裏かららしいけどね、そこら近辺から火の手が上がって、私の家は全焼してしもたけどね。

三枝 全焼したんですか？　どこらへんですか？

男性 10丁目です。

三枝 10丁目ですか。で、家族の方は？

男性 息子がひとり、もう死んでると思うね。下敷きになって、出されんかったですわ。

三枝 息子さん？　何歳？

男性 38歳か……

三枝 まだ安否がわからない……？

男性　もう焼けたから、もう死んだと思いますわ……

三枝　はぁ、……谷さん。

男性　もうちょっとね……足が出てるんやけど、あとが出なかった……それに……

三枝　お父さんは、足までつかんで息子さんを引っぱり出そうとしたけれど、なにかの下敷きになったんですか……？

男性　そうそう、そのうちに火が来たもんやから「おやじ、逃げてくれー」いうて……

三枝　息子さんがそうおっしゃった、はーっ、そのままで……

男性　目の前で見殺しですわ。だから、この火事さえなければ助かったんやけど……

三枝　そうですか……

谷さん、……という状況でしてね、とにかく、なんとも表現のできない状況が目のあたりです。すぐ10メートル先で火は燃えさかっておりますので、このままでいきますと、長田の若松町界隈は、きわめて悲惨な状況になるのではないかと思われます。まだ消防車は1台も来ておりません。

谷　まだ来てませんか……

三枝　とりあえず、そういったところです。

その内容は、スタジオと聴取者に、被害のすごさとむごさを伝えた。

この現場レポート以後、17日と18日の両日のラジオカーチームは、被災した人々のレスキュー報道を、データを中心に行うこととなる。

被災した人たちにマイクを突きつけることは避けた。（『記録』13頁）

三枝博行はのちに、このときのことを大学生に向けての講話の中で「僕の放送人としてのターニングポイントがあのレポートだったと思います」[23]と振り返っている。彼は実際、そこから丁目番地などのデータを中心とした救命救急のためのSOS放送にレポートの仕方を切り替えている——それがいわゆる「データレポート」として評価されることにもなる（三枝 2008: 122）。

前項の事例同様、読者には、この男性の口調を想像してもらいたい。

私は、勤務先の大学の授業でこの箇所の読み合わせを何度か試みているが、この男性の声の調子を当て得た学生にまだ出会っていない。かくいう私自身も、音源を聞くまで、その口調を別様に考えていた。

男性の話ぶりは、文字における深刻さに比して、音源では淡々としている。私たちの上演で三枝の役を担った本多弘典は、『記録』のこの箇所の印象を次のように書いている。「テキストを読んだだけの自分の想像だと、息子を救い出せなかった男性に寄りそって三枝さんの言葉も自然と彼に気を使ったような調子になるだろうと思っていたので、自分の想像と実際の記録との差異に愕然としました」[24]。

三枝がその時のことを伝える文献資料にもあたるならば、私たちはこの男性が彼との会話をまったく覚えていなかったことも知る。三枝いわく「あの世間話のようなごく普通の話し方で、こう話された。〔中略〕ところが、このお父さんは全く覚えてらっしゃらなかった。私がマイクを向けたことすら覚えておられない」[25]。この男性は、平常の話し方をしているようでいて、なぜ事を全く覚えていないのか。彼はどんな精神状態にあったのか。

この若松町の男性の声を、当時ラジオで耳にしていた精神科医がいる。日本では比較的早い時期から心的外傷後ストレス障害の研究に着手したといわれる（故）安克昌である。彼は、1995年1月17日の朝、AM神戸のラジオ放送を聞いていた。彼は論文「臨床の語り――阪神大震災は人々の心をどう変えたか」（安 2000）の冒頭で、「阪神大震災の衝撃について思うとき、忘れられない「声」がある」と切り出し、この男性と三枝のやりとりを略記した後、「この被災男性の淡々とした語り口には、今にもわあと叫び出しそうな、何ともいえない感情が押し殺されているように感じられた。いや、叫びたくなったのは聞いていた私のほうだった。まだ、私も地震の揺れの後で、興奮していた。その声は、私を心底戦慄させた」（安 2000: 255）と振り返る。安は、短い冒頭の部分で、若松町の男性の話し方について「淡々とした」という形容詞を二度使う。彼はこの男性の状態についてそれ以上の言及を控えているが、私見では、この男性には、安が専門とする自然の防衛機制（解離）が働いている。安の著作中の説明によれば、この機制の一つの反応に特徴的なのは、「話は淡々として、手ごたえや、とっかかりというものが感じられない」、いわば「ひとごとのような話しぶり」である。それをふまえて安は、「衝撃的な体験をこうむった人は、しばしばその体験の実感を失ってしまうものである。ひどい場合には記憶を失うことすらある。これは、衝撃から自分を守ろうとする無意識の心の働きである。精神医学では、この反応を「解離」と呼ぶ」[26]とまとめている。

安は、私たちが先に辿ったごとく――「今にもわあと叫び出しそうな、何ともいえない感情が押し殺されているように感じられた。いや、叫びたくなったのは聞いていた私のほうだった」と――まるで劇の受け手のように人の感覚や感情を共にしている。彼は、ラジオから流れる若松町の男性の声に、生が自らを救う自然の防御反応を感じ取っていたに違いない。私たちは、上演の稽古において「解離」という術語を使うことはなかった。ただ、演出の伊藤は、この件を自ら解釈し、三枝役の本多に「[この男性は]想像を絶する状況で「感情の動きがストップしたような」感じになる」と助言を与えていた[27]。

第4節　出来《しゅつらい》するイメージ、創造的な感情

(i)

神戸大学百年記念館での公演は、前半と後半の2部制であった。私は前半の部で、右に見てきた若松町の男性の役を、後半の部で、これから見る佐藤淳の役を担った。

稽古の過程で、私は他の出演者やスタッフら希望者と、ラジオ関西本社へ佐藤に会いに行った。『記録』では、1月17日の夜、佐藤が「県警の災害対策本部です。現在この災害対策本部では、亡くなった方のうち、147名の名前が発表になっています」と、死者の名前を伝える時間帯がある。私は、その報道がどのような状態や状況でなされたのか、佐藤に尋ねたかった。

佐藤は私たちと会うと公演の意図を改めて問い、それを再確認してから17日の夜のことを話した。彼はその日、兵庫県警の掲示板の前で、自分の取材ノートに名前を一人一人書き写していた。掲示板には紙に手書きで書かれたものが貼り出されていたため（「玉」と「五」など）見誤りやすい字もあり、また放送で自分が読み間違えをしないようにと、ノートには字を丁寧に書いた。名前を書き写す必要があったのは、AM神戸の中継車から県警の掲示板まで、報道用のマイクコードが届かなかったからである。17日の夜は冷え込み、佐藤はその車の中で自筆の死者名簿を読んだそうだ。彼は読んでいるさなかの自意識についても話した。名前や年齢を見ると、その人について考えてしまう……しかしその時にはラジオの音声は止まる。無音の時間が流れる。「あぁこの子は赤ちゃんだ」と気付いても、それを本気で思うわけにはいかない。「今は伝える時間だから」と、気を取り直して読み続けたという。

佐藤は私たちの前でノートを開いた。私はそれを見て愕然とした。『記録』では、個人への配慮また音声からの文字化ということもあってだろう、名前は仮名《かな》で記されている。一方、佐藤のノートにおいては名前は漢字で書かれている。印字と手書きの差もさることながら、その実名の表記の違いに私は息をのんだ。

私たちが行なうのは『記録』のリーディング上演である。それならば、基準はその出版物にあり、佐藤のノートは参考にすぎない。しかし私は名前を漢字の表記で読みたいと強く思った——それほど印象が違っていた。私は上演の前に、佐藤の字を真似て、１４７人の名前と年齢と地区を紙に書き写し、そこに「お亡くなりの方で名前の判明した方をお伝えしています」などの『記録』にある言表（佐藤が報道中に発した即席の言葉）を書き添えて、自分用のテキストをつくった。私は、佐藤が死者の名前を伝える19時31分の場面になると、それを持ち「神戸市の方です 東灘区 山崎しげさん 91歳」「掘 務さん 56歳」「土井二三子さん 47歳」「中村他美さん……」と読んでいった。

佐藤は、名前をノートに書かずに直接読んだ時のことにもふれて、亡くなった方（その人が男の人か女の人か、歳は幾つかなど）を自分が認識するどあいは、やはり一度ノートに書いてから読むのとそのまま読むのとでは違っていたこと——ただその違いは一方を蔑ろにしているという意味ではもちろんないこと——も話してくれた。私はそれを聞きながら、彼の心の襞に自身を合わせたく思った。その念が幾分反映してか、この場面での私のリーディングについて、当時西宮で被災した一人の鑑賞者から「名前の朗読だけなのに被災者の家族構成や被災した状況までも想像できる朗読方法でした」、「〔この演劇は〕被災者としても、決して不快になることは有りませんでした、むしろ鎮魂の思いを強くしました」とコメントをいただいた[28]。この文章を書いている今、私はその「劇」のおこし方に不安を抱いていないわけではない。また、私のその時の読み方が「方法」と呼べるほど練り上げられたものでないことは言を俟たない。とは言うものの、例えば私は、「掘 務さん 56歳」と「掘 朝美さん 8歳」が『記録』において並んで記されていないながら、そしてその関係は何も記されていないながら、2人につながりがあるかのような読み方をしていた――それをはっきり覚えている。『記録』は、名前の順序を読み変える身振りを許容しない。私はただ、2人がそこにいたら、互いの名を聞いて気づき合うようにと、2人を呼ぶような感じでその名前を読んでいたのである。

(ii)

この公演で私は、右の「東灘区」(神戸大学百年記念館から見渡せる街)の亡くなった方を伝える時間に、神秘的な体験をした。それは私の演劇経験においてとても大事なことなので、以下、「報告 パフォーマンス『RADIO AM神戸69時間震災報道の記録』リーディング上演」に遺した文を再掲する(最小限の補足や修正に留めて転記する)。

佐藤によると、1月17日の夜はとても寒く、彼はAM神戸の車のなかでそのノートを読んだそうだ。彼は中継車の後部座席に座って、マイクを持ちながらノートの名を読み上げたという。私は豪雨の続く(2018年)7月7日の夕方、簡易間仕切りシステムの紙菅の社のなかで、椅子に座ってマイクを手にしている。佐藤が死者の名を伝える19時31分の場面になると、自筆のテキストをもって「神戸市の方です 東灘区 山崎しげさん 91歳」「掘 務さん 56歳」「土井二三子さん 47歳」「中村他美さん……」と読んでいった。そして、目の前の字をきちんと読めるほどの注意力を現在の知覚に残しつつ、意を少し過去へと捻って、佐藤の姿を想い起こしてみた。車のなかに座りマイクを握ってノートを読む佐藤をイメージしてみたのである。すると、その姿がふぅーと、けむりの変化のように、形を変えて私の体から出る「声」のイメージとなり、プラットホームから流れる「声の気流」になっていったのである。それは夢でのイメージの移りゆきのように自然と変わっていった。私は、その「声の気流」を目の奥で見続けた――テキストやマイク、それらを持ち、握る手、椅子に座る自身、紙菅のオブジェ、ラジオ、照明、外からの光、ホールにいる人の眼差しや様子、ロビーそしてプラットホームでラジオを手にしながら立っている人、歩いている人の動き、館内・屋外のスピーカーから流れる自分の声などを知覚しつつ。

プラットホームから灘の街のほうへと送られてゆくその声の気流は、私がホールのなかにいて諸々を認めながらその眼差しの奥に見ていたイメージなのだが、それは私がプラットホームにいて（も）そう感じられるようなものとしてあった。つまり私はホールにもプラットホームにもいたわけである。幽体離脱ではない。私はこの「声の気流」の状態が持続的に進展してゆくように、身のまわりをうっすら知覚しながら、座っている姿勢やマイクを持つ手を、また声を出す喉、だけでなく全身を微細にコントロールしていたのだから。私の意識はこの状態が脆く儚いことを知っており、それを壊さないように、慎重に、調整していた——針先を微かにものと触れ合わせるかのように。「比翼敦子さん22歳」「掘 朝美さん8歳」と言うにつれて、私は名を読むというよりも、名を呼んでいるような、灘の街のほうにある存在に呼びかけている感じになっていった。この状態にはなんとも言えない快さが、「壊してしまうのがもったいない」という、言い変えると「続けたほうがよい」と信じさせる安らぎが、あった。

しかしそれはずっと続いたわけではなかった。「現在発表されている、東灘区のお亡くなりの方は以上、41名です」「続いて垂水区の方……」と、百年記念館から見渡せる街の限りを超えて地名とその人の名前を発するや、その「声の気流」は、声に出すままに西へとずれてゆき、消えていったのである。〔29〕

私はこの文章の後に続けて「この時間はなんだったのだろうか。私は佐藤淳になっていたのか」と問い、「私は上演中、たしかに1995年1月17日の佐藤の姿を想起した。しかし彼を再現したわけではなかった」と断った上で、「再現は終局ではない——現在につながりつつイメージを求めて過去へと身を捻った私は、「私」を脱したゆえに、表現へといたった。「再現」は「表現」への契機としてあったのである。私は、知覚や身体感覚（自己受容感覚）を整えながら、記憶を生成していったのだ」と省み、自らの問いに簡潔に答えている。次項ではこの内省を引き継ぎながら、さらなる省察を試みたい。

(iii)

私は前節で、三枝博行や安克昌の著作をもとに、若松町の男性が自然的防衛機制の一様態（「解離」）にあったことを推察した。男性の精神はその時、平常を無意識に装ったのだろう。私は、前半でこの男性の役を、後半で佐藤淳の役を担ったが、前半の演技が右で見たイメージの出来《しゅつらい》を準備したのではないかと考えている。しかし、私は男性と違い、出来事をはっきり覚えている。この差は何だろうか。私が身をおいていた状況を振り返るなら、それは、公演という人為的なストレス環境――演者に緊張と集中を強いる場――と言えそうである。そこで演者は、ある種の恐怖ないし危機――観客という存在から逃れられないこと――を覚りつつ、その自覚により現実を虚構的に模倣する仮構機能を発動させ、その場に適う表象を立ち上げるのではないか。

ここに仮構機能による表象の現れについて好例がある。

「心霊科学」によって蒐集《しゅうしゅう》されたおびただしい観察結果の中で、私はかつて次の件に注目したことがあった。ある婦人がホテルの上方の階にいたが、下へ降りたいと思って踊り場のところへやってきた。エレヴェーターの箱を閉めるための鉄扉は、その時ちょうど開いていた。この鉄扉が開いているのは、エレヴェーターがその階に停まっている時だけのはずなので、彼女は当然エレヴェーターがその階へ来ているものと思って、勢いよく乗り込もうとした。ところが突然、後ろへ突き飛ばされるのを感じた。エレヴェーターの管理を任された男が自然と現われ、いきなり彼女を踊り場のほうへ押し返したのだ、――その瞬間、彼女はわれにかえった。その階には、男もいなければエレヴェーターも見あたらない。これに気づいて、彼女は肝をつぶした。装置の故障で、エレヴェーターはもっと下の階に停まっているのに、彼女のいた階の扉が開け放しになっていたのだ。彼女はなにもないところへ乗り込もうとしていた……つまり奇蹟《きせき》的な幻覚のおかげで命を拾ったわけである。［30］

仮構機能による表象は、何よりもまずこうした生命の必要から現れる。その顕現は、人間という知性の発達した――そのため本能は希薄化した――生き物のいわば「潜在的本能（本能の名残り）」による自然な反応である。言葉もイメージならば、その表象は、自分を守るためあるいは落ち着かせるために、現実を変えたり整えたりして自分に語る（騙る）お話し（物語）の人物でもあるだろう。仮構機能はしたがって「われわれが我々自身に語って聞かせる物語の中の人物たちを創造する能力」（それは劇作家や小説家において、独特な強い生気を帯びている）と規定し得る［31］。

さて、仮構機能がそのようならば、この働きは、人が現実を抱えきれなくなった時に、その渦中にある自分とは別の人格を立てたり、自分を安全なところに退避させたりする心のメカニズム――安克昌が「解離」と呼んだそれ――と関わるに違いない。精神病理学者の柴山雅俊も「〔前略〕解離という言葉はもちろん精神医学で生まれたが、解離を思い切って大きく捉えるならば、それは原始の心性や夢体験などの原初の意識と連続的につながっているだろう」〔32〕と言う。そして病理としての解離と、創作や表現における解離的な状態との関係を探る手がかりとして、宮澤賢治の文学作品を取り上げる。

つぎは「林と思想」という私が好きな心象スケッチである。これは一九二二年六月四日の作品であるが、この年の十一月二十七日には二歳下の妹トシが結核のために二十四歳で死去した。ここには魂が体を離れて流れていこうとする体外離脱に類似した心性がみられる。

そら、ね、ごらん
むかふに霧にぬれてゐる
蕈《きのこ》のかたちのちい〔さ〕な林があるだらう
あすこのとこへ
わたしのかんがへが
ずゐぶんはやく流れて行つて

みんな
溶け込んでゐるのだよ
こゝいらはふきの花でいつぱいだ

「そら、ね、ごらん」という言葉は、二、三行目のみならず、最後の一行「こゝいらはふきの花でいつぱいだ」にもかかっているだろう。林は「向こう」であるとともに、「ここいら」なのである。「わたし」は語りかける相手とともに流れ、ここにいると同時に向こうにもいる。[33]

ここでの柴山の言葉は、それを収めたのが新書ということもあり、平易ながらも大事を掴んでいるように思われる。この彼の解説——「「わたし」は語りかける相手とともに流れ、ここにいると同時に向こうにもいる」——は、私が前項に再掲した自身の劇の体験を言い当ててもいる。続く文も看過できない。「賢治の魂は、いつも肉体や知覚といった現実の桎梏から解き放たれて流れていこうとする。それと同時に、流れてゆくことができないことのやり切れなさが綴られている。肉体が、現実がそれを許さないのだ」(柴山 2014: 173)。この最後の点は注視されたい。私も内省したように、表現や創作における解離的な状態では、人は自分を、現在の知覚から切り離すのではなく、知覚につないだまま過去の記憶へ向かわせる。有意的な精神が身体や環境に繋留しつつその身を捩って像《イメージ》をおこすのである[34]。「賢治を解離の病態と診断することはできない」のは、賢治が現在の知覚を、身体を、離れ切ってしまわないからだろう[35]。

東北から阪神へ。あの津波の後には霊を見た人が多かったそうである。神戸へ、戻ろう。私は、若松町の男性に察せられる状態になっていたのではない、と思う。私は、演技を通して、『記録』の言葉を発した人の状態に近づこうと努めていたのだ。公演会場における観客の存在は、演者に緊張と集中を強い、その努力をある特殊な水準へ導いたに違いない。私が劇の終盤で体験した神秘は、そんな演技の流れと環境の性質から生まれたものと言える。そのイメージの出来《しゅつらい》は、時間の持続と空間の特性から昂じた私の感情が、仮構の働きによって表象へと変化した出来事なのだろう。

神戸での公演以降、私は『記録』の内にある心情に掴まれている。「阪神・淡路大震災」の当事者ではない私が、この災禍で身近な人を亡くした人の気持ちや、亡くなった人の魂のゆくえを思い、考え続けている[36]。確かに、被災地の高台から死者の名前を読み上げることは、おぞましい振舞いであったかもしれない。しかし、私はこの風景の底に眠る存在へ声をかけなければという心を持ってしまったのである。そこから表れ出たものは、人が創るということを通じて何を継ごうとしてきたのか、知らせるような気がする。

［1］　2002年初演。本文ではArtTheater dB KOBEで2021年10月17日に上演された回を念頭においている。脚注27に要所を記したので参照されたい。

［2］　2019年初演（第1部は2018年先行上演）。本文ではKAAT神奈川芸術劇場で2021年2月13日に上演された回（第1～第3部連続上演）を念頭においている。

［3］　本文ではロームシアター京都で2019年10月6日に上演された回を念頭においている（初演は10月5日）。

［4］　Bergson 1999: 123-125=2016: 133-134。「〔前略〕芸術はいつも個性的なものを目指す〔中略〕詩人が歌うのは、かれのもの、かれだけのものであり、もはや決して帰ってこないこころの状態である。劇作家がわたしたちに差し出すのは、あるたましいの展開であり、感情と出来事の生きた織物であり、一度あらわれて二度と決してあらわれないものである。そうした諸々の感情に、一般的な名称を与えることはできない。別のたましいにおいては、別のものになるであろう。〔中略〕どれもが特異であるが、天才の刻印を捺されると、いつかみんなに受け入れられる。なぜ受け入れられるのだろうか。そのジャンルにおいて唯一のものだとしたら、どのようなしるしによって、それが真実であるとわかるのだろうか。思うに、わたしたちにも真摯に物を見るようにと促す努力によってである。真摯さは伝染する。芸術家が見たものを、わたしたちがふたたび目にするということは多分ないであろう。少なくとも、まったく同じものを見ることはないだろう。しかし、かれが本当に見たのであれば、ヴェールを取り除くためにしたその努力は、わたしたちに模倣させずにはおかないのである。かれの作品はわたしたちを教えてくれる手本である。そして作品の真実性は、まさにそうした教えの力によって計られる。つまり真実はその内部に説得力を、いや回心の力さえも持っており、その力によって真実は真実として認められる。作品が偉大であればあるほど、垣間見られた真実が深ければ深いほど、その力の結果があらわれるのは遅れるが、しかしそれはいっそう普遍的なものになるだろう。したがって普遍性は、ここでは生じた結果のなかにあるのであって、原因のなかにあるのではない」。

［5］　「記憶の劇場」活動6「紛争・災害のTELESOPHIA」。テレソフィア全体の活動については、阪神・淡路大震災に関する私たちのプロジェクトを含めて、山﨑（2020）に詳細な報告がある。

［6］　この学生はのちに、神戸市須磨区にある喫茶リバティルーム・カーナ店主の岡本美治と、同市長田区にあるカトリックたかとり教会の神父神田裕をゲストに招く「震災カフェ」（題目：「「被災者」とはどういうことか」、2017年3月3日開催）を企画・コーディネートする。企画者の声と広報物を参照されたい（https://suaybmt707sriina.wixsite.com/telesophia/blank-5　参照日：2021年12月31日）。なお、演出家の伊藤ものちに、この学生のことを念頭において、演劇は「自分の声や身体で、過ぎ去った時間の渦へ自らを投げ入れる方法」と明言するにいたる。伊藤のこの言葉は、『RADIO AM神戸69時間震災報道の記録』リーディング上演から1年後、日本災害復興学会での会議を機に、私が出演者やスタッフら関係者に、この上演や上演までのプロセスについて、自分の思うところを

書き残してもらった文章（Ｗｏｒｄ原稿）に含まれているものである。本稿で関係者の言葉を引用する際は、基本的にこの文章に依拠し、脚注にてCf.とし執筆者の名前と私の受信日を付す。Cf.伊藤拓、２０１９年10月1日。

[7]　この公演は、２０１８年神戸大学にて開催された第13回表象文化論学会の一環で、行なわれたものである。私はかつてこの公演に関する詳細な「報告」を書いている。「報告　パフォーマンス『ＲＡＤＩＯ　ＡＭ神戸69時間震災報道の記録』リーディング上演」（https://www.repre.org/repre/vol34/conference13/performance/　参照日：２０２１年12月31日）。本稿は、この「報告」を前提にしているため、読者にはそれをまず一読いただきたい。また、上演の翌日に行なわれたディスカッションについては、学会員の堀潤之によるレポートがある（https://www.repre.org/repre/vol34/conference13/kikaku/　参照日：２０２１年12月31日）。

[8]　「『ＲＡＤＩＯ　ＡＭ神戸69時間震災報道の記録』刊行と配布について」より。この刊行の辞は、書物本体やデジタルアーカイブには付されていない。私はこの書類をラジオ関西よりいただいた。

[9]　「社としては、単に過去の事跡の記録という側面だけではなく、今後、なんらかの形での二次使用等を検討していくことになります」。

[10]　学会ＨＰの出演者募集要項（https://www.repre.org/news/2018/05/13_3/　参照日：２０２１年12月31日）にもあるように、私たちはこのリーディング上演を（通常の意味＝「読み合わせ」ではなく）本公演として準備した。テキストを持って演じたのは「読んでいる」ことが役者にとっても観客にとっても、またこの記録本に関わる人にとっても必要と考えたからである。

[11]　「仮構機能（fonction fabulatrice）」は、フランスの哲学者アンリ・ベルクソンが、「想像力」という言葉の曖昧さと不自然さを指摘しながら規定した、人間の知性に備わる本能である（Bergson 2000: 111-114, 204-210=2003 I: 163-169, 2003 II: 81-88）。この《fonction fabulatrice》の邦訳は、訳者によって異なり、「仮構機能」「創話的機能」「作話機能」「想話機能」等に訳されている。なお、ベルクソンの高弟アンリ・グイエは、『演劇と存在』の中で、その語を次のように説明している。「創話的機能が或る生命的な必要に応ずるものであり、その必要はこの機能をまず公益にかかわる宗教的虚構の方に導いてゆくのであるが、そのことはここでは大して重要ではない。神話から民話、民話から伝説、伝説から詩や劇や小説に至るまで、同一の能力が働いているが、その展開を通して徐々に利害関心を薄めてゆき、従って、次第にその本性、すなわち「われわれが我々自身に語って聞かせる物語の中の人物たちを創造する能力」をより顕著に現してゆく」（Gouhier 2004: 164-165=1990: 211）

[12]　脚注7の「報告　パフォーマンス『ＲＡＤＩＯ　ＡＭ神戸69時間震災報道の記録』リーディング上演」を参照されたい。参加者の中から生じた疑義によって、私たちは自分たちの真摯さや誠実さの意味を問い直したわけだが、それは同時に（少なくとも私には）グイエの言う演劇の本質を再考する機ともなった。「演劇の本質は二つの単語で言い表される。τὸ δρᾶμα すなわち行動と、τὸ θέατρον すなわち人びとの見る場所である。つまり、語源から考えるなら、行動が劇の根源であり、さまざまの意味におけるテアトル（劇場かつ舞台かつ演劇）はつねに見世物《スペクタクル》を前提としている。行動は現前していなければ見ることができないから、現に体験しているのでない行動は、

再現＝上演（représentation）によって現前させなければならない。言い換えるならば、上演は、劇的であるとともに劇場的である藝術の本質そのもののなかに、書きこまれている」(Gouhier 2004: 13=1990: 13)

[13] 観客もまた実際のラジオ同様、配布されたラジオ機器をチューニングすれば、この演劇の外の放送——例えばさなかの西日本豪雨の情報——を聞くことができる。

[14] Cf. 山崎義史、２０１９年９月22日。山崎の担った役は、地震により特別報道となった番組のパーソナリティー、谷五郎であった。山崎は上演後、藤原正美——谷とともにＡＭ神戸のスタジオで震災報道をし続けた番組パートナー——から「谷五郎がここにいた」と伝えられたそうである。「〔前略〕震災当時実際に谷氏と放送に関わった藤原氏からも上演後に「谷五郎がここにいた」という評価をいただきました」。

[15] Cf. 本多弘典、２０１９年９月29日。

[16] Cf. 岡元ひかる、２０１９年９月22日。

[17] 月見山駅については『記録』10～11頁を参照。ＡＭ神戸（ラジオ関西）の本社は、地震で壊滅的な状態となり、移転を余儀なくされる。しかしながら、この崩落ギリギリの社屋で、ラジオ放送に必要な機材等が奇跡的に生きており、「69時間震災報道」が可能となった。「社屋とスタジオの損壊が大きく、社屋内は停電、天井から水漏れ。報道制作局等が入る大部屋の机や本棚すべてが倒れ、コンクリート壁も大きく崩落、砂ぼこり。主調整室と副調整室の機材もほとんどが横倒しとなる。〔中略〕須磨区役所の罹災証明書では「全壊」である。奇跡的に、オンエアスタジオだけが、防音ガラス等の損壊少なく、余震での建物倒壊の危険を感じながら、ここから1週間に及ぶ震災報道を行う」（『記録』７頁）。ラジオ関西のウェブサイトにある写真も参照されたい（https://jocr.jp/shinsai/　参照日：２０２１年12月31日）。三木（1996: 74-75）も合わせて参照のこと。

[18] 『記録』８頁。「ただいま、地震速報がありました。津波の心配はありません。神戸で起きました地震による津波の心配はありません」。

[19] 『記録』７頁。２マス下がる地の文は、編著者によって補足された状況説明（解説）である。なお、公演では、この地の文は人と防災未来センターで語り部を続ける秦詩子が読んだ。

[20] Cf. 岡元ひかる、２０１９年９月22日。「当初の私は、彼女があまりに唐突で悲惨な状況を前に呆然となり、その後喋る気力を振り絞って出した一言目が「しゃべりましょうか……」であったのだと、勝手な想像を働かせていた」。

[21] 脚注17にあげた三条杜夫『いのち結んで』の「奇跡の放送再開」の章には状況等の詳しい説明がある（三条 1996: 27-49）。また、『読売新聞』１９９５年２月25日、大阪版、朝刊、31面も合わせて参照されたい。「駐車場に避難していたフリーアナウンサー藤原正美さん（34）は、寝間着姿で立ち尽くす付近の住民を見て「この先、情報源はラジオしかない。私が避難していたらあかんのやないか」と思った。土ぼ

こりの中をスタジオに戻ると、丸山さんが「何でもいいからしゃべれ」という。息を整える間もなく第一声が流れた」。私たちはこうした文献資料に加えて、音源も参照した。

[22] 岡元は、一方で、藤原との実際の対話について複雑な心境を書き残している。「〔藤原が自ら〕記憶を語る行為が繰り返されるうちに、その内容や方法が、個人のうちで固定化されてゆくかもしれない。それによって「語り」から過去のリアリティが薄れてゆくことを、どのように受け止めるべきか、実はまだ分からない。ただ、このように藤原アナウンサーが語っている途中、彼女が私の目を見る瞬間が多く、その目が「今語っている歴史を大切に扱ってほしい」という意志をこちらへはっきりと伝えてきた。この時の、ずっしりとした重みを肌で受け止めた感覚は、今でも、震災をめぐる私の経験としてありありと思い起こされる」。その場でしか体感できないやり取りが、出演者の岡元と当時の発話者藤原との間でなされていた。これは「アーカイブ」という観点からは漏れやすい身体感覚であるに違いない。Cf. 岡元ひかる、２０１９年9月22日。

[23] 三枝 2008: 124。「〔前略〕私は以後3日間、被災地でマイクを向けることが出来ませんでした。社の報道デスクに言われました。「どうして被災者にインタビューせぇへんねん」と。叱られても、私は怖くて、マイクを向けられなかった。〔中略〕僕の放送人としてのターニングポイントがあのレポートだったと思います」。

[24] Cf. 本多弘典、２０１９年9月29日。

[25] 三枝 2008: 124。三枝がインタヴューした若松町の男性の名前は、彼の本の中ではふせられているが、震災25年の週間特集を組んだ朝日新聞においては「あの日、猛火の長田区で、息子を失った高橋富二朗さんにそうとは知らずマイクを向けたスタッフが三枝さんだった」と明かされている（『朝日新聞』２０２０年1月10日、大阪版、朝刊、31面）。

[26] 安 2001: 83（１９７、２０５頁も参照のこと）。安の本の中で重ねてその名前を見るビヴァリー・ラファエルの著作も参照するなら、このような防御反応は、「〔前略〕心傷性の体験に圧倒されないように、人間を守るための反応であり〔中略〕この反応形態では、人間は茫然として、無感動、無表情になり〔後略〕」とある（ラファエル 1989: 105 該当箇所を含めて90～１９６頁の第3～第5章「衝撃と余波」「死と生存」「喪失と悲嘆」を参照されたい）。また、ハーマン（1996: 48-49）も参照のこと。

[27] Cf. 本多弘典、２０１９年9月29日。この見解をもとに録音の音声をよく聞くなら、若松町の男性が暗に地震を身近な存在者のようにして話していることに気づく。この地震をあたかも知り合いが悪さをしているほどの物言いで、言い表そうとしているのである。「これ、どんなんやろ……地震が揺れだして間なしからもう、ちょうど10丁目のその角の家から2軒目の、その裏の裏かららしいけどね、そこら近辺から火の手が上がって、私の家は全焼してしもたけどね」。こうした精神性について、ベルクソンは、心理学の泰斗ウィリアム・ジェイムズが遭遇したサンフランシスコ大地震の言説をもとに、また自身の類似の体験をふまえ、次のごとく考察している。「〔前略〕私はそのとき、ジェイムズが述べていたもの、すなわち抽象的なものから具体的なものへの移り行きが、いとも事もなげに行なわれた、

その容易さへの感嘆の念《おも》いを味わった。これほど戦慄《せんりつ》すべき事態が、こうも無造作に現実のうちへ入り込んできうるなどと、いったいだれが考えていたろう。いっさいを支配していたのは、この単純さの印象だった。この事情をよく考えてみて解ることは、自然が恐怖心に対して防禦反応を対抗させようとする場合、言いかえると、どこまで影響が及ぶかもしれぬ大異変についての知性的に過ぎる表象を前にして、意志が萎縮《いしゅく》せぬような手を打とうとする場合、自然は、その出来事を単純化し、いわば未発達な人格に変形して、このものとわれわれとの間に一種の親しみを起こさせるということである。この親しみによって、われわれを落ち着かせ、緊張を解きほぐし、われわれが平生どおりに義務を果たしうるようにするだろう、ということである」(Bergson 2000: 167=2003 II: 28)。なお、脚注1であげた山下残の作品は、防御反応をおこすことなく感情の渦にのまれた人の動体をダイレクトに表現しているシーン——私はそれをこの作品における彼の(比類なき)ダンスシーンだと思っている——を含む。観客はそこで、安の言っていた、押し殺された感情/叫びがどういうものであったのか、人間はこうなってしまいもするということを知る。それは若松町の男性において、家族のことを聞かれ、それを口にしようとした瞬間の防御反応の裂開(『記録』の表記にはない吃音状態「ん、むすこがひとり、もぅ、しん、しんでるとおもうね」)に直観される事態である。

[28] 95年当時、西宮で被災したH・Tさん。

[29] 脚注7の「報告 パフォーマンス『RADIO AM神戸69時間震災報道の記録』リーディング上演」を参照。

[30] Bergson 2000: 124-125=2003 I: 184-185(ただし訳文を一部改変した)。

[31] 脚注11を参照。同様にBergson 2000: 205=2003 II: 83を参照のこと。

[32] 柴山 2014: 185。柴山は続ける。「さらにその周辺には芸術の創造、宗教体験など人間にとって根底的な意識の広大な領域がある。私が感じるのは、このような人間の根底的な意識領域と解離が、意識変容を媒介にしてきわめて近い関係にあるのではないかということである。私がいう意識変容とは医学が扱ってきた病的な意識変容を越えて、人間のもつ創造性、宗教体験、自然との交感、夢、原始の心性などさまざまな幻想領域とつながっている」と(柴山 2014: 185)。また「解離患者が演劇の経験があることは多いが、これは目立ちたがりや派手好みと関係するよりも、幻想的世界へ容易に入り込むことができるある種の能力の結果でもある」と(柴山 2014: 209、傍点は富田による)。柴山の思惟は、私たちが参照するベルクソンの人間的精神(仮構機能)に関する洞察を、現代精神医学の見地から裏付けているように思われる。ベルクソン自身も、脚注27であげた大地震に関するジェイムズの自己観察に対する考察のごとく、「原始的なものへ溯《さかのぼ》ろうとする心理学者は、こうした例外的な経験に身を移してみなくてはならない」と言っている(Bergson 2000: 168=2003 II: 29)。

[33] 柴山 2014: 171-173(第7章「解離とこころ——宮澤賢治の体験世界」における一節「魂が離れる」から)。

［34］　フランスの名優であり、演出家であったシャルル・デュランは、私が体験したような神秘的な出来事を、演技のいわば「方法」とし得た人であった。デュランはのちに彼の演技法へとつながるその特別な体験を、自著に書き残している。以下、彼の出世作といわれるジャック・コポー演出の『カラマゾフの兄弟』におけるスメルジャコフ役の演技について、彼の言を引いておく。

一九一一年四月五日、舞台稽古の日に、わたしはにっちもさっちもいかなくなっていた。デュレックからその前日に、「観客の前に出たら仕上がるよ」ときいていたからだ。この仕上がるという言葉にわたしは唖然としていた。セーヌ河にとびこみに行くみたいに、たちまち仕上がってくれればいいんだが。上演の数時間前に、わたしは、のぼせたようになってモンソー公園のあたりをさまよっていたが、そのとき、難しい最後の場を自分がどのように演じているかが見えてきた。わたしは、セリフはいわずに、心の中でもう一度やってみた。これが最後だから例のルーブル貨幣を見せてくれとイヴァンに頼むところに来て、「あばよ、イヴァン・フョードロヴィッチ！」とイヴァンにいうと、突然わたしはかけ出さずにはおれなくなった。

ちょうどその時、わたしはモンソー公園の柵にそって歩いていたが、わたしの人物が階段をはい上がり、首をくくりに行こうとしている姿を、柵の向こう側に垣間見て、彼をつかまえようとでもいうように、わたしは心ならずも柵にそってかけ出した。その晩の上演の時、わたしは、犯罪に先立ってまさしくそこでイヴァンと会話を交したあの悲劇的な階段の踏段によりかかり、奇妙に明るい閃きの中で垣間見た幻にならって、悪夢にでもうなされているみたいに踏段をはい上がった。

動物的であると、同時に精神的な、この表現――そこでは魂と肉体とが、人物を形象化するために、いわばとけ合う必要を感じた――によってわたしは、その人物をわがものにすることができたが、同時にまたそれによってわたしは、さらに広く俳優術の大法則の一つをえとくすることができたのである。

デュランがここで言う「奇妙に明るい閃きの中で垣間見た幻」こそ、仮構機能の表象だろう。それは生が知性を介して本能を活用しているいわば知性的本能の所業である。デュランは「仮構機能」という言葉こそ使っていないが、そのことを自覚していると思われる。

その時までにわたしには、人物をつくりあげるに急で、本能を制禦するという困った傾向があった。台本の知性、台本の言葉の力、文学的なニュアンスを重視しすぎて、そのために演技が真実味と生命とをなくしていたのだ。〔中略〕「デュランは……そう……知的な俳優だよ」といわれたが、それはむしろお世辞で、そのかげには重大な非難がかくされていたのだ。スメルジャコフは、ほんとうの手段の用い方をわたしに教えてくれた。つねにそれがうまくいったわけではないが、演出家としても俳優としてもわたしが、つとめて批評的感覚と知性とを本能に先立たせないようになったのは、その時からだといえるであろう。

この経験によってわたしは、比較的若くして自分の立場をきめることができた。そしてそれ以来わたしは同時に次のような改革の必要を感じたのである。それは、自然主義の束縛を払い、演劇的観点から見て間違いのないものをメロドラマからとり出し、インスピレーションの源そのものに詩人をおき、たしかに俳優のもっともすばらしいたまものである本能を、あるべき場所にすえるということであった。（先の引用と合わせて Dullin 1946: 40-42=1955: 48-50 を参照。なお、Librairie Théâtrale 版には先の引用に見られる「階段」の舞台美術の中で演じるスメルジャコフ役のデュランの写真が掲載されている。Dullin 1985: 39）

翻訳は基本的に渡辺淳に依ったが、私は本件を佐々木健一『せりふの構造』（佐々木 1994: 254-255）から知ったので、佐々木にならい一部訳文を変えたところがある。また、デュランのモンソー公園での体験に私が着目し得たのは佐々木の著述の流れによるところが大きい。記して佐々木に感謝の意を表するとともに、『せりふの構造』からその前段を引いておきたい（この件は次の脚注35とも関わる）。

デュランが若い俳優に課した基本的な練習は、例えば次のごときものである。「景色を眺め……空を飛ぶ鳥の後を追うこと。遠くの鐘の音に耳を傾けること。近づいてくる誰かの足音に耳を傾けること。心地よい香水の匂いをかぐこと。朝のすがすがしい空気を吸うこと。手で湯の熱さを感ずること。苦い飲み物を飲むこと。」この練習法の根底にあるのは、「表現しようとする前に感じること」という大原則であり、さらにそれを支えているのは、次のような「表現」の哲学である。

「［右に列挙したような］この子供っぽい教えは、生徒に外的世界と接触させることを目的としており、以下論旨《ろんし》を明確にするため、この外的世界との接触をわたしは〈世界の声〉と呼ぶことにする。……〈世界の声〉は君のうちに、以下わたしが〈自我の声〉と呼ぶ、個人の内部からやってくる声をわきあがらせ、この両者が出会って、〈表現〉が生れる。」

巧みな比喩である。身体が世界と自我の境界であるということを、この芸術家は現今の哲学者たちに先立って認識していた。言葉は一つの表現として、「世界の声」と「自我の声」の綜合である。それが表現であるかぎり、無言の身体表現ともつながったものである。（佐々木 1994: 253-254）

[35] 柴山が本書で「解離の病態から抜け出すためには、いずれ現実の生活において主体的に立つことが必要である〔後略〕」と強調していることは付しておきたい（柴山 2014: 209-210）。また、より専門的な別の書物においては治療との関係で「「いま・ここ」という大地への根づきが重要になる」ことを彼は強調している。大地への根づきとは、具体的には「これは意識的に呼吸したり、光を点けたり、体を動かしたり、足を踏み鳴らしたり、唄ったり、音楽を聴いたり、匂いをかいだり、硬いものを握ったり、顔に触れたり、部屋を見回して何があるかを心のなかで言葉にしたりして、五感をフルに利用する方法である。感覚を通して「いま・ここ」での自己身体や周囲

環境に意識を向け、「いま・ここ」での「私」に気づき、そこから離れないようにするのである」（柴山 2017: 244）。

[36] そこには震災映画の名作の一つ『メモリーズ・コーナー』（2011）の影響がある。また、被災地や被災者の像を繊細な心で見る稲津秀樹の論文（稲津 2017）が作用している。なお、公演出演者の古川友紀はこの後、灘や兵庫や長田の街を丹念に歩きながらその街角や大地に思いを馳せる「おもいしワークショップ」を行なっている（https://omoishi.amebaownd.com/ 参照日：２０２１年12月31日）。

追記

本稿を脱稿してまもなく、私は『朝日新聞』２０２２年1月19日、大阪版、夕刊、7面で「阪神大震災27年――「息子死んだと思う」絶句した高校生」という記事を読んだ。そこには「震災後に生まれ、防災を学ぶ高校生2人が今月、神戸市中央区のラジオ関西を訪れ、当時の生々しい放送を番組司会者と共に聞いた。〔中略〕2人を迎えたのは、地震発生直後から放送していた番組パーソナリティーの谷五郎さん（68）だ」とあり、2人の高校生が谷と一緒に、三枝博行による若松町の男性へのインタヴュー音源を聞いた旨が記されていた。私は本稿との関連性を思い、また同時に、この記事に付記された情報を通して、朝日新聞デジタルにはラジオ関西（ＡＭ神戸）の音声提供した震災アーカイブが作られていたことを知った。そこでは本稿で言及した音源資料も聞くことができる（https://www.asahi.com/special/hanshin-shinsai117/ 参照日：２０２２年2月22日）。

追記2

私が本稿を脱したのは２０２１年12月のことである。本稿で参照した『福島三部作』において、その後、関係者の争う件が生じた（２０２４年1月現在係争中である）。ここに記して喚起したい。

参考文献

Bergson, H. (1999), *Le rire*, Quadrige/PUF, Paris.〔原章二 訳（2016）『笑い／不気味なもの』平凡社ライブラリー〕

Bergson, H. (2000), *Les deux sources de la morale et de la religion*, Quadrige/PUF, Paris.〔森口美都男 訳（2003）『道徳と宗教の二つの源泉』（Ⅰ・Ⅱ）中公クラシックス〕

Dullin, C. (1946), *Souvenirs et notes de travail d'un acteur*, Odette Lieutier, Paris.〔渡辺淳 訳（1955）『俳優の仕事について』未來社〕

Dullin, C. (1985), *Souvenirs et notes de travail d'un acteur*, Librairie Théâtrale, Paris.

Gouhier, H. (2004), *Le théâtre et l'existence*, Vrin.〔佐々木健一 訳（1990）『演劇と存在』未來社〕

安克昌（2000）「臨床の語り——阪神大震災は人々の心をどう変えたか」栗原彬・小森陽一・佐藤学・吉見俊哉 編『越境する知２——語り：つむぎだす』東京大学出版会、２５５-２７５頁（この論文は、安克昌（2020）『新増補版　心の傷を癒すということ——大災害と心のケア』作品社、３０１-３２６頁に再掲されている。なお『心の傷を癒すということ』の初版は１９９６年である。この本はその後２００１年に、角川より文庫で出版されている）

安克昌（2001）『心の傷を癒すということ』角川ソフィア文庫

稲津秀樹（2017）「被災地はどこへ消えたのか？——「ポスト震災二〇年」における震災映画の想像力」『新社会学研究』第2号、新曜社、46-56頁

三枝博行（2008）「ラジオ放送が残した「その時」——震災直後の放送局から」三枝博行・藪田正弘・安富信・川西勝・森川暁子・船木伸江 著『災害報道——阪神・淡路大震災の教訓から』晃洋書房、１１２-１２４頁

佐々木健一（1994）『せりふの構造』講談社学術文庫

三条杜夫・ラジオ関西 協力（1996）『いのち結んで——その時、被災放送局ＡＭ神戸は』神戸新聞総合出版センター

柴山雅俊（2014）『解離性障害——「うしろに誰かいる」の精神病理』ちくま新書

柴山雅俊（2017）『解離の舞台——症状構造と治療』金剛出版

ジュディス・L・ハーマン（1996）『心的外傷と回復』中井久夫 訳、みすず書房

ビヴァリー・ラファエル（1989）『災害の襲うとき——カタストロフィの精神医学』石丸正 訳、みすず書房

山﨑達哉（2020）「TELESOPHIA プロジェクト」永田靖・山﨑達哉 編『記憶の劇場——大阪大学総合学術博物館の試み』大阪大学出版会、53-１０１頁

ラジオ関西（ＡＭ神戸）震災報道記録班 編著（2002）『ＲＡＤＩＯ　ＡＭ神戸69時間震災報道の記録』長征社

おわりに

「君は神戸に行ったか」

1995年1月、阪神・淡路大震災が起きたあと、ある雑誌の見出しに踊っていた言葉だ。のちに「ボランティア元年」と名付けられる当時の神戸には、多くの人々がやってきた。傷ついた人の力になりたいと駆けつけた人、ある種の興奮状態でいてもたってもいられずやってきた人、「火事場見物」の興味本位でやってきた人。当時の神戸には、「助けになりたい」という共通認識ではまとめきれない、多様な理由、多様な背景をもつ人が被災地に足を運んでいた。

本書を構想してから4年、私は本書を送り出す編者としての最後の役目として、この「おわりに」を書いている。現在、2024年元日に起きた能登半島地震から1か月が経とうとしている。報道映像やS

NSを通して、被災地の風景が映し出される。火災によって消失した街並み、倒壊した家屋群、液状化によって波打つ道路。私は、10歳のときに私の周りに広がっていた神戸の風景と重ねずにはいられない。ただ、１９９５年の神戸と、２０２４年の能登とでは、被災地を取り巻く状況が大きく異なる。ここ数年だけを見ても、地震、豪雨、コロナ禍など、復旧・復興のフェーズを社会全体で見届ける余裕もなく、次々に新たな災害が起きている。人口減少や高齢化も相まって、被災地に投じられる財政規模も縮小の一途を辿っている。

こんなふうに現在の私たちの社会状況を書いていると、暗澹たる気持ちになってくる。もう八方塞がりではないか、と。次々起こる災害に対処しきれず、手詰まりである、と降参したくなる。ただ、私はどうしても、わずかな希望を捨てきれない。それは、95年に「君は神戸に行ったか」という言葉が発せられたこと、そしてそれが、本書のねらいである、「災害アーカイブ」というアクションをパフォーマティブに検討することとつながりがあると感じずにはいられないからだ。

「君は神戸に行ったか」という言葉は、自身とは直接関係のない出来事であろうとも、その渦中に入り、何が起きているのかをつぶさに見ること、触れることを促す言葉だ。それは、被災地とそこで暮らす人々への「真摯さ」をあらかじめ持つ者だけに投げかけられているわけではない。「火事場見物」、「野次馬」的な感性をもつ者にもまた、この言葉は投げかけられている。最初は浅はかな興味でも構わない。それでもかかわろうとすることで、事後的に育まれる「真摯さ」もあるはずだ。95年の神戸は、良きにつけ悪しきにつけ、被災地とかかわるための「間口」が広かった。それが、神戸というローカルな場で起きた出来事を、私たち社会全体で考える課題として捉えることにつながった背景のひとつであると、私は考えている。

「災害アーカイブ」の実践知は、被災という「あの日」から長い時間をかけて練り上げられたものである。そして、本書の執筆陣は、過去の災害を「かつての誰か」の出来事としてではなく、「私たち」の出来事として提示している。本書を読み終えた人は十分に理解してくださると思うが、本書で紹介したアクションを取り巻くムードは、決して「あたたかい」とか「やさしい」といった言葉でのみ捉えられるものではない。葛藤や衝突を繰り返しながら互いの考えを擦り合わせ、その時点の最善策としての「暫定の正解」を集団で作り上げていく。そのようなプロセスを経て成り立つのが、過去の災害をみなで考える「災害アーカイブ」というアクションなのだろう。

来年1月17日は、阪神・淡路大震災から30年の節目となる。ぜひ、読者のみなさんには、本書を携えて災害アーカイブの現場を訪れてほしい。神戸でなくともよい。本書に書かれていない場所でもよい。災害の想起をめぐる運動に参加してほしいと願っている。これが、私なりの「君は神戸に行ったか」という投げかけである。

本書の刊行にあたり、「公益財団法人ひょうご震災記念21世紀研究機構」補助金を財源とする「ひょうご安全の日推進県民会議」の助成を受けている。また、多くの人びとの協力を得た。簡略ではあるが、この場を借りて感謝の思いを記し、お礼申し上げる。

本書の編集にあたっては、堀之内出版の鈴木陽介さんと野村玲央さんから、的確かつ創造的なアドバイスをいただいた。両氏とともに本書をつくることは、エキサイティングな経験だった。これから本書を読者に届ける旅もご一緒できることを楽しみにしている。

本書の装画は、アーティストの五月女哲平さんにお願いをした。本作《Two doors, two windows》は、図書館の自習室を描いたものであり、鮮やかな扉と窓が印象的である。記録の気配と想起の予感に満ちたイメージをいただけたことに、深く感謝申し上げる。

本書の装丁は、成原亜美さんにお願いをした。執筆陣の論考と、五月女さんの作品に呼応するデザインをしていただけたことに、深く感謝申し上げる。

最後に、本書の執筆陣、および執筆陣の研究実践に協力していただいたすべてのみなさまに深く感謝申し上げる。

２０２４年１月28日　編者記す

残らなかったものを想起する
——「あの日」の災害アーカイブ論

2024年3月11日　第1刷発行

編者　高森順子

発行　堀之内出版
〒192-0355
東京都八王子市堀之内3-10-12　フォーリア23　206
Tel:042-682-4350／Fax:03-6856-3497

ブックデザイン　成原亜美（成原デザイン事務所）
装画　五月女哲平
印刷　中央精版印刷株式会社

ISBN 978-4-909237-92-7